聆听世界的风声

新华社记者的区域国别纪事

新华社国际部◎编著

新 华 出 版 社

图书在版编目（CIP）数据

聆听世界的风声：新华社记者的区域国别纪事 / 新华社国际部编著 .
北京：新华出版社，2025. 3.
ISBN 978-7-5166-7927-2

Ⅰ . D81

中国国家版本馆 CIP 数据核字第 2025N2T868 号

聆听世界的风声：新华社记者的区域国别纪事

编著：新华社国际部
出版发行：新华出版社有限责任公司
（北京市石景山区京原路 8 号　邮编：100040）
印刷：三河市君旺印务有限公司

成品尺寸：148mm×210mm　1/32　　　印张：12.375　　字数：280 千字
版次：2025 年 4 月第 1 版　　　　　　印次：2025 年 4 月第 1 次印刷
书号：ISBN 978-7-5166-7927-2　　　　定价：78.00 元

微店　　　视频号小店　　　抖店　　　京东旗舰店　　　请加我的企业微信

微信公众号　　　喜马拉雅　　　小红书　　　淘宝旗舰店　　　扫码添加专属客服

《聆听世界的风声：新华社记者的区域国别纪事》
编辑委员会

前　言

这是一个信息爆炸的时代。世界似乎变得越来越小，却也越来越复杂。每天，无数新闻和信息通过各种平台吸引人们的眼球，然而真正触动人心的，往往是那些深入实地、亲眼所见、亲耳所闻的故事。

《聆听世界的风声：新华社记者的区域国别纪事》正是这样一部"故事集"，汇集了新华社记者在亚洲、中东、非洲、欧亚、欧洲、北美、拉美七大区域的实地调研成果，既见观察深度，亦有人文温度。

在东南亚小村庄，记者见证农民们依靠智慧和勤劳，收获象征着生活希望的咖啡豆；在巴以冲突一线，记者听到孩子们对平安成长的渴望；在东非大草原，记者感受人与自然和谐共处的美好；在旧金山硅谷，记者体验技术与创新的融合；在从乌拉尔山到多瑙河畔的广袤大地上，记者寻味历史与传统的厚重；在亚马孙雨林，记者领略生命的多样性，考察生态的脆弱性……

当前，世界正经历百年未有之大变局，国际格局深刻调整，全球治理体系面临重塑。同时，这也是一个信息泛滥的时代，信息茧房效应日益明显，人们往往只看到自己想看的信息，而忽略世界的多样性和复杂性。

新华社驻外记者，不仅仅是新闻的报道者，更是历史的见证者、真相的传递者。他们远离祖国，在异国他乡克服种种困难甚至风险，跋山涉水，深入一线，细心观察，只为通过这些实地调研，让读者看到一个更加真实、多元的世界，理解不同国家和地区的文化、历史和社会现状，从而更好地拓宽视野，平视这个世界。只有深入了解各国社情民情，才能准确把握世界的变化趋势，明确个人、集体和国家的定位与发展方向。

真实的故事无需过多修饰，它们本身就有打动人心的力量。我们相信，通过《聆听世界的风声：新华社记者的区域国别纪事》，读者不仅能够了解大千世界，更能感受人性的温暖和力量。我们希望，本书能够给读者带来启发和思考。

让我们一起聆听世界的风声，感受时代的脉动。

本书编写组

2025 年春于北京

目 录 ———— CONTENTS

第二篇　国际政治观察

第一篇

世界经济热点

探寻迪拜从沙漠渔村到全球都市的"发展密码"

迪拜分社　苏小坡

从沙漠边缘的贫瘠小渔村因石油而生，蜕变为全球知名的繁华大都市，阿拉伯联合酋长国最大城市和经济中心迪拜走过了令人惊异的发展历程，也创造了现代城市发展史上的奇迹。如今，迪拜360多万居住人口中，有来自超过200个国家和地区的外籍人士。开放、包容、多元和创新四个核心理念铺就了迪拜的发展之道，助其实现发展奇迹。

【关键转折实现发展突破】

中东地区不乏历史名城：金字塔俯瞰下的埃及开罗，两河环绕的伊拉克巴格达，飘着花果香气的叙利亚大马士革，还有屹立千年的永恒之城土耳其伊斯坦布尔和三大宗教圣地耶路撒冷……

当这些城市熙熙攘攘、生机盎然，在历史长河中留下无数精彩画卷时，位于阿拉伯半岛东南角、阿拉伯沙漠与海湾之间的一块狭长地带却默默无闻。间或有一支载满货物的阿拉伯商队经过，在此停歇，或是一两艘来自印度或更远东方的商船停靠于此补给。当地渔民靠海为生，还有一些采珠能手，深潜到数十米以下，采集天然珍珠。这些人当年生活的土地就是如今的国际大都市——迪拜。

19 世纪中叶，迪拜作为一个小型渔村和珍珠采集点出现。1833 年，如今的迪拜皇室阿勒马克图姆家族开始定居于此，这一年也被视作现代迪拜创建之年。20 世纪初，迪拜渐成珍珠贸易中心，然而直至 20 世纪中叶，迪拜的经济发展仍相对有限。

1966 年，迪拜迎来发展历程中的里程碑。这一年，迪拜打出第一口油井。石油的发现，彻底改变迪拜经济结构和发展轨迹，可观的石油收入为迪拜初步发展提供了资金，使其能够投资于基础设施和其他关键领域。

1971 年，迪拜与阿布扎比等六个酋长国共同组成阿拉伯联合酋长国，分享石油收入。迪拜在区域和国际上的地位由此得到加强，其后续经济开放和国际合作基础也由此奠定。这一年正式开启了迪拜的现代化进程。

迪拜的决策者意识到，单纯依赖石油发展不可持续。1985 年，迪拜创建了中东第一个自由区——阿里山自由区，吸引外资，促进贸易和物流业发展。20 世纪 80 年代到 90 年代，迪拜致力于经济多元化，发展金融服务、旅游业、航运和贸易等非石油行业。阿里山自由区的建立和迪拜国际金融中心的发展，为迪拜成为地区商业中心打下坚实基础。

进入 21 世纪，迪拜开始着重于旅游和房地产开发，吸引全球游客和投资者，成功打造一系列标志性建筑和旅游景点，如世界最高建筑哈利法塔、巨大人工岛棕榈岛、帆船酒店等。这一时期，迪拜国际知名度显著提升，迅速成为世界级旅游和商业目的地。

这是 2024 年 9 月 1 日拍摄的阿联酋迪拜未来博物馆外观。（新华社记者隋先凯摄）

2020 年至今，迪拜继续大力推进经济多元化和创新发展，重点发展科技、可持续能源和数字经济。智能城市计划和迪拜未来基金会的成立，向世界展示了迪拜致力于成为全球创新和科技中心的雄心。迪拜的发展，诠释了一个偏僻渔村演变成为全球知名大都会的非凡历程。

【核心理念促进城市崛起】

鳞次栉比的摩天大楼，车水马龙的宽阔街道，头戴白色阿拉伯传统头巾的年轻人驾驶超级跑车疾驶而过……刚到迪拜的游客对眼前景象往往感到些许眩晕。如果用一个字形容迪拜，很多人会脱口而出："豪"——豪华、奢侈、富裕，但其实这只是这座城市的一面。迪拜的崛起之路可以归结为四个核心发展理念：开放、包容、多元和创新。

开放，迪拜展现了一种对外开放的姿态，积极吸引世界各地的优质企业、投资者、人才和游客。它设立了数十个自由贸易区，对外国企业提供一系列激励措施，包括允许100%的外国所有权、零关税、免除出口和进口税、完全资本和利润汇出自由及简化商业注册流程等。这些政策吸引了大量外国企业在迪拜设立区域总部和运营中心，促进了经济增长和就业。这种开放策略不仅促进了经济多元化，还帮助迪拜建立起了一个多元文化的社会环境，成为全球人才的会聚地。

包容，迪拜的包容性体现在对不同文化、宗教和生活方式的接纳。在这里，有360多万居住人口，来自超过200个国家和地区的外籍人士和当地居民和谐共处，共同构建了一个融合东西方文化的独特社会。迪拜通过举办各种国际节日和活动，鼓励不同文化之间的交流与理解，展现了其作为一个全球都市的包容精神。假如你生活、工作在迪拜，日常可能是这样一幅景象：打开房门，尼泊尔籍外卖员为你送上美食；走出小区，印度籍出租车司机询问你的目的地；进到商场，乌兹别克斯坦籍导购服务员热情相迎；来到餐馆，厄瓜多尔籍服务生拿来菜单；而你的同事，可能来自英国、菲律宾、芬兰、新加坡、新西兰……初抵这里的中国游客还会欣喜发现，入境柜台的工作人员竟能用中文亲切问好："你好，欢迎来迪拜。"

多元，迪拜的发展策略重视经济和文化的多元化。经济上，迪拜不再单一依赖石油，而是发展了旅游、金融服务、房地产和高科技等多个行业。文化上，迪拜通过建立博物馆、艺术画廊和文化节，

这是 2024 年 10 月 17 日在阿联酋迪拜第 44 届海湾信息和通信技术展现场拍摄的亿航智能无人驾驶航空器。 为期 5 天的第 44 届海湾信息和通信技术展 18 日在阿联酋迪拜闭幕。本届展会以"全球合作打造未来人工智能经济"为主题，吸引了来自 180 多个国家和地区的 6500 余家企业参展，人工智能、数字技术、可持续科技、5G 通信等成为展会焦点。（新华社记者段敏夫摄）

促进了艺术和文化的繁荣，成为中东地区文化交流中心。

　　创新，是迪拜发展不可或缺的驱动力。从建造世界最高的摩天大楼到创建以可持续能源为中心的"智慧城市"，迪拜始终在探索新技术和创新解决方案以提高城市的生活质量和经济效率。迪拜的愿景是成为全球创新和科技发展的领导者，通过创新驱动的发展策略，推动经济增长和社会进步。

　　迪拜的发展，证明了开放、包容、多元和创新的力量。这些理念不仅塑造了迪拜的今天，也为其未来繁荣奠定坚实基础。

【治国政策夯实发展基础】

迪拜的快速发展与其统治者，尤其是现代历史上的酋长们，有着密不可分的关系。迪拜酋长的治国理念和政策直接影响了迪拜转化为全球化都市的过程。最具影响力的酋长之一是现任阿联酋副总统兼总理、迪拜酋长谢赫穆罕默德·本·拉希德·阿勒马克图姆，他的治理理念很大程度上塑造了迪拜的发展轨迹。他强调创新、效率和开放经济，为迪拜的快速发展奠定了坚实基础。

谢赫穆罕默德非常注重未来规划和目标设定。他领导下的迪拜制订了一系列长期发展计划，如"迪拜2030愿景"，旨在将迪拜打造成为全球领先的商业、旅游和创新中心。谢赫穆罕默德还是一位诗人和作家。他的一些名言经常被人们引用，被认为代表了迪拜的精神。

"我喜欢挑战，因为我相信发展和革新来自于挑战'不可能'。"谢赫穆罕默德在自传《我的故事》中这样写道。正是在这种挑战"不可能"的精神鼓舞下，迪拜成为目前中东地区商业化程度最高、最具竞争力的城市之一。

"我国的治理方式是保持与人民的亲密关系，同时持续谦虚地为人民服务并确保他们的幸福。"谢赫穆罕默德注重提高居民生活质量和社会福利。他推动了包括健康、教育和住房在内的多个领域改革。

"未来属于那些能够想象它、设计它并执行它的人。未来不是靠等待发生的，而是被创造的。"这一理念揭示了谢赫穆罕默德的前瞻性思维，强调了规划和创造未来的重要性。

正是在他的规划和领导下，阿联酋成功发射了第一艘火星探测

2024 年 9 月 1 日拍摄的阿联酋迪拜城市景观。（新华社记者隋先凯摄）

器"希望"号、把第一位阿拉伯宇航员送入太空、让阿联酋航空公司成为世界上发展最快的航空公司、举办迪拜 2020 年世界博览会、使迪拜成为全球知名的旅游目的地。

"在追求卓越的道路上没有终点。""好的领导不是增加追随者的数量，而是增加领导者的数量。""工作的本质在于创造价值，而不仅仅是赚取收入。""当别人避开挑战时，我们看到机遇。"谢赫穆罕默德的这些言论不仅激励了迪拜人民，也为全世界追求发展和创新的人提供了灵感。他的领导理念和对未来的愿景是迪拜能够在短时间内实现如此快速发展的关键因素之一。

【经济全球化提供新机遇】

如果说四大核心发展理念和谢赫穆罕默德的领导力构成了迪拜发展蜕变的内在动力，经济全球化的时代浪潮则给迪拜脱颖而出创造了环境和机遇。迪拜充分利用了自身的有利条件，包括开放的经济政策、战略性的地理位置、经济多元化、创新驱动发展等，实现了跨越式发展。

迪拜位于欧洲、亚洲和非洲交汇处，是连接东西方的重要枢纽。利用这一地理优势，迪拜大力发展航空和物流行业，将迪拜国际机场建设成为世界最繁忙的机场之一。同时，通过扩建阿里山港，迪拜成为中东地区最大的港口之一，进一步巩固了其作为国际贸易和物流中心的地位。

迪拜充分意识到过度依赖石油资源的风险，通过致力于实现经济多元化，成功将经济结构转向金融服务、房地产、旅游和航空等非石油部门。这种多元化策略减少了全球石油市场波动对经济的影响，同时促进了持续增长。

迪拜在基础设施和创新项目上进行了巨额投资，包括世界级的建筑项目、智能城市技术、可持续能源项目等。这些投资不仅提升了迪拜的国际形象，也吸引了全球人才和创新企业，促进了经济进一步增长和多元化。迪拜积极参与国际事务，与多国建立起良好的双边关系，促进了国际合作和全球网络建设。通过举办世界博览会、国际会展、经济论坛和文化交流活动，迪拜提高了在国际舞台的影响力和吸引力。

通过这些策略，迪拜成功定位为经济全球化的重要参与者，利用全球化机遇促进自身快速发展。迪拜的例子展示了如何通过开放的经济政策、战略性投资和国际合作，在全球化时代实现城市的转型和繁荣。

世界经济论坛创始人兼执行主席克劳斯·施瓦布在多个论坛上提到迪拜作为全球化成功案例的重要性，特别是在促进国际商务和投资方面。施瓦布强调了迪拜在全球经济中扮演的角色及其对未来经济模式的贡献。

母亲来自沙迦，父亲来自阿布扎比，自己却在迪拜长大的哈米德·阿里可说是伴随迪拜共同成长，他目前担任迪拜最大股票交易所迪拜金融市场的首席执行官。他在接受新华记者采访时说："迪拜永远不会关闭对外大门，在这里，迪拜是跟全世界做生意，这一点永远不会改变。"

"也许迪拜比达沃斯更适合捍卫全球化，这是一个真正国际化的城市，居民来自上百个不同国家和地区，各种宗教都可以在这里共处，人们享有高度的自由和宽容度。在这里，外籍工人通过把薪水汇款回家提高了亚洲和非洲各城市村镇生活标准，为数百万人经济福祉作出了贡献。这个酋长国是全球化实践的一个成功例证。"知名财经作者弗兰克·凯恩在一篇专栏文章中说。

价格走低、能源转型大势之下 卡塔尔为何"加码押注"液化天然气

多哈分社　汪强

卡塔尔是全球液化天然气大国，天然气产量和出口量常年位居世界前三。在各国追求清洁能源、天然气价格走低的大背景下，卡塔尔却一再宣布大幅提高液化天然气产能，主要判断是全球能源转型期仍很漫长，而天然气碳排放量低，是作为"过渡能源"的绝佳选择，且将持续相当长的时期。

近年来，卡塔尔致力于"液化天然气外交"，通过能源合作发展同包括中国在内其他国家关系。卡塔尔长期是中国第二大液化天然气供应国。对中卡而言，能源合作是双边经贸关系的"压舱石"。

【巩固全球主导地位】

液化天然气（LNG）是天然气的液态形式。天然气经过处理后被冷却至大约 $-162℃$，即由气态变为液态，体积被大幅压缩，由配备特制储罐的车船运输至世界各地的接收站，然后转化为气态，通过管道输送至用户。

在全球推动能源转型的时代大势下，液化天然气是全球油气产业中为数不多仍然保持增长的领域之一。2024年2月，身为全球最重要天然气生产国和出口国之一的卡塔尔宣布将进一步扩大液化天然气产量，引发国际社会高度关注。

此前，卡塔尔就已宣布将液化天然气年产量从7700万吨提升至1.26亿吨，2024年2月再度"加码"——到2030年将年产量提升至1.42亿吨。卡塔尔能源公司总裁兼首席执行官萨阿德·卡比直言："我们认为，至少50年内液化天然气依然有前途，只要技术允许，我们就会生产更多。"

卡比说，卡塔尔北方气田扩容完工后，液化天然气年产量到2030年将达到1.42亿吨，比现在的7700万吨多出约84%。北方气

2022年10月21日，一艘液化天然气运输船靠泊在中国石化天津LNG接收站"1号泊位"进行卸船作业（无人机照片）。（新华社记者赵子硕摄）

田与伊朗南帕尔斯天然气田相连，两者组成的天然气田是全球迄今已知储量最大的天然气田。

哈马德·本·哈利法大学副教授史蒂文·赖特认为，液化天然气大规模扩产会巩固卡塔尔全球市场主导地位。在天然气价格走低的情况下，卡塔尔决策者认为，低价会拉动需求并抑制私营竞争者投资，从长远看对卡塔尔有利。

赖特认为，卡塔尔未来液化天然气的产能相当于产油国日产700多万桶石油的水平，可媲美沙特阿拉伯，这种大实力与卡塔尔的"小体量"形成强烈反差——毕竟卡塔尔国土面积只相当于天津市，而人口也只有 300 万。毫无疑问，卡塔尔液化天然气规模大、产能高、成本低且供应可靠，势必"吃掉"大部分新增市场份额，尤其在亚洲和欧洲市场。可以预见，未来卡塔尔有望成为全球的天然气超级巨头。

【打造经济"护国神器"】

相比煤炭和石油产品，液化天然气二氧化碳排放量要少得多，且无色无味无毒，堪称化石能源中最清洁的能源。此外，液化天然气还是可再生能源"间歇期"的有效补充——受天气变化和日夜交替等因素影响，可再生能源如风能、太阳能的生产并不稳定。未来，除非大型电池技术取得巨大突破并持续经济可用，否则可再生能源将一直面临这个难题。

卡塔尔"押注"液化天然气的战略考量在于，世界能源转型尚需时日，在这个转型过程中，液化天然气是理想的"过渡"燃料，而且包括中国、日本、韩国和印度在内的亚洲国家对天然气的需求仍然强劲。

几十年来，全球范围内液化天然气需求量不断增长，从20世纪70年代的每年200万吨到2000年的每年1亿吨，再到目前的每年4亿吨。据估计，2030年每年的需求量将超过5亿吨。卡塔尔的目标是独占全球液化天然气供应市场四分之一的份额。

尽管市场价格下滑，但卡塔尔北方气田开采液化天然气成本较低，利润仍然可观。2022年乌克兰危机全面升级后，卡塔尔拿到了原本属于俄罗斯的欧洲订单，可谓供不应求，赚得盆满钵满。赖特认为，俄乌冲突迫使欧洲大陆国家竭力寻找替代能源供应方，以摆脱对俄罗斯天然气的依赖，而"物美价廉又可靠"的卡塔尔液化天然气完全可以满足欧洲国家需求，市场前景广阔。

事实上，卡塔尔全力"押注"液化天然气谋划已久。2018年，卡塔尔正式退出石油输出国组织（欧佩克），转而集中精力开发液化天然气。分析人士认为，相对沙特、伊拉克、科威特、伊朗等国，卡塔尔石油储量相对较少，如果耗费太多精力在石油上，充其量也不如一个中等石油生产国，无法获得其在液化天然气领域的主导权。

卡塔尔在打造其液化天然气地位的同时，注重两个策略：一是客户多元化。2022年，卡塔尔出口市场中的前五位的天然气出口量只占其总出口量的60%。相比之下，俄罗斯的情况是80%，而澳大利亚是90%。液化天然气出口多元化的策略符合卡塔尔国家外交方针，即奉行"广交朋友"，认为这样才能在最大程度上保证其安全，这是小国的无奈，却也体现了其智慧；二是与客户签订长期合同，一般为20年左右，通过能源合作将自己与合作国长期捆绑。

目前看，液化天然气不仅仅是卡塔尔的经济命脉，也是其打造的"护国神器"，卡塔尔从国家层面牢牢掌控。卡塔尔能源公司总裁兼首席执行官卡比，同时也担任该国能源事务国务大臣，其重视程度可见一斑。

【中卡经贸关系"压舱石"】

卡塔尔尤其重视亚洲市场，中国正是其大客户。据统计，中国已是全球最大液化天然气进口国，每年进口量超8000万吨。近两年，卡塔尔能源公司分别与中石油和中石化签订期限长达27年的液化天然气长期购销协议和参股协议。

根据协议，卡塔尔能源公司将在27年内每年向中石油供应400万吨液化天然气，并向中石油转让北方气田扩容项目1.25%的股份。另一边，卡塔尔能源公司每年向中石化供应300万吨液化天然气，并向中石化转让合资公司5%的股权。

能源合作堪称中卡经贸关系的"压舱石"。中国已连续三年保持卡塔尔最大贸易伙伴国、最大出口目的国和进口来源国地位。卡比说，中国是卡塔尔能源产品的关键市场，卡塔尔能源公司将深化对华务实合作，助力两国扩大能源合作。

值得一提的是，卡塔尔液化天然气扩产计划需要大量专业运输船及配套设施，作为值得信赖的长期合作伙伴，近年来，中国企业不断中标相关项目。2020年，中国船舶集团有限公司就与卡方签署"中国船舶－卡塔尔石油液化天然气船建造项目"协议，订单总金额超过200亿元人民币，创下中国船企承接的造船出口订单金额之最。2024年3月底，招商轮船和山东海洋能源又分别与卡塔尔能源公司签订大型运输船建造项目。

中国船舶集团将为卡塔尔能源公司建造18艘27.1万立方米超大型液化天然气运输船，签约仪式日前在京举行，创下全球最大单笔造船订单纪录。液化天然气运输船是运载-163℃液化天然气的"海上超级冷冻车"，是最难建造的船型之一，被称为造船业三颗"皇冠上的明珠"之一。

27.1万立方米液化天然气运输船将由中国船舶集团旗下沪东中华自主设计、建造，总长344米，型宽53.6米，型深27.2米，是全球最大的液化天然气运输船，较常规17.4万立方米液化天然气运输船运载能力提升57%。

卡塔尔已经是并在相当长时间内仍将是亚洲和欧洲多国重要的能源供应国。未来相当长一段时间内，卡塔尔的液化天然气战略给它带来的，绝不仅仅是能源市场的地位。

小国大商：世界贸易体系中的黎巴嫩商人

贝鲁特分社　谢昊

黎巴嫩是一个人口约 600 万的中东小国。伴随近年来的经济危机、港口爆炸和地区冲突，黎巴嫩社会经济处境每况愈下，贫富差距悬殊。然而，鲜为人知的是，黎巴嫩在海外却拥有超过 1500 万侨民，其中"黎商"影响力遍布世界各地，在时尚、文化、金融、科技、医疗等行业具有亮眼表现，成为世界经贸舞台上不可忽视的"黎巴嫩人现象"。

【从腓尼基到哈里里】

探究黎巴嫩人的经商传统，最早可以追溯到 4000 多年前生活在地中海东岸狭长平原的腓尼基人。腓尼基人擅长航海和经商，将当地盛产的雪松木和葡萄酒经地中海销往外部世界。腓尼基人还发明了简明易用的腓尼基字母，深刻影响了希腊字母和后来的拉丁字母。随着商业规模扩大，腓尼基人在地中海沿岸建立众多殖民地，其中尤以迦太基帝国盛极一时，一度与罗马帝国争雄。

19 世纪中期开始，由于外敌入侵、教派仇杀和频繁饥荒等问题，许多黎巴嫩人背井离乡，去往南美洲、非洲、欧洲等地谋生。一个多世纪过去，黎巴嫩侨民人数已超 1500 万。遍布海外的黎巴嫩侨民长期扎根，融入当地环境，对各地政治、经济和社会都产生了不容忽视的影响。

黎巴嫩商人在非洲，尤其是西非根基深厚，在尼日利亚、科特迪瓦、塞拉利昂等国开设企业，从小型零售店到大型商贸公司，乃至制造业和金融业，形成了一批世代传承的家族。比如，尼日利亚的沙古里家族与当地政要长期交好，在西非最大城市拉各斯有着举足轻重的影响力。

在拉丁美洲，黎巴嫩商人影响力也是非常突出，巴西前总统米歇尔·特梅尔即是黎巴嫩裔。在墨西哥，出身于黎巴嫩移民家庭的卡洛斯·斯利姆以其电信、金融、房地产等领域的商业帝国而闻名，

2020 年 10 月 22 日，在位于黎巴嫩首都贝鲁特东南的总统府，黎巴嫩时任总理萨阿德·哈里里举行记者会。（新华社发）

系《福布斯》全球富豪排行榜前排常客，被称为"拉丁美洲的沃伦·巴菲特"。

随着黎巴嫩商人走向世界，还诞生了一批具有国际影响力的品牌。黎巴嫩知名巧克力品牌芭驰以优质原料、细腻口感和精致包装，深受中东王室喜爱，从 1974 年创办以来，在全世界超过 30 个国家开设约 200 家门店。黎巴嫩婚纱品牌艾莉·萨博繁复精美、时尚大气，是高级定制婚纱的代表，在全球开设超过 100 家零售店。黎巴嫩最古老酒庄卡萨拉每年生产数百万瓶葡萄酒，在世界葡萄酒市场占有一席之地。

不少黎巴嫩商人在海外取得成功后，回国寻求政治影响力，哈里里家族便是典型代表。家族奠基人拉菲克·哈里里早年在沙特阿拉伯经商，后来回国从政，几度担任黎巴嫩总理，并在执政期间开展大规模基础设施建设和经济改革，修复因内战遭受重创的经济，被誉为"黎巴嫩重建之父"。2005 年 2 月，拉菲克遇刺身亡，其次子萨阿德·哈里里继承政治衣钵，也多次出任总理，至今仍在黎巴嫩国内发挥重要影响。

【多重因素助力黎商】

黎巴嫩商人能在有限的条件下取得商业成功，一般认为有以下几个原因。

首先是与生俱来的跨文化沟通能力。由于历史原因，黎巴嫩人普遍会说阿拉伯语、英语、法语三门语言，官方认可的宗教有 18 种之多。独特的多元文化背景让黎巴嫩人在与不同宗教和文化下都能顺畅切换。特别在西非法语国家，黎巴嫩人凭借语言优势更是如鱼得水。

其次是家族商业资源传承。在黎巴嫩，经商被视为一种尊贵职业，许多家族经营着代代相传的企业。这些家族积累了丰富的商业经验和资源，能够在全球范围内建立广泛的商业网络。许多黎巴嫩商人从小就在家族企业中接受商业教育和培训，耳濡目染，不断积累经验。

黎巴嫩人还有强烈的危机意识。自 19 世纪中期以来，黎巴嫩境内天灾不断、战乱频仍。如今，也有不少人过着朝不保夕的生活。即使移民海外生活小有起色后，黎巴嫩商人仍然保持勤奋务实的习惯，努力拓展多元化业务，将家族企业做大做强，规避未来可能的

2019 年 9 月 11 日，在黎巴嫩东部贝卡谷地的卡萨酒庄，工人采摘用来酿酒的葡萄。（新华社发　比拉尔·贾维希摄）

风险。

此外，黎巴嫩家庭重视文化传承。黎巴嫩历史悠久，许多家庭移民海外后仍然保留传统文化习俗，形成有统一文化认同的黎巴嫩移民社区。同时，黎巴嫩商人高度重视子女教育，许多人在成长过程中接受良好的教育，掌握高水平的商业和管理技能，从而更好地运营企业。

【中黎合作机遇广阔】

黎巴嫩商人与中国的贸易往来最早始于丝绸之路。黎巴嫩作为地中海东岸重要贸易中心，参与丝绸、茶叶、瓷器、香料等商品贸易。近年来，随着中国走向世界经济舞台中央，越来越多黎巴嫩商人愿意与中国扩大合作。中资企业在"走出去"过程中，不妨借助黎巴嫩商人在世界范围内多年经营起来的经贸网络，寻求实现事半功倍的效果。

一是维系既有亲华黎商。掌管法兰萨银行的卡萨家族是亲华友华的黎商代表。1955 年，中国与黎巴嫩尚未建交，在阿德南·卡萨等人的努力和推动下，中国贸易代表团成功访问黎巴嫩，签订中黎两国第一份贸易协议，促进了中国与黎巴嫩以及其他阿拉伯国家关系的发展。2015 年，法兰萨银行在黎巴嫩发行首张银联卡，受到黎巴嫩民众特别是商人的广泛欢迎。

二是聘用黎巴嫩商界人才。黎巴嫩商人具有较好的国际视野，受教育程度普遍较高，且多通晓阿拉伯语、英语、法语及其他语言，跨文化沟通协作能力较强。尤其在海湾国家，大量黎巴嫩商界人才占据重要岗位，对当地经济政策和营商环境相当熟悉。中资企业在海外设立分支机构，可考虑聘用黎巴嫩商界人才，帮助中资企业少走弯路，赢得更多机会。

三是加强金融领域合作。黎巴嫩长期是阿拉伯世界的金融中心，银行业发达，20世纪六七十年代曾有"中东小瑞士"美誉，阿拉伯国家联盟框架下的阿拉伯银行联盟总部即设在黎巴嫩首都贝鲁特。尽管内战以来黎巴嫩银行业经历较大衰退，但黎巴嫩商人在金融市场和投资领域依然活跃，成为全球经济重要参与者。中资企业可与黎巴嫩商人加强合作，借助其人脉关系及熟悉政策、法律和社会环境等优势。

四是重视媒体领域交流。媒体在当代商业中扮演重要角色，对商人的形象塑造、企业宣传、市场营销和品牌建设等方面都有着深远的影响。黎巴嫩至今仍然是中东地区重要的文化出版中心，媒体异常活跃，许多有影响力的媒体背后都有黎商家族的身影。加强与黎巴嫩媒体行业的交流，可以运用媒体平台增强中企的公众信任度和商业影响力。

"提早"加息　日本能否走出通缩仍存变数

东京分社　刘春燕

日本中央银行 2024 年 3 月 19 日在通胀目标"有望达成"前提下，宣布结束负利率等超宽松货币政策，17 年来首次加息。政策出台以来，因加息力度有限，对日元影响较为温和，美元走势仍是关键影响因素。

此次加息意味着"安倍经济学"的代表性政策在持续 11 年后终结，日本货币政策开始走向"正常化"，日本离走出通缩、持续稳定达成 2% 通胀目标仍有距离。业界认为，日本此举象征意义大于实际意义，除非美国开始放宽货币政策，否则日本央行试图支撑日元的努力将无法奏效。

【日本央行"抢先"加息 象征意义大于实质】

日本央行 2024 年 3 月 19 日宣布加息 10 个基点，结束持续 8 年的负利率政策，将政策利率从负 0.1% 提高到零至 0.1% 区间，同时取消收益率曲线控制（YCC）政策、停止购买交易型开放式指数基金（ETF）和房地产投资信托基金等操作。这是日本央行 17 年来首次加息，更意味着"安倍经济学"的代表性政策在持续 11 年后终结。

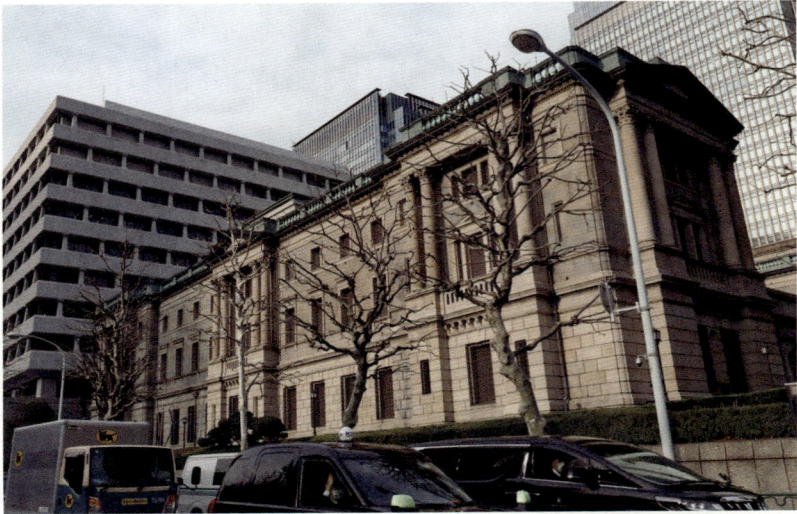

这是 2024 年 3 月 19 日在日本东京拍摄的日本银行总部。（新华社记者张笑宇摄）

日本央行的一系列操作象征意义大于实际意义。实际上，YCC 早已通过此前一系列"弹性化"修正名存实亡，ETF 购买等措施同样早已停用，退出负利率以后政策利率上调幅度很小，并且央行承诺将以购买国债等手段继续保持宽松的货币环境。此次政策修正最大意义在于明确废除了超宽松货币政策工具，宣布政策运营今后将以短期利率等常规工具为主。这实际上开启了货币政策"正常化"。

本次日本央行加息并非突然，而是酝酿已久。过去很多年，日本央行持续大规模刺激政策和超低利率政策，希望提振经济。2022 年以来，日本经济出现一系列积极变化，似乎正在走出通货紧缩的阴影，很多观点认为，日本是时候退出"超宽松政策"了。

超宽松货币政策是"安倍经济学"的代表性政策。安倍晋三第二次出任首相后起用黑田东彦担任央行行长，标榜独立的日本央行为配合实施"安倍经济学"、助力日本走出通缩，2013 年推出超宽松货币政策，提出 2% 通胀目标。该目标至今未达成，超常规货币政策长期持续导致市场机制扭曲，副作用凸显，海内外对日本央行"正常化"呼声高涨，日本国内对日元过度贬值也批评颇多。

植田和男接任日本央行行长近一年来，虽未明言，却马不停蹄致力于推进货币政策"正常化"。经过多次提高 YCC"弹性"，实际上已将长期利率控制目标上限从 0.5% 放宽至 1%。植田和男 13 日在参议院表示："如果出现 2% 通胀目标可望达成的局面，央行就将讨论修改负利率政策及 YCC 等超宽松货币政策。"2024 年 3 月 19 日，他在记者会上坦承日本目前离"持续稳定达成"2% 的通胀目标仍有距离。

由于日本央行仅在"有望达成"通胀目标前提下做出转向决定，植田和男在记者会上回避这是否是货币政策"正常化"的开始。尽管如此，媒体和专家高度评价央行政策转变，认为这是日本货币政策的一个重要转折点。以日本经济团体联合会（经团联）为代表的财界对央行转向紧缩表示理解，一向对紧缩持慎重态度的政界也表达了支持。

媒体和专家分析，虽然 2023 年以来美国通胀回落缓慢、美联储降息预期一再推迟，但 2024 年年中以后开始降息的概率很大，这使拟反向行动、走向紧缩的日本央行窗口期有限。为了避免两大央行反向行动带来剧烈市场动荡，日本央行被迫提前采取行动。因为错过这一时机，货币政策"正常化"恐将遥遥无期。

在黑田东彦执掌日本央行期间担任央行审议委员的野村综合研究所经济学家木内登英认为，从目前情况判断，持续稳定达成 2%

通胀目标依然困难，日本央行开启"正常化"行动确有"抢跑"之嫌。如果未来通胀回落、通胀目标未能持续稳定达成，将有损央行信誉。但无论如何，结束效果不佳却副作用严重的超宽松货币政策、迈出"正常化"第一步意义重大。

【 走出通缩未正式确认 "安倍经济学"收效不大 】

日本政府2001年3月首次公开承认经济处于温和通缩状态，并称在这种情况下如果物价继续下跌，工资就会随着企业利润减少而下降，消费支出也将难以回升。从那时起，这种恶性循环一直困扰着日本经济。

截至2024年2月，日本核心消费价格指数（CPI）连续23个月达成或超过央行设定的2%通胀目标。表面上看，日本通胀持续，但本轮通胀始于进口物价上涨及日元贬值，主要是成本推升型通胀，今后能否顺利转化为需求拉动型通胀仍有待观察。

日本政府和央行均希望借通胀持续局面推动企业加薪，促进需求扩张，形成"物价上涨—工资上涨—物价上涨"的"良性循环"，帮助日本走出通缩。同时，岸田文雄想趁通胀持续之机宣布摆脱通缩，甚至多次公开称现在是摆脱通缩"千载难逢的机会"。

据共同社报道，日本政府已着手探讨宣布摆脱通缩的具体事宜，将根据春季劳资谈判达成的加薪结果及最新物价数据、物价形势展望作出最后判断。宣布方式可能是岸田文雄或相关大臣在内阁会议或记者会上发布消息，也可能以内阁府月度经济报告体现。

《东京新闻》指出，所谓摆脱通缩，应意味着物价持续上涨，

2023年11月15日，人们走过日本东京涩谷车站前的十字路口。(新华社记者张笑宇摄)

企业从中受益，工人持续加薪，消费明显回暖，物价不再下跌，经济不会重陷通缩。

目前来看，日本政府宣布摆脱通缩仍有难度。首先，日本核心CPI升幅自2023年年初以来呈现下降趋势，考虑到2024年开春以来在CPI中占比最大的食品价格涨幅放缓，日本通胀压力年内或将继续趋于缓和。其次，实际工资仍在持续下降。截至2024年1月，日本实际工资连续22个月同比减少，工资涨幅追不上物价涨幅的局面仍在持续。最后，个人消费受到明显抑制。内阁府最新数据显示，占日本经济比重二分之一以上的个人消费去年四季度环比下降0.3%，连续3个季度呈现负增长。

日本一年一度的春季劳资谈判被政府视为"良性循环"能否形成的关键。初步统计显示，2024年涨薪幅度或高于2023年，但数据目前主要集中于少数大企业，且涨薪并非人人受益的基础工资上调，中小企业工资涨幅明显低于大企业。有专家认为，2024 年 7 月最终汇总出来的实际涨薪效果或将大打折扣。此外，依据新劳动法，从 2024 年 4 月 1 日开始，劳动者劳动时间上限将受到严格控制，加班工资减少也将成为抑制收入增长不可忽视的因素。

经济评论家门仓贵史表示，政府判断通缩所倚重的 4 个指标中仍有两个为负值，虽然物价持续上涨、GDP 平减指数转为正值，但单位劳动成本呈现同比下滑趋势、总供给仍然大于总需求，国内并没有出现良性循环。现阶段宣布摆脱通缩为时尚早。只要通胀不是来自国内需求旺盛及工资成本增加等因素，日本经济重陷通缩的风险依然存在。

日本亚洲成长研究所所长戴二彪指出，"安倍经济学"经济政策实施至今，虽然对刺激出口、促进投资、拉动就业和消费产生了一定积极效果，但日本人口结构少子老龄化、产业结构转换滞后等长期积累的结构性顽疾仍在，国内市场萎缩、国际市场竞争优势减弱等问题短时期难以解决。实际 GDP 增长率虽有所改善，但十多年来依然在年均 1% 左右徘徊，潜在增长率更是趋于下降。在消费、投资欲望还没真正走强的日本尚难期待较快出现"良性循环"。

木内登英表示，岸田为了能在秋季举行的自民党总裁选举中获胜从而继续担任首相，非常希望能发布摆脱通缩宣言，作为自己的施政成果。但对日本国民来说，由于实际工资持续下降，目前的通胀是"坏通胀"，完全谈不上岸田所称的"良性循环"。以物价上涨为由宣布走出通缩恐怕只会招致国民的批判。（注：岸田文雄 2024 年 8 月 14 日决定不参加同年 9 月举行的自民党总裁选举。）

【央行料将小步慢走　金融市场走向仍看美联储】

由于日本央行加息幅度微弱，且承诺将继续保持宽松，其紧缩力度相比投资者预期明显偏弱，央行新政公布以后东京外汇市场一连两个交易日日元对美元汇率不升反降，跌至 151 日元比 1 美元水平。东京股市则继续强势上涨，日经股指重回 4 万点上方。

产生这种相反效果主要是由于近年来美联储及日本央行均重视预期管理，调整政策前会提前向市场释放各种信息，两大货币息差缩小的预期相当程度上已提前在市场上体现，提前消化甚至过度消化使政策调整对市场的实际影响减弱，甚至出现反向表现。

日本央行加息"靴子"落地后，全球投资者关注重点重回美国市场，美联储何时开始降息、年内是否真会出现 3 次降息的判断仍

这是 2022 年 4 月 20 日在日本东京拍摄的日元和美元纸币。（新华社记者张笑宇摄）

是目前影响全球金融市场的决定因素。事实上，2024 年以来有关美联储降息的预期一再推迟，成为年初以来日元大跌、日股大涨的重要背景。戴二彪表示，出于政经稳定考虑，日本政府和日本央行对金融政策的调整时机和调整幅度相当慎重。换言之，在今后相当长时间内，日美息差及日元汇率走向将主要取决于美联储的金融政策。

此外，由于日本央行强调走出负利率也将保持宽松的货币环境，此间专家普遍预计，短期内不会出现资金大幅回流日元资产的现象。

虽然眼下日元与美元息差仍然巨大，日元处于极度疲软状态，但美联储等主要央行未来将走向降息及日本央行将缓慢加息的趋势不会改变。"一降一升"有利于日元升值，这将减少日本在地缘政治分裂中的收益。日本贸易振兴机构亚洲经济研究所主任研究员丁可认为，未来日元升值不可避免，预计东京股市继续上涨将面临阻力。届时中国资本及海外机构投资者涌入日本市场的速度可能会有所放缓，日本制造业回归也将受到抑制。虽然日本在供应链某些环节的地位仍不可替代，但由于少子老龄化难以逆转，长期来看日本经济趋于萎缩的大趋势很难改变。

谋求经济多元化
"石油王国"沙特的变革之路

中东总分社　罗晨 / 利雅得分社　王海洲

作为全球最大石油出口国，沙特阿拉伯是名副其实的"石油王国"。石油曾为沙特带来巨额收入，帮助其实现国家经济快速发展，成为中东地区经济大国。然而，对于石油的过度依赖也让沙特经济受到国际油价波动显著影响。为实现经济多元化，沙特于2016年提出"2030愿景"，计划在2030年之前将沙特建设成为阿拉伯和伊斯兰世界核心国家、全球投资强国、连接亚非欧三大洲的枢纽。沙特国家经济转型之路自此开启。如今八年过去，"2030愿景"在沙特国内早已深入人心，经济转型成果成效明显，尝到经济转型"甜头"的沙特正在朝着"2030愿景"宏大目标阔步前进。

【 石油依赖催生改革 】

从1938年发现商业数量级的石油，到1948年发现全球最大陆上油田加瓦尔，再到1951年发现全球最大海上油田萨法尼亚，沙特在短短数十年间原油产量不断突破纪录，继而成为全球最大石油出口国。

1973 年至 1981 年，国际油价从每桶 3 美元升至接近 40 美元，沙特经济随之迎来繁荣期，国内生产总值从 1973 年的 150 亿美元增至 1981 年的 1840 亿美元。依靠巨额石油收入，沙特实现了经济快速发展，"石油王国"地位逐步确立。

沙特经济长期以石油产业为支柱，国家财政严重依赖石油出口收入。数据显示，2009 年至 2014 年，沙特石油收入占政府财政收入的比例持续超过 85%，此后由于国际油价走低而有所下降。沙特经济在享受石油资源红利的同时，长期受到国际油价波动的显著影响。特别是，随着近年来非常规能源开发和国际能源生产消费结构变化，沙特在国际能源市场影响力明显下降，其石油经济模式越来越难以维系。

2014 年下半年，国际油价遭遇暴跌，全年跌幅近 50%，沙特石油收入大幅缩水，财政收入随之从 2014 年的 2800 亿美元锐减至 2015 年的 1620 亿美元，经济遭受严重冲击。2016 年 2 月，标准普尔将沙特主权信用评级从 "A+" 降至 "A-"。标普指出，鉴于沙特对石油收入高度依赖，油价下跌将对该国财政和经济产生显著而持久影响。仅两个月后，沙特政府提出 "2030 愿景"，旨在实现经济多元化，摆脱对石油的依赖。

沙特王储穆罕默德·本·萨勒曼接受媒体采访时坦言："石油曾为我们带来远超需求的收入。然而，随着石油产量增长放缓和人口迅猛增长，石油再难满足我们所有需求。"

【多元转型收效明显】

在沙特，"2030 愿景"早已成为家喻户晓、与沙特社会经济发展紧密联系在一起的词汇。在政府机构、城市街道、重要展会，"2030 愿景"的标语几乎随处可见。从王室成员到平民百姓，"2030 愿景"都是一个热议话题。

"2030 愿景"计划以"充满活力的社会""繁荣发展的经济"和"充满抱负的国家"为三大主题，提出将沙特建设成为阿拉伯和伊斯兰世界核心国家、全球投资强国、连接亚非欧三大洲的枢纽。"2030 愿景"提出了 96 个具体战略目标，包括"从世界第 19 大经济体发展至世界前 15 强""公共投资基金资产从 6000 亿美元增加至 7 万亿美元""非石油政府收入从 1630 亿沙特里亚尔（1 沙特里亚尔约合 1.9 元人民币）增加到 1 万亿沙特里亚尔"。

"2030 愿景"提出八年后，沙特经济多元化转型已见明显成效。数据显示，2023 年，沙特非石油产业表现强劲，占实际国内生产总值达 50%，创历史最佳水平。2023 年非石油收入达到 4577 亿沙特里亚尔，同比增长 11%。

"2030 愿景"提出以来，沙特采取了一系列举措，大力发展非石油经济。2019 年，沙特启动"国家工业和物流发展规划"，旨在通过推动工业、矿业、能源和物流产业升级与融合发展，将沙特打造成全球领先的工业强国和物流枢纽。2021 年，沙特又提出"沙特制造"倡议和沙特伙伴计划，支持本地产品并提高其在国内外的竞争力，提高沙特国民对本地制造的认识和信心，从而促进经济多元化发展。

推进私有化进程是"2030 愿景"的重要组成部分。近年来，

2019 年 1 月 9 日，在沙特阿拉伯首都利雅得，时任沙特阿拉伯能源、工业和矿产大臣法利赫召开新闻发布会宣布第三方审计机构勘测结果显示，截至 2017 年年底，沙特石油储量达 2685 亿桶，高于先前公布的官方数据。（新华社记者涂一帆摄）

沙特积极推进国有资产私有化，包括大型企业、固定资产等，寻求更加多样化的收入来源。沙特阿美石油公司首次公开募股（IPO）是私有化进程重要一步。2019 年，沙特阿美在沙特国内上市，共出售 30 亿普通股，占其总资产 1.5%，募得资金 256 亿美元，成为全球史上最大规模 IPO。此外，沙特政府还确立了其他 100 多项私有化计划，涉及医疗、能源、房地产、矿业等行业。2023 年，沙特私营部门对国内生产总值的贡献率达到 45%，完成预期年度目标。

沙特还积极推动主权基金投资发展，通过投资国内外大型项目，推动经济多元化发展。"2030 愿景"指出，要把公共投资基金发展成为世界最大主权财富基金，改善基金管理效率，提高投资回报率，以实现政府财政来源和国民经济多样化。统计显示，沙特公共投资基金管理资产规模从 2016 年的 5570 亿美元增长至 2023 年的 7490 亿美元，目前已投资创建超 90 家公司，创造超过 64 万个就业机会。

2019 年，曾经一度保守神秘的沙特首次向外国游客开放旅游签证，将旅游业视作经济多元化重要一环。短短五年间，沙特旅游业发展迅猛，更在 2023 年实现历史性突破，提前完成此前定下的"到 2030 年接待游客达 1 亿人次"目标。

根据沙特旅游部 2024 年 2 月公布的数据，2023 年沙特接待游客 1.062 亿人次，同比增长 12%。其中，国际游客人数达到 2740 万人次，同比增长 65%。沙特旅游部在声明中说，这是沙特成为全球新兴旅游强国的里程碑，激励政府制定新的雄心勃勃的目标，即到 2030 年接待游客达 1.5 亿人次。

根据"2030 愿景"2023 年度报告，2023 年实施的 1064 项计划中有 87% 业已完成或步入正轨，2023 年 243 项关键绩效指标中 81% 实现了三级目标，其中 105 项已经提前实现未来两年的目标。沙特显然并不满足于既有成绩，近两年正积极探索新领域新举措，以求加速推进经济多元化发展。

在航空领域，沙特计划到 2030 年将年客运量增加两倍以上，达到 3.3 亿人次，年货运量增至 500 万吨。2022 年 11 月，沙特宣布一项占地 57 平方千米的新机场修建计划，预计到 2030 年新机场可接待 1.2 亿人次旅客，到 2050 年可接待 1.85 亿人次旅客。2023 年 3 月，沙特宣布成立第二家国家航空公司"利雅得航空"，计划到 2030 年开通飞往全球 100 多个目的地的航班。

2023 年 8 月 4 日，在沙特阿拉伯吉达的阿卜杜勒－阿齐兹国王国际机场，乘客在登机口准备登上直飞北京的航班。当天凌晨，沙特阿拉伯航空公司直飞北京的首航航班从该机场启航，飞往北京大兴国际机场。（新华社记者王海洲摄）

【变革之路稳步前行】

在"2030 愿景"推动下，今天的沙特已经步入经济和社会改革的新时期，经历着重大的转型，发生着显著的变化，也催生出更多的机遇。

2023 年，利雅得获得 2030 年世界博览会举办权，本届世博会主题为"变革时代：携手共创美好明天"。2030 年是"2030 愿景"计划的关键一年，能在这一年首次举办世博会，对沙特来说意义非凡。穆罕默德王储表示，沙特决心举办一届"前所未有"的世博会。

此外，沙特还将在未来数年内举办一系列大型体育赛事，包括

2027 年足球亚洲杯、2029 年亚洲冬季运动会、2034 年亚洲运动会。沙特还是 2034 年足球世界杯目前唯一申办方。2024 年夏天，首届电竞世界杯在利雅得举办，据统计，电竞世界杯吸引了 200 万人次访问。这些赛事无疑会进一步带动沙特经济发展，同时进一步提升沙特的国际知名度和影响力。

除了体育赛事，沙特近年来还积极举办各类大型国际会议，加强与国际社会在各领域连接。有着"沙漠达沃斯"之称的"未来投资倡议大会"已连续七年在沙特举办，吸引世界各国政界、商界和学术界领袖及全球投资者分享未来投资理念，探讨拓展合作可能。今年以来，沙特已举办世界经济论坛特别会议、博鳌亚洲论坛利雅得会议等多个大型会议。2024 年年底，沙特还将举办《联合国防治荒漠化公约》第十六次缔约方大会，这将是沙特主办规模最大的多边会议。

沙特财政大臣穆罕默德·贾丹在 2024 年 5 月举行的卡塔尔经济论坛上指出，沙特"2030 愿景"于 2016 年启动，远早于新冠疫情、乌克兰危机、新一轮巴以冲突、通货膨胀及供应链中断等问题。他表示，"世界面临的集体冲击要求我们重新确定优先顺序，审视我们正在做的事情"。

面临诸多挑战，沙特政府对于 2030 年世博会等众多"2030 愿景"框架下的项目上，更加理性、现实地考虑优先事项和发展重点。虽然转型之路难言一帆风顺，但是沙特在推进"2030 愿景"方面仍然决心坚定、步伐稳健。

斥资 170 亿美元　伊拉克打造"发展之路"

巴格达分社　段敏夫　李军

近年来，中东能源大国纷纷谋求经济转型，结合各自优势提出与国情相适配的中长期发展规划。伊拉克作为地区传统能源大国，历经长年战乱动荡，政治局势逐步企稳，安全局势渐趋好转，现任总理穆罕默德·希亚·苏达尼上台以来大兴基础设施建设，积极探寻战后经济转型之路。

2023 年 5 月，伊拉克政府宣布投资 170 亿美元，打造连接波斯湾与土耳其、跨越亚欧大陆的"发展之路"，旨在优化升级交通基础设施，促进货物运输和人员往来，推动地区交流合作。该项目是伊拉克寻求摆脱"石油依赖"、推动战后经济转型的重要规划，也展现出与周边国家加强贸易往来、密切多边合作的决心。

【"要想富，先修路"】

根据伊拉克政府规划，"发展之路"项目包括建设一条 1200 千米长的客货两用铁路，以及一条与之平行的公路。"发展之路"将从伊拉克北部与土耳其边境交界地区出发，一直向南延伸到位于波斯湾沿岸的伊拉克大法奥港，沿线站点达 15 个。

这条纵贯南北的交通干线在伊拉克战后交通布局中可谓是个"大手笔"。实际上，伊拉克铁路建设起步较早，1940 年，在德国资金和技术支持下便修建了一条从伊拉克首都巴格达途经土耳其第一大城市伊斯坦布尔至德国首都柏林的铁路，随着石油行业蓬勃发展，这条铁路交通线成功运营了 30 余年直至两伊战争爆发前夕。伊拉克在修建运营跨国铁路方面积累了一定基础和经验，对跨国交通干线给贸易和人员往来带来的便利有着切身感受。

随着两伊战争（1980—1988）、海湾战争（1990—1991）、伊拉克战争（2003—2011）、打击极端组织"伊斯兰国"的反恐战争（2014—2017）接连爆发，包括铁路、公路网络在内的伊拉克基础设施遭到严重破坏，铁路运力迅速萎缩，公路干线年久失修，交通运输条件每况愈下，战后修缮扩建工作陷入长期停滞。伊拉克曲折跌宕的交通运输发展史也是这个文明古国坎坷国运的缩影和写照。

伊拉克战争后，国民经济发展长期受制于物流运力不足让伊拉克政府"痛定思痛"，决定从打通纵贯南北、连接欧亚的交通干线入手，迈出战后经济转型第一步。据伊拉克政府估算，"发展之路"项目中铁路建设费用约 105 亿美元，公路项目耗资约 65 亿美元。目前，项目可行性研究已经完成，铁路设计工作已完成 66%，公路设计工作已完成 52%。

伊拉克政府提出的这一打造跨越亚欧交通新走廊的宏大设想，已经获得土耳其、伊朗两大地区国家的支持。近年来，土耳其经济遭遇剧烈波动，货币里拉"跌跌不休"；美国制裁使伊朗经济长期承压，伊朗主动寻求改善睦邻关系，伊拉克巧借土、伊两国发展对外贸易、强化地区关系的需求顺势而为，将两大邻国拉上"发展之路"。

2023年9月，巴士拉—沙拉姆切赫铁路项目正式动工，铁路将连接伊拉克南部石油重镇巴士拉和伊朗边境城镇沙拉姆切赫，旨在优化巴士拉与伊朗的交通与贸易联系。2024年2月，伊拉克和土耳其宣布在巴格达和土耳其首都安卡拉分别设立特别办事处，负责"发展之路"专项对接，并建立常态化沟通机制，共同打造"中东贸易新走廊"。

【政府雄心勃勃】

"发展之路"并非单纯的交通基础设施建设项目，伊拉克政府希望以此对标沙特"2030愿景"等中长期发展规划，以现代化、高容量的交通网络为基础，发展非石油经济，促进区域经贸合作，打造一条平行于苏伊士运河的交通要道。

2024年4月，伊拉克总理苏达尼在主持"发展之路"最高委员会第六次会议时要求所有部委和机构必须给予"发展之路"项目最高优先级，保障这一战后经济复兴计划稳步推进。苏达尼强调，"发展之路"不仅将成为一条"经济大动脉"，还将为地区文化融合提供新机遇，有效维护地区安全稳定。

新华社记者从伊拉克交通部获悉，位于"发展之路"波斯湾沿岸终点的大法奥港一期工程将于2025年完工，到2028年将拥有年处理2000万吨进出港货物的能力，二期、三期工程全面竣工后，大法奥港将跃升为波斯湾沿岸第一大港，成为"发展之路"吸引外资的"终端发动机"。

伊拉克还计划在"发展之路"沿线建设物流中心和工业城，优化油气管道布局，以交通干线和大法奥港为依托，兴建现代化炼油厂，在油气资源丰富的南部地区打造"智能工业城市"，开放向邻国乃至欧洲出口油气资源的"新窗口"，提升伊拉克作为贸易走廊和能源输出国的地缘政治地位。

伊拉克政治经济学者胡赛姆·阿里受访时指出，作为"一带一路"倡议的受益者，伊拉克希望通过"发展之路"项目深入对接横亘中亚—土耳其的"丝绸之路经济带"，并将其向南延伸至波斯湾沿岸，为中国和亚洲新兴经济体提供便捷、低成本的物流服务，延展"一带一路"倡议的战略纵深。

这是 2024 年 9 月 28 日拍摄的位于伊拉克南部米桑省哈法亚油田内的哈法亚天然气处理厂。（新华社发　哈利勒·达伍德摄）

2023 年 10 月，新一轮巴以冲突爆发，冲突持续外溢扩散引发红海航运危机，全球供应链体系面临严峻挑战。面对新一轮中东变局，伊拉克政府顺势提出将"发展之路"打造成"陆路苏伊士运河"，获得阿拉伯联合酋长国、世界银行等多方支持。伊拉克总理交通顾问纳赛尔·阿萨迪表示，多国迫切需要保障物流和通行安全，伊拉克致力于将"发展之路"打造成一条安全、畅通的物流通道，为全球国际贸易和供应链体系提供耗时更短、成本更低的新选择。

【外界仍有质疑】

总理苏达尼亲自指挥推进，土伊两大邻国下场参与，阿联酋等海湾国家积极赞成，世界银行表示支持……"发展之路"看似万事俱备，外界却仍有不少质疑。

首先，伊拉克同"发展之路"项目中的两个重要地区伙伴并非"铁板一块"。伊拉克和土耳其在水资源、边境安全和跨境打击库尔德工人党等问题上存在长期分歧；伊朗虽迫切希望推动巴士拉—沙拉姆切赫铁路项目以扩大两国跨境贸易规模，但对伊拉克大法奥港可能给其在波斯湾海运利益带来的威胁一直保持高度警惕。此轮巴以冲突以来，伊朗通过其支持的伊拉克民兵武装对美国、以色列目标频频发动袭击，引来美军多次空袭还击，伊拉克不满被拖入地区冲突。这些都是埋藏在"发展之路"下的隐形障碍。

其次，"发展之路"项目耗资巨大，分析人士预计该项目实际执行成本将超过 200 亿美元，而伊拉克政府尚未透露该项目的资金来源，也没有拿出富有吸引力的融资计划。苏达尼上台后大兴基建，修桥、铺路、建机场……虽有利于改善民生，但"摊子铺得太大"，如何确保资金的可持续成为一大难题。加之伊拉克政府工作效率低下、贪腐现象严重，舆论担心"发展之路"会成为伊拉克腐败问题的"新掩护"。

再次，伊拉克政治结构和安全局势依然不稳定。苏达尼任职于伊拉克政治陷入僵局之际，上任一年半以来政治派别分歧仍未弥合，苏达尼政府也未完全站稳脚跟。有分析人士指出，苏达尼连续推出包括"发展之路"在内的大型基建项目和宏大发展规划，无疑是想在短期内做出政绩为其在选举中赢得连任增加筹码，完全服从政治目的的经济规划难免存在违背经济发展规律的风险。此外，2024年年初以来，伊拉克境内民兵武装与美国、以色列时有摩擦，极端组织"伊斯兰国"余毒仍未完全肃清，伊拉克安全局势存在的潜在风险也让"发展之路"未来的投资者和参与者心生犹豫。

最后，伊拉克中央政府的执行和管理能力有待验证。大法奥港项目因资金匮乏几度停滞，泊位建造进程远远低于预期，一期工程至今尚未竣工，作为"发展之路"通向波斯湾的出海口，大法奥港项目的进展直接关乎"发展之路"的前途命运。此外，伊拉克武装派别林立，地方势力并不完全服从中央政府，"发展之路"在前期规划中绕过了北部库尔德自治区引发库区政府强烈不满，如何协调地方势力、统筹各方发展利益将是苏达尼政府面临的又一棘手难题。

【 欢迎中国企业 】

近年来，随着"一带一路"倡议持续深入推进，越来越多中国企业参与伊拉克战后重建，中国在基础设施建设领域先进的设计理念和施工技术获得伊拉克各界广泛认可，中国企业被视作伊拉克推动"发展之路"和"一带一路"深入对接的天然合作伙伴。

伊拉克总理交通事务顾问纳赛尔·阿萨迪曾公开表示，中国是世界经济的重要组成部分，伊拉克有必要同中国在"发展之路"项目上加强合作。中国也是伊拉克重要的经济合作伙伴，期待伊中合作为"发展之路"项目建设提供更多优质解决方案。

伊拉克铁路公司总经理尤尼斯·卡比同样认为，中国提出的"一带一路"倡议在全球范围内赢得广泛认同，中国在基础设施建设方面拥有强大能力和丰富经验，是伊拉克在实施"发展之路"项目过

这是 2024 年 3 月 2 日拍摄的伊拉克巴格达尼苏尔立体交通枢纽项目施工现场。尼苏尔立体交通枢纽项目 2023 年 7 月开工，预计 2025 年 1 月竣工。项目包括桥梁、地面公路（铁路）、隧道和下穿隧道 4 层结构，其中下穿隧道最大深度达 24 米。项目竣工后将有望大幅缓解巴格达核心区域交通堵塞和噪声污染。（新华社发　哈利勒·达伍德摄）

程中理想的合作伙伴。

不仅伊拉克政府层面对中国企业表示欢迎，记者在随机街访中发现，普通市民阶层对中企参与"发展之路"的呼声也很高。巴格达市民贾瓦德直言："我希望中国企业承建包括'发展之路'在内的更多基建和民生项目，因为我相信，只有中国企业的手是干净的！只有中国企业在实实在在帮助伊拉克发展进步。"

贾瓦德讲出了大部分伊拉克普通民众的心声。过去很长一段时间，伊拉克大部分重要基础设施建设均由美西方巨头企业垄断，项目施工进展缓慢，却消耗大额资金，引发民众普遍不满和对项目施工过程存在腐败的怀疑。随着巴格达尼苏尔立体交通枢纽、纳西里耶机场等一批由中国承建的重点项目在伊拉克迅猛推进，"中国建造"已经成为展示中国及中企海外形象的闪亮名片。

不过，伊拉克仍为战乱国家，安全风险处于极高等级，国内政治结构稳定性较差、经济发展政策延续性不足等问题依然突出。"发展之路"作为苏达尼大力推行的中长期发展愿景，同其个人政治生涯紧密"绑定"，本届政府能否顺利连任并持续推进"发展之路"项目仍有待检验。此外，伊拉克教派错综复杂，地方宗派势力不容忽视，客观上给外资企业在当地承建项目带来更多不确定性，中企参与"发展之路"项目宜持谨慎态度。

努山塔拉——印度尼西亚新首都"展翅欲飞"

雅加达分社　叶平凡　郑世波　陶方伟

在印度尼西亚中部加里曼丹岛的热带丛林中，一座形似"展翅欲飞"的神鹰的镀铬玻璃建筑拔地而起，这座新建筑是位于印度尼西亚新首都努山塔拉的新建总统府，其造型呼应印度尼西亚国徽中的神鹰形象。

2024 年 8 月 17 日，印度尼西亚建国 79 周年"独立日"庆典在新首都努山塔拉和雅加达同时举办。时任印度尼西亚总统佐科·维多多和候任总统普拉博沃·苏比延多出席了努山塔拉新总统府前的升旗仪式，标志着努山塔拉开始承担首都职能。不久的将来，印度尼西亚总统将开始在这里日常办公，举行国事活动，印度尼西亚的政治中枢会从人口稠密的雅加达转移到努山塔拉……印度尼西亚半个多世纪的迁都梦想终于成真。

【新首都努山塔拉初具雏形】

努山塔拉在印度尼西亚语里意为"群岛"或专指"印度尼西亚群岛"，新首都以此为名，意在强调国家的团结和统一。它选址于东加里曼丹省的热带丛林中，与东海岸石油重镇巴厘巴板市和东加里曼丹省首府三马林达两个开发程度较高的城市形成掎角之势，距雅加达直线距离约 1250 千米。记者从雅加达出发乘坐两个多小时的飞机先到巴厘巴板，出闹市区再驱车两小时才能抵达努山塔拉。

　　记者在努山塔拉核心区看到，整片区域是一派热火朝天、繁忙有序的建设景象。塔吊林立、车辆穿梭，约三万名工人在这片被热带丛林包围的工地上紧锣密鼓赶工期。总统府和与之遥相呼应的民族英雄纪念园位于努山塔拉中轴线上，排列在两侧的四座统筹部大楼及周边的部长官邸和公务员住宅大楼、努山塔拉酒店等主要建筑已基本完工，大部分进入内部装修阶段。

　　中轴线上被群楼围绕的热带湿地生态园已初具规模，各式热

这是 2024 年 8 月 13 日拍摄的建设中的印度尼西亚新首都努山塔拉一景（无人机照片）。努山塔拉位于印度尼西亚东加里曼丹省，距雅加达大约 1200 千米。雅加达地势低平，人口密集。为纾解首都发展面临的难题，印尼政府于 2019 年宣布把行政首都从雅加达迁至东加里曼丹省的努山塔拉。新首都建设于 2020 年年中启动，印度尼西亚计划将其打造为绿色、智慧城市。（新华社记者徐钦摄）

带植物高低错落、蜿蜒曲折的步廊今后将为市民和公务人员在其间往来穿行或小憩提供便利。湿地广场和总统府前的广场都已铺上成片的青草，为四围尚未完成外墙施工的灰色钢筋混凝土建筑增添了生机。

佐科 2019 年 8 月宣布迁都计划。尽管遭遇新冠疫情和全球经济下行，但佐科政府意志坚定，将迁都上升为法律，迁都工作仍稳步推进。尤其从 2023 年开始，土建施工进入快速通道，政府动用大量人力、物力和财力建设新首都，印度尼西亚人都称创造了"努山塔拉速度"。

记者注意到，包括道路、饮用水系统、电力和通信系统、废物废水处理系统，总统府和各部委办公楼、公务员住宅在内，第一阶段施工建设目前已基本完工。

印度尼西亚数代领导人魂牵梦萦、念兹在兹的迁都设想，正从梦想变成现实。

【绿色智慧森林城市】

努山塔拉总面积达到 2560 平方千米，由三个部分组成。首先是占地 68.56 平方千米的中央政府核心区，分布着总统官邸、中央各部委、中央银行、立法司法等机构。核心区外是 561.8 平方千米的首都区，是普通公务员和军警住宅、教育和医疗机构、科技园与研发中心、军事基地、商业住宅的所在地。首都区之外是首都开发区，储备着努山塔拉的城市土地和耕地，未来这里将设立猩猩保护园和卫星城。

这是 2024 年 8 月 12 日在印度尼西亚新首都努山塔拉拍摄的智轨系统。（新华社记者徐钦摄）

整座城市的规划、总统府等地标性建筑均由印度尼西亚著名设计师操刀，开发过程分五个阶段。第一阶段 2022 年 7 月启动，将持续至今年。开发建设定于 2045 年完成，完全建成后的新首都人口将达到 200 多万人。印度尼西亚政府 2019 年估计，迁都计划耗资 466 万亿印尼盾（当时约合 326.8 亿美元），其中 19% 的资金将来自政府预算，其余资金来自私人直接投资、国有企业或公私合作及外国投资。

新首都的设计将重点突出大一统的印度尼西亚共和国国家认同，打造可持续发展和现代化绿色智慧城市。建成后的努山塔拉将是一座热带生态城市，森林中建城市，城市中有森林，整座城市与周边的山林、丘陵、海湾融为一体。市内道路绿树成荫，路旁所有建筑物均环境友好，屋顶也将被植被覆盖，建筑物周围则是步道、池塘和树林。

印度尼西亚公共工程与人民住房部首都基础设施建设工作组主席达尼斯·苏马迪拉加表示，印度尼西亚将利用生态友好型基础设施、可再生能源和清洁高效的交通系统来建设发展努山塔拉，整个城市约四分之三的土地将被热带森林和绿化区覆盖，以实现新首都 2045 年前实现净零排放的目标，成为印度尼西亚乃至全球应对气候变化的先锋典范城市。

以通行为例，政府设立了以公共交通、自行车或步行来支持努山塔拉 80% 交通需求的目标。通行者步行 10 分钟以内可达任何一个公共交通车站，打造全球领先的"10 分钟"城市。在新首都，所有交通工具均使用可再生能源，传统燃油汽车将不再使用，以实现可持续发展。佐科 8 月 13 日携多名内阁部长试乘了由中国企业建设的智轨系统。

印度尼西亚为努山塔拉提出"人人共享的世界城市"口号。佐科希望把努山塔拉打造成世界级城市，助力印度尼西亚在 2045 年、即建国 100 周年时实现"黄金印度尼西亚 2045"愿景。

【 迁都意在解决沉疴 】

现首都雅加达位于爪哇岛西北角，是辐射印度尼西亚及东南亚的商贸中心，也是荷兰殖民政府所在地，殖民者在这里经营了数百年。1945 年独立后，印度尼西亚"建国之父"、首任总统苏加诺本想另立新首都，无奈当时其他城市各方面条件都太落后，最后还是决定将首都定在雅加达。

经过半个多世纪的发展，雅加达已发展为印度尼西亚政治、经济和文化中心，也是东南亚最大城市，常住人口超过 1000 万，国内生产总值占印度尼西亚全国的 16.6%。而大雅加达地区生活着超过 3200 万人，是全球最大都市圈之一。由于人口激增及缺乏合理规划，雅加达多年来交通拥堵，是全球闻名的"堵城"，此外地面下沉、城市内涝和环境污染等"大城市病"严重，早已不堪重负，同时很大程度上加剧了地区发展不平衡问题。

对此，佐科表示，与雅加达相比，在印度尼西亚地理中心东加里曼丹省建设新首都将改变"爪哇中心"的发展模式，有望带动印度尼西亚中部和东部地区的发展。此外，雅加达所在的爪哇岛地处环太平洋地震带，而位于加里曼丹岛的努山塔拉遭受洪涝、地震、海啸、火山等灾害的风险较小，且距离巴厘巴板和三马林达不远，基础设施和物流具有一定基础。

佐科宣布迁都计划后不到半年，新冠疫情重创全球经济，让国际投资者对印度尼西亚新首都的投资计划保持谨慎。面对海外投资疲软状况，佐科政府 2022 年起改变策略，把努山塔拉的建设打造为一个面向全球投资者的超级项目，出台了一系列鼓励投资的法规和政策，希望以新首都建设为契机，转变传统发展模式，把以内循环为主、出口初级产品为主的资源型国家升级为绿色、智慧和可持续发展的绿色新型经济体。

2022 年 1 月，印度尼西亚国会通过法案正式批准迁都，2023 年第 21 号法律和 2024 年第 75 号总统条例则为商业投资者提供法律保障。此外，印度尼西亚政府提供的优惠政策包括：任何在努山塔拉投资 100 亿印度尼西亚盾（约合 64 万美元）以上的企业可免缴企业税，优惠期达 10 年至 30 年。愿意搬到新首都工作和居住的个人，可享受全额减免所得税，优惠期最长可达 30 年。此外，印度尼西亚政府将提供 95 年的土地使用权，到期后还可申请延长 95 年。

印度尼西亚首都基础设施建设工作组主席达尼斯说，迁都不仅仅是迁移政府职能、让中央政府官员换个地方办公，而且要为印度尼西亚打造新的经济增长中心。借鉴其他国家迁都经验，转移行政职能并不能有效地吸引民间投资。随着佐科政府改变新首都的发展策略，努山塔拉有望成为印度尼西亚新的权力和财富聚集中心，将为印度尼西亚带来巨大商业机会和经济利益。

【建设期长　挑战犹存】

候任总统普拉博沃日前在努山塔拉举行的首次内阁会议上再次承诺，会继续推进新首都建设。不过，舆论普遍担心，由于建设周期长达 20 多年，新首都的建设及后续发展还面临着诸多挑战和不确定性。

首先，如何继续为新首都筹集建设资金是最大难题。新首都建设开发目前主要集中在政府大楼、道路、桥梁等初期阶段，投资者无法确定投资这些基础设施项目如何实现盈利。

印度尼西亚国会预算委员会主席赛义德·阿卜杜拉 2023 年 12 月说，预计到 2024 年年底，用于努山塔拉开发的预算将达到 75.4 万亿印度尼西亚盾，占整个迁都预算的 16.1%，已经非常接近国家预算可承担的 19% 底线。他说，国会一直担心私营部门对新首都建设缺乏兴趣，导致国家预算成为建设资金的主要来源，这一担心已经成为现实。政府必须尽快在国家预算和私人资本之间取得平衡。

其次，普拉博沃就任总统后会有一系列执政重点，建设努山塔拉的优先顺序有可能后置。印度尼西亚经济发展与财政研究所研究员比马·尤迪斯蒂拉·阿迪内加拉认为，普拉博沃上台后需要大量资金来落实竞选承诺，包括每年拨付 450 万亿印尼盾（约合 290 亿美元）为全国近 8300 万名儿童提供免费午餐和牛奶，这将大大压缩留给新首都建设的预算空间。

国际评级机构多年来对印度尼西亚财政预算管控较为满意，但如果普拉博沃任期内预算大规模增加，而税收却没有相应增加，导致预算赤字增加，甚至突破预算赤字不能超过国内生产总值 3% 的法律上限，可能影响印度尼西亚金融稳定和信用评级。如果主权债务评级被下调，将会增加国家在全球的发债成本，影响国际投资，导致印度尼西亚新首都建设更加缺乏资金。

评级机构惠誉 2024 年 2 月发布的一份报告中写道："鉴于普拉博沃的竞选承诺，包括每年可能花费国内生产总值约 2% 的免费学校午餐和牛奶计划，我们认为中期财政风险已经上升。"

再次，新首都建设不可避免地会面临一系列社会、环境和土地问题，需要妥善解决。比如，东加里曼丹省土著群体就非常担忧他们的土地、文化、传统和习俗会因迁都受到外来人口的威胁。一些批评人士还认为，建设新首都恐将破坏当地生态环境，导致森林覆盖率减少、碳排放量增加，影响红毛猩猩等濒危物种的生存环境。此外，加里曼丹岛矿产资源丰富，非法开采者多年来留下 2400 余处废矿，其中不少就位于新首都范围内，填埋废矿将耗时费力。

最后，人才对一座城市、一个国家的发展至关重要，现阶段努山塔拉各方面条件相比雅加达差距巨大，如何吸引更多优秀人才建设新首都也是一个长期的艰巨任务。

福利大饼涨价下的埃及经济困局与社会稳定

开罗分社　张健　姚兵

一张普普通通的大饼，看似平淡无奇，其价格变动却牵动埃及社会上下，也被看作衡量埃及国内局势稳定的风向标。2024 年 6 月 1 日开始，埃及政府补贴的福利大饼价格从原来的 0.05 埃镑涨至 0.2 埃镑（约合人民币 3 分钱），这是 30 年来埃及政府首次调整福利大饼价格，以减轻政府财政负担，这一举措背后反映出埃及政府面临的经济困境，而调高大饼价格又会引发社会不稳定担忧。

【民众生活依靠】

大饼，埃及人"当之无愧"的主食，由小麦面发酵后、放入烤炉中烘烤而成。刚出炉的大饼冒着热气，表面微焦，一面铺了层粗纤维的麸子，咬一口又香又韧，配上鹰嘴豆泥、腌制橄榄等，在当地可谓餐餐必备。

大饼绝对算得上埃及老百姓日常生活中的不可或缺。无论去餐厅还是到当地人家里做客，餐桌上的第一道美食通常是大饼。香喷喷的大饼放在小筐里，旁边摆放着一碟碟用来搭配的蔬菜和蘸料。

人们会边吃边喊："再上些大饼！"

午餐时段在开罗老城的哈里里市场游逛，你会遇到运送大饼的小伙儿蹬着自行车疾驰而过。他头顶直径约 1 米的大托盘，上面摞着像小山一样冒着热气的大饼，一只手扶着车把、另一只手扶着托盘，疾驰穿行在逼仄的小巷中，遇到行人通常也不减速，最终稳稳地把大饼送到餐馆或售卖处。在阿拉伯语方言中，"大饼"也有"生活"的意思。

埃及市面上销售的大饼有两种，一种是商品大饼，一种是经过政府补贴的福利大饼。商品大饼售价一般在 2 埃镑（约合人民币 3角钱）左右。福利大饼在此次价格调整后由 0.05 埃镑变为 0.2 埃镑（约合人民币 3 分钱），购买时需要使用政府发放的补贴卡。

补贴卡持有者每人每天可购买五张享受补贴的福利大饼，或每月领取一袋 10 公斤的补贴面粉。埃及有近 7000 万人（约占全国人口 60%）能够享受到这个福利。埃及政府每年会拿出一笔资金专门用于补贴福利大饼价格，这笔资金数额连年上涨。2024 年 3 月，埃及财政部宣布在其 2024—2025 财年（2024 年 7 月 1 日至 2025 年6 月 30 日）国家预算中拨款约 1250 亿埃镑用于福利大饼价格补贴，高于 2023—2024 财年的 910 亿埃镑。

【触动敏感"红线"】

埃及政治经济、统计和立法协会成员瓦利德·贾巴拉说，埃及的食品补贴政策始于 20 世纪 40 年代，当初是为了保护最贫困人口免受第二次世界大战造成的供应链中断影响。20 世纪 50 年代以来，大饼一直是大多数埃及人的主食，其价格水平是衡量埃及国内局势稳定的风向标。埃及已经不止一次因大饼价格波动引发政治和社会危机。

1977 年，时任总统萨达特领导的埃及政府为换取国际货币基金组织贷款，同意后者提出的改革要求，宣布取消包括福利大饼在内的基本食品补贴，福利大饼价格大涨。然而，埃及政府此举非但没能换来国际货币基金组织提供的贷款，却触发埃及国内多地大规模骚乱：数十万人走上街头，高喊"我们的早餐在哪里""埃及人民正在挨饿"等口号，表达对萨达特政府取消大饼补贴的强烈反对。最终，福利大饼涨价一事不了了之。

此后，历任埃及总统都不轻易触碰福利大饼价格这条敏感的红线，以至于在过去数十年间，尽管大米、食用油等基本民生食品价格飞涨、埃镑暴跌，福利大饼价格依旧维持在一个"不可思议"的低水平。

2024 年 6 月 7 日，工作人员在埃及开罗的一家大饼店整理出炉的大饼。（新华社发　艾哈迈德·戈马摄）

　　然而，随着大饼成本不断攀升、埃及政府财政常年拮据，削减福利大饼价格补贴已是势在必行。"粮食进口成本不断上涨、埃镑购买力持续下降，公共财政别无选择，政府只能削减大饼补贴。"贾巴拉说。

　　埃及供应和国内贸易部新闻发言人艾哈迈德·卡迈勒表示，埃及每年消耗 2000 多万吨小麦，而国内供应不足 950 万吨。埃及大部分进口小麦来自俄罗斯和乌克兰，2022 年全面升级的俄乌冲突扰乱了供应链，小麦进口价格随之上涨。埃及政府从国际市场购买小麦后，将其中一半以福利大饼形式供应给民众。按照埃及供应和国内贸易部副部长易卜拉欣·阿什马维的说法，为养活不断增加的人口，埃及不得不在 2023 年进口 1100 万吨小麦，高于上一年度的960 万吨。

　　新冠疫情和新一轮巴以冲突沉重打击了埃及旅游业，再加上苏伊士运河收入受红海危机影响大幅滑坡，以及多年来积累的沉重外债负担、埃镑贬值、通货膨胀，埃及政府财政拮据，开源节流迫在眉睫。此外，长期的食品补贴政策也导致严重的浪费和腐败。例如，由于福利大饼价格比饲料还便宜，不少人不仅自己买了吃，有时还被用来喂牲口。

　　其实，福利大饼提价之前，埃及政府已经用其他方式改变了几十年福利大饼不涨价的情况。从 2020 年开始，埃及政府就已经逐步缩小福利大饼的尺寸，每张大饼的重量从 130 克减到 90 克。同时，埃及政府一直在食品补贴领域推进多项改革：不仅提高补贴门槛，将普遍补贴转变为聚焦弱势群体的精准补贴，努力提升补贴项目效率，降低采购和存储环节的流失和浪费等。

【政策牵动民心】

当下，埃及总统塞西已开启第三个任期，摆脱经济困境、推进经济改革是其领导新一届政府的核心任务。埃及政府在压缩财政开支的大政策背景下，终于动用削减补贴、提高价格这个手段。总理马德布利近日表示，政府持续多年的补贴水平已经难以为继，虽然政府还会继续对福利大饼予以价格补贴，但必须作出调整以适应生产成本的大幅增加。

总部位于英国伦敦的凯投国际宏观经济咨询公司表示，2024—2025 财年埃及福利大饼价格补贴预算约占该国国内生产总值的0.7%，虽然这次减少补贴只能节省国内生产总值的 0.1%，但表明埃及政府意图保持紧缩的财政政策并控制整体预算赤字。

埃及供应和国内贸易部长阿里·迈西勒希日前接受媒体采访时说，调整福利大饼价格补贴这一决定旨在缓解国家预算赤字。"除非我们看到价格大幅波动，否则补贴大饼的价格不会进一步上涨。"

埃及商会联合会相关部门负责人阿卜杜拉·古拉卜接受新华社记者采访时说，政府对福利大饼的生产和销售过程进行监督，以确保福利大饼能被送到真正有需要的人手中。

福利大饼提价后，社交媒体上出现很多批评埃及政府的声音，一些人把总统塞西几年前在电视采访中发誓不会上调福利大饼价格的视频发到社交媒体，还有不少境外人士煽动埃及民众上街游行抗议。

记者最近走访了开罗南部马阿迪区的一个市场。尽管烈日炎炎，户外温度达到40摄氏度，福利大饼售卖店前仍然排着长长的队伍。

退休老人阿卜杜勒－萨拉姆·艾哈迈德握着政府发放的补贴卡，准备为他的五口之家购买25张福利大饼。"大饼涨价就像在平静的水中扔了一块石头。"艾哈迈德说起他得知大饼涨价时的心情，他还担心水、电、食用油、糖、大米等政府补贴的其他物资也会涨价。

48岁的家庭主妇阿米拉·马赫鲁斯的丈夫收入微薄也不稳定，每月收入支付完房租、水电费、交通费和孩子学费便所剩无几。她对记者说，对她一家来说，每顿饭有蔬菜是一种奢侈，大饼则意味着"安全"。

埃塞俄比亚咖啡
在"觉醒"中向价值链上游攀登

亚的斯亚贝巴分社　刘方强

说起埃塞俄比亚，人们常会想到这个国家"长跑王国""咖啡故乡"的美誉。然而，在埃塞俄比亚全国 1.2 亿人口中，能一口气跑完马拉松的人毕竟还是少数，但是一天喝上三杯咖啡的人却比比皆是。埃塞俄比亚咖啡以其独特风味和卓越品质享誉世界。"咖啡"一词据传就源自埃塞俄比亚南部"咖法"这个地名。近几年，昔日的咖啡发源地不满足于出口生豆"为他人作嫁衣裳"，加速发展咖啡加工业，细化产品，建立品牌，努力向价值链上游攀登。

【融入百姓生活的咖啡文化】

在埃塞俄比亚，有人的地方，就会有浓郁的咖啡香气。当地有一句俗语，"咖啡是我们的面包"。街头随处可见的咖啡摊，是这个东非国家最亮丽的风景。

在首都亚的斯亚贝巴，有两种截然不同的咖啡馆：一种是受第二次世界大战时期意大利占领时期影响在城市繁华区域开设的环境优雅的咖啡店；第二种则是遍布大街小巷、花 15 比尔（约合 1 元人民币）就能喝上一杯现磨咖啡的路边摊。这些路边摊虽然门店寒酸、设施简陋，但人们仍能在这里体会到喝咖啡的仪式感，因此深受普通民众青睐。

"我每天可以卖出至少 70 杯咖啡，人们饭后都喜欢喝上一两杯，在这里聊天。"桑内特在亚的斯亚贝巴的一处居民区经营着一个咖啡摊位，黑色的咖啡壶、白色的瓷杯子、木制的大圆盘，这些都是埃塞俄比亚路边咖啡摊的标配。煮好咖啡后，桑内特通常会往咖啡里插上一根青草，再递给客人。这种草叫芸香，是一种芳香植物，

2024 年 6 月 8 日，工人在埃塞俄比亚首都亚的斯亚贝巴的一家咖啡加工厂分拣烘焙过的咖啡豆（手机照片）。 埃塞俄比亚有"咖啡的故乡"之称，是世界上重要的咖啡生产国，咖啡产业被视为该国农业的支柱。近年来，埃塞俄比亚咖啡在中国市场越来越受欢迎，中国也成为埃塞俄比亚咖啡的重要进口国之一。（新华社记者刘方强摄）

小小的叶子不仅可以增加咖啡的风味，据说还有治疗胃痛的功效。

在埃塞俄比亚，如果有人邀你到家里喝咖啡，那可是一种莫大荣幸。咖啡仪式是亲朋好友聚会、交流和分享的绝佳媒介。不管是婚丧嫁娶，还是重要节日，甚至是调解矛盾，家里打扮得体的女性通常要给客人煮咖啡，大家围坐在一起，边喝咖啡边聊天。在此期间，女主人会给客人倒上三次咖啡，味道也越来越淡，整个咖啡仪式可持续一两个小时。

每一粒咖啡豆都承载着埃塞俄比亚人民的辛勤劳动和对美好生活的向往。然而，咖啡的发现被普遍认为是一个意外的惊喜。

相传在公元 800 年左右，在埃塞俄比亚南部的咖法地区，牧羊人卡尔迪有一天放羊时发现羊群异常兴奋，蹦蹦跳跳。经过观察，卡尔迪发现原来羊群吃了一种灌木上的红色果子。出于好奇，他品尝了这种红果，结果也是兴奋不已。卡尔迪于是开始栽种这种红果，并逐渐形成规模种植。这种红果因咖法得名咖啡，后从埃塞俄比亚传向全世界。

故事的真实性已然无法考证，但大家普遍认为埃塞俄比亚就是咖啡的发源地。埃塞俄比亚地处东非高原，气候适宜咖啡树生长，出产的阿拉比卡咖啡豆颗粒饱满、香气浓郁、口感醇厚。该国人民拥有着悠久的咖啡种植和饮用史，相应地，才会诞生出早已融入每个人生活的咖啡文化。

【在"觉醒"中努力提升附加值】

咖啡不仅是埃塞俄比亚人民生活的重要组成部分，咖啡产业对埃塞俄比亚国民经济发展也有着重要意义。

埃塞俄比亚目前是非洲最大、世界第五大咖啡生产国，每年产量约 60 万吨。咖啡可谓重要创汇来源。埃塞俄比亚咖啡和茶叶管理局的数据显示，在 2024 年 7 月 31 日结束的 2023—2024 财年，该国出口咖啡 29.85 万吨，出口额 14.3 亿美元，约占该国出口总额的三分之一，出口量同比增长 20%。据不完全统计，埃塞俄比亚约有 500 万小农户种植咖啡，逾 2500 万人从事咖啡生产、加工和销售等工作，约占总人口的五分之一。

独特的花香与果香让许多咖啡从业人员和爱好者对埃塞俄比亚咖啡情有独钟。尽管声名在外，埃塞俄比亚政府和专家常常感叹，该国常年向国际市场出口咖啡生豆，缺乏产业附加值，从丰富的咖啡资源中受益太少。

"非洲拥有最好的咖啡，但营销却没跟上。这些咖啡生豆从非洲出口，然后由非洲大陆以外的公司，特别是欧洲和美国的公司进行加工，通常混合其他咖啡豆一起烘焙，最后作为其他产地的咖啡产品在世界各地销售。"非洲精品咖啡协会主席埃米尔·哈姆扎说，埃塞俄比亚和非洲其他咖啡生产国需要把重点放在增加附加值上，并采用更好的营销策略来提高咖啡出口收入。

穷则变，变则通，通则久。令人欣慰的是，埃塞俄比亚的咖啡产业正在"觉醒"。近年来，埃塞俄比亚政府出台一系列政策，努力提高咖啡产业附加值，包括申请专利、在全球范围推广埃塞俄比亚咖啡品牌、允许外国人在本地从事咖啡出口贸易等。比如，为宣传境内咖啡的独特性，埃塞俄比亚政府在 2004 年为三个咖啡产区名称申请专利，分别是耶加雪菲、西达摩和哈拉尔，打响了埃塞俄比亚咖啡品牌化的"第一枪"。

除了政府，埃塞俄比亚本土咖啡企业也积极向价值链顶端攀登，哈德罗咖啡公司便是这一改革进程中的领军者之一。哈德罗是埃塞俄比亚南部一个种植咖啡的小镇。作为一家本土公司，哈德罗咖啡公司以小镇命名品牌，显示对本地咖啡的致敬和对本土文化的传承。公司产品包括咖啡豆和咖啡粉，并可根据客户喜好生产不同研磨程度的咖啡粉。在这家咖啡加工厂，记者看到员工们衣着统一，认真挑出有缺陷的咖啡生豆。两台烘焙机开足马力，咖啡生豆在机器里不停翻滚，颜色逐渐变暗，浓浓的咖啡香充盈着整个车间。一旁的咖啡研磨机也在飞速转动，褐色的咖啡粉末不断涌出。

哈德罗咖啡公司市场开发部主任穆巴拉克·艾哈迈德说："烘焙前，我们需挑出有缺陷的豆子以保证品质。我们的机器每小时可烘焙 90 千克咖啡，还能按照客户需求调整烘焙程度。"这家企业与中国的包装企业合作，定制精美包装袋，在提升产品形象的同时，确保更好地保留咖啡风味。从小到 100 克的样品装，到专供酒店、咖啡厅的 3 千克装，他们针对不同客户群体推出不同分量的定制产品。

记者在当地市场看到，1 千克的咖啡生豆目前售价在 400 比尔（约 26.7 元人民币）左右，而烘焙过、包装好的成品咖啡则可卖到每千克 1000 比尔（约合 66.7 元人民币），包装精美的产品价格相对更高。

为开发好咖啡产业，2024 年 4 月，埃塞俄比亚投资委员会出台一项新政策，允许外资参与进出口、批发和零售贸易业务。根据新政策，外国投资者现在可以参与此前仅限本地投资者参与的零售贸易。比如在出口方面，外国投资者现在可参与咖啡、阿拉伯茶、油籽、豆类、林木产品、家禽和牲畜的贸易。

专家预测，向外国投资者开放上述行业，对埃塞俄比亚实现商业体系现代化、降低商品价格及促进经济发展将发挥重要作用。

【 埃塞咖啡"飘香"中国 】

"耶加雪菲""西达摩""哈拉尔"……在中国的社交媒体平台上，关于埃塞俄比亚各个咖啡产区的介绍文章数不胜数；"Golden Coffee""Tomoca""Hadero"……在中国电商平台上，埃塞俄比亚咖啡品牌琳琅满目；很多中国人来到埃塞俄比亚出差或旅游，都会到亚的斯亚贝巴的"中国市场"或"友谊超市"买上几包当地咖啡带回国。

作为世界知名精品咖啡产区，近年来，在中埃塞两国商务部门等机构共同努力下，埃塞俄比亚咖啡向中国的出口以年均 27% 的速度快速增长。埃塞俄比亚咖啡和茶叶管理局数据显示，过去两年，中国每年从埃塞俄比亚进口超过两万吨咖啡生豆，成为埃塞俄比亚咖啡第八大出口市场。而就在几年前，中国的排名还是在第 33 位。

依托电商平台的数字化赋能，借着中国国际进口博览会的东风，埃塞俄比亚咖啡迅速"飘香"中国，飞抵千千万万中国消费者的家中。埃塞俄比亚驻中国大使塔费拉·德贝·伊马姆欣喜地表示："能够在中国喝到埃塞俄比亚咖啡，我们太高兴了。"

借助进博会实现跨境电商销售，有效降低了埃塞俄比亚咖啡贸易成本，让埃塞俄比亚本土咖啡农获益的同时，也让中国消费者以更优惠的价格品尝到原产地的精品咖啡。2019 年 1 月，在联合国

2024 年 6 月 29 日，在长沙国际会展中心，参展商阿尔弗莱德·安托尼介绍埃塞俄比亚咖啡。当日，由商务部和湖南省人民政府共同主办的第三届中国－非洲经贸博览会在长沙开幕。（新华社记者孙瑞博摄）

非洲经济委员会及中国和埃塞俄比亚政府的联合倡议下，埃塞俄比亚咖啡品牌发布会在阿里巴巴天猫国际平台举行。哈德罗咖啡公司市场开发部主任艾哈迈德告诉记者，哈德罗作为发布会上埃塞俄比亚三大优质咖啡品牌之一，几秒种内便销售了超过 1 万袋咖啡。

艾哈迈德说，中国市场对哈德罗来说非常重要，中国是该公司咖啡产品第三大出口市场。"常有中国贸易商到我们公司实地探访，进博会和广交会等平台也为我们提供了绝佳机会，进一步提升我们在中国的知名度，帮助我们找到更多合作伙伴。随着越来越多中国人开始爱上咖啡，我们也希望把更多的优质咖啡带到中国。"

博茨瓦纳如何成为非洲"小康之国"

哈博罗内分社　滕军伟

博茨瓦纳位于非洲南部，是一个人口仅 230 多万的内陆国家。在独立后的 50 多年里，依靠"钻石经济"，该国从一穷二白发展成为人均国内生产总值（GDP）8000 多美元的中等收入国家，被誉为非洲"小康之国"。博茨瓦纳政府雄心勃勃，希望到 2036 年带领博茨瓦纳迈入高收入国家行列。然而，该国如今面临经济增速放缓、经济结构单一、失业率高企、艾滋病多发等挑战，要迈入高收入国家行列也非易事。

【最穷国家华丽转身】

1966 年 9 月 30 日，博茨瓦纳脱离英国宣布独立，当时还是全球最贫穷的 26 个国家之一。在英国长达 80 年的统治期间，这片土地因自然环境恶劣，缺乏资源市场而遭英国长期忽视。英国人无心在此投资建设基础设施。独立之初，博茨瓦纳全国只有 12 千米公路，工业、电信和教育等基础设施几乎为零，医疗、教育依赖传教士提供，绝大多数人靠自给农业为生，另有少量工人在南非矿山中工作。

不过，随着钻石的发现和开采，博茨瓦纳的命运也开始改变。1967年，博茨瓦纳发现丰富的钻石资源。1971年，奥拉帕钻石矿建成投产后，博茨瓦纳迅速成为全球最大的钻石原产国之一。钻石产业取代传统的畜牧业，成为政府最重要的收入来源，一度占到政府财政收入的60%。钻石产业收入开始被用于国家基础设施建设和国民经济发展。

依靠"钻石经济"，博茨瓦纳于1974年摘掉"最贫穷国家"的帽子。20世纪90年代初，人均GDP跃居非洲国家前列，跨入中等收入国家行列，被誉为非洲的"小康之国"。时至今日，钻石业仍是博茨瓦纳经济支柱，产值约占国内生产总值的三分之一。

联合国开发计划署2010年发布的报告指出，从1966年到2005

这是2023年9月7日在博茨瓦纳奥拉帕钻石博物馆内拍摄的矿石。（新华社发　策基索·特巴洛摄）

年，博茨瓦纳 GDP 年均增长达到 9%；2006 年，人均 GDP 达到 7000 美元，成为中等偏上收入国家；2022 年，人均 GDP 再上台阶，达到 8082 美元。如按购买力平价计算，博茨瓦纳人均 GDP 已达 1.9 万美元。

博茨瓦纳的快速发展固然离不开钻石的"幸运"发现，但也得益于有力的国家治理结构和经济政策。博茨瓦纳历届政府均坚持"民主、发展、自力、团结"的建国原则，立足本国历史文化传统，高度重视法治和廉政建设，"善治"成效突出，被誉为非洲"腐败最少和透明度最高"的国家。

在开国总统塞雷茨·卡马及继任者领导下，博茨瓦纳政府建立了自由市场经济体制，采取优惠措施吸引外资和国外先进技术，先后制订了 11 个国家级发展计划，实现了经济快速、持续发展。首都哈博罗内大街小巷干净整洁、道路通畅、树木成荫、鲜花盛开，市内建筑多为一层或二层带小院的房子，现代化的楼房主要集中在中央商务区及政府办公区。大型购物中心与传统市集商贩共存，充满生机与活力。

【充分利用钻石红利】

博茨瓦纳大学社会科学学院高级讲师洛措瓦奥认为，钻石的发现、开采和出口对博茨瓦纳在经济上取得自立至关重要，堪称这个国家的"第二次独立"。

"除了钻石，博茨瓦纳还幸运地拥有富有远见的领导人。没有他们的领导，钻石可能不会被用来改变普通公民的生活。在非洲，许多国家也拥有钻石和其他自然资源，但它们在发展方面未能取得多大成就。"洛措瓦奥说。

戴比斯瓦纳公司是博茨瓦纳主要钻石开采企业，成立于1969年，是世界上产出价值最高、产量最多的钻石生产商之一。由博茨瓦纳政府与钻石巨头戴比尔斯集团各持50%股份合资成立。随着戴比尔斯集团2013年将钻石交易公司总部迁至哈博罗内，博茨瓦纳已成为世界钻石产业的重要中心。

根据双方协议，戴比斯瓦纳公司将其在博茨瓦纳境内钻石原矿产量的75%出售给戴比尔斯集团，剩余产量分给博茨瓦纳国营企业奥卡万戈钻石公司。目前，博茨瓦纳政府仍在通过谈判，寻求进一步增加政府配额比重，进而增加在钻石行业的话语权以及钻石产业链的附加值。

位于哈博罗内以北500多千米处的奥拉帕钻石矿，是戴比斯瓦纳公司在博茨瓦纳的四座钻石矿之一，也是世界最大露天钻石矿。矿坑深350米、长1.8千米、宽1.2千米，矿坑中来往的车辆每天向外运送着钻石原石，也承载着这个国家的希望。该矿的部分早期建筑已经不再使用，成为历史遗产，被印在面值20普拉的纸币上面。

通过牢牢控制钻石产业抓手，博茨瓦纳政府将大量财政支出投向教育、医疗等关系国计民生的重要领域。在博茨瓦纳，中小学教育免费，个人只需负担校服等少量费用；公民可到公立医院接受免费治疗，只需支付少量挂号费，检查、药品、医疗、住院及住院期间伙食支出等均由医院承担。

【发展之路几多挑战】

博茨瓦纳政府在其《2036 年愿景》中提出到 2036 年带领博茨瓦纳迈入高收入国家行列目标。然而，该国目前面临经济增速放缓、经济结构单一、贫富差距加大、失业率高企、艾滋病多发等问题，要实现这一目标并非易事。

为改变经济发展主要依赖钻石出口状况，增强抵御国际经济危机的能力，从 20 世纪 80 年代后期开始，博茨瓦纳政府开始推行经济多元化政策，取得一定成效。穆库维齐·马西西 2018 年接任总统后，将促进经济多元化、增加就业和改善民生作为施政首要目标，

2023 年 9 月 11 日，在博茨瓦纳首都哈博罗内，工人在博茨瓦纳国家数据中心的数据库房工作。（新华社记者李亚辉摄）

将钻石业、旅游业、畜牧业、采矿业和金融服务业确定为重点产业。

为实现成为高收入国家的目标，博茨瓦纳政府致力于从矿业经济向知识型经济转型，建立了博茨瓦纳创新中心，主要负责创新基金管理。然而，由于缺少高水平国家级研究机构，部分大学虽有提供硕士和博士教育的资质，但学校在全球高校中排名较低，研发资金不足，科研水平尚待提高。

旅游业是博茨瓦纳 GDP 第二大贡献行业。博茨瓦纳旅游资源丰富，被《孤独星球》列为"最值得去的国家"。博茨瓦纳政府把全国 38% 的国土划为野生动物保护区，设立了三个国家公园、五个野生动物保护区，包括闻名世界的乔贝国家公园和奥卡万戈三角洲。博茨瓦纳还是"大象之国"，境内大象数量超过 13 万头。近年来，博茨瓦纳旅游业正从新冠疫情冲击下复苏，旅客人数逐年上升。

然而，处于南部非洲艾滋病感染重灾区，博茨瓦纳也不能幸免。博茨瓦纳政府高度重视艾滋病防治，2003 年成立全国防治艾滋病协调署，长期免费向艾滋病毒感染者提供抗逆转录病毒药物治疗。2019 年，博茨瓦纳政府宣布实现艾滋病发现率、治疗率、治疗有效率"三个 90%"防治目标。2021 年，博茨瓦纳因有效抑制艾滋病母婴传播成为首个获得世界卫生组织认证的消除艾滋病"银级证书"的艾滋病流行高负担国家。尽管相关努力取得一定成效，博茨瓦纳艾滋病防治工作仍然任重道远。联合国艾滋病规划署统计，博茨瓦纳艾滋病感染率高达 21.9%，居世界第三。

此外，也要看到，尽管博茨瓦纳社会治安状况总体良好，无反政府武装组织，也未发生过恐怖袭击，但是受经济结构单一、贫富差距加大、新冠疫情冲击、失业率居高不下等因素影响，该国刑事犯罪案件近年来呈明显增加趋势，特别是盗抢案件多发，图财害命等恶性案件也时有发生。当地舆论普遍担心，马西西政府如果不能及时有效控制治安形势，国家经济社会发展势必受到连带影响。

（注：2024 年 11 月博政府更迭，杜马·博科当选总统。）

资源丰富
刚果（金）面对的是祝福还是诅咒？

金沙萨分社　史彧

　　"矿业不是一切。但没有矿业，一切都毫无意义。"

　　　　——物理学家、诺贝尔物理学奖得主马克斯·普朗克

　　刚果民主共和国，也就是刚果（金）有全世界70%的钴储量，是如今全球新能源上游矿产供应链争夺战中的战略高地。然而，资源的富足却未能转化为国家发展的动能，被外人贴上"资源诅咒"的标签，资源也成了"不幸的根源"。在全球能源转型的契机和常年战乱贫困的枷锁之间，刚果（金）正在努力摸索国家发展之路，希望迈向自由与幸福的"第三条岸"。

【是"旧贵"，也是"穷人"】

　　"刚果（金）是世界第四穷的国家。尽管世界银行认为刚果（金）有成为非洲最富有国家之一的潜力。"

　　　　——美国《环球金融》杂志

　　从空中俯瞰，百米深的矿坑和密布的低矮平房蔚为壮观，构成

了刚果（金）东南部铜钴矿带城镇的基本面貌。无论初来乍到，还是故地重游，所有人远眺矿山和矿坑都感到难以名状的震撼。

这条穿越赞比亚和刚果（金）、长达 500 千米的香蕉状铜矿带上，铜矿品位优越，还拥有全世界 70% 的钴储量、大量的铜和钶钽铁矿石储量，以及大量锂矿藏。当地收矿的华人戏称"这里的尾矿渣也比国内铜矿品位高"。在全球新能源上游矿产供应链争夺战中，可谓"得刚果（金）者得天下"。

伴随着全球新能源汽车消费量飙升，铜钴矿价格也水涨船高。在期货市场上，小金属板块的钴从"小钴"升级为"钴奶奶"。伦敦金属交易所的现货金属钴价格 2017 年全年涨幅超过 130%，2018 年 3 月一度上探至每吨 9.5 万美元的十年新高，随后震荡下降，2020 年至 2022 年再次出现一波大幅上涨。刚果（金），这个万里之遥、近年存在感不强的中部非洲国家，再次进入世人视野。然而，很多人并不知道的是，在矿业领域，刚果（金）不是"新贵"，而是"旧贵"。

19 世纪起，这里的铜矿曾经为比利时殖民者输送财富，为西方国家工业提供重要资源，刚果（金）的矿产资源是西方工业文明的"幕后功臣"；美国投向广岛和长崎的两颗原子弹中几乎全部的铀都来自刚果（金），是"二战"战场上的"无名之辈"；姆布吉马伊市也是世界上第三大钻石产地，1984 年一名小女孩在这里偶然拾到一颗 890 克拉的钻石，经切割后价值数千万美元，被业界誉为"无与伦比的钻石"。

随着新能源行业加速升级，刚果（金）也再次被寄予厚望，有望复制海湾产油国奇迹，将能源转化为发展动能，成为非洲版的沙特阿拉伯。世界银行在多份报告中提及，刚果（金）有成为非洲最富有国家之一的潜力，也能成为非洲大陆发展动力的源泉。

然而，刚果（金）的矿山未能转化为国家发展、人民幸福的金山，悬殊的贫富差距在这片土地上体现得淋漓尽致。国内抖音等平台上，自媒体对刚果的 "萨普" 文化津津乐道：在刚果河畔，一群衣着光鲜亮丽的西装绅士宁愿饿肚子，也要买名牌西装，颇具"魔幻现实主义"气息。

在首都金沙萨，精英阶层可以在都市天际线的酒廊里一掷千金，而楼下的普通百姓可能要为一块白面包发愁；在矿业重镇科卢韦齐，高度工业化、现代化的矿山里，时不时流窜着"手抓矿"民间采矿人员，其中不乏儿童，仅凭双手和铁铲挖矿；笼罩在战火

2024 年 4 月 11 日，人们在位于刚果（金）东部北基伍省戈马市郊的一处流离失所者营地内准备用于生火的木材。近年来，包括北基伍省在内的刚果（金）东部地区安全形势严峻，多支地方武装和外国反政府武装在当地活动，大量平民被迫逃离家园。（新华社记者王冠森摄）

阴霾下的东部城市戈马，郊外人满为患的难民营与夜夜笙歌的五星级豪华酒店仅有不到 30 分钟车程的距离。

2024 年 4 月，联合国人道协调厅说，在刚果（金），不断升级的冲突正在推升该国东部基于性别的暴力、流离失所和饥饿的程度达到创纪录的水平，如果不采取紧急国际行动，该国将走向灾难的边缘。

【 "不幸的根源" 】

"我不想说（资源）这是一个诅咒，但我会说这是我们不幸的根源。"

——刚果（金）总统费利克斯·齐塞克迪谈 "资源诅咒"

资源诅咒，是许多人给刚果（金）所面临窘境贴上的标签。许多人说，正是刚果（金）的富足造就了其贫困。谈到资源诅咒，刚果（金）现任总统齐塞克迪说道："我不想说（资源）这是一个诅咒，但我会说这是我们不幸的根源。"

那，何谓不幸？

刚果（金）在被比利时殖民前，是比利时国王利奥波德二世的"私人领地"。根据多部文献记录，利奥波德二世统治时期，刚果财富被不断掠夺，反抗的刚果人被砍断手、割掉鼻子。1897 年布鲁塞尔世界博览会上，刚果人变成"活人展览""人类动物园"，成为比利时展示对殖民地征服和驯服的"战利品"。史料记载，利奥波德二世嗅着资源而来，对刚果的殖民统治让刚果减少了一半人口，而其财富却翻了倍。

1960 年，刚果独立，不幸并没有随之结束。

从地缘政治角度看，刚果（金）所在的非洲大湖地区一直是西方殖民地争夺的重点地区。20 世纪 60 年代非洲民族解放运动后，西方一直不甘失去原有势力范围。20 世纪八九十年代，西方推出由世界银行、国际货币基金组织主导的结构调整计划，先从经济基础入手，改变上层建筑，90 年代后推动"非洲民主化运动"，非洲重要经济命脉重回西方国家手中，并逐步完成非洲国家意识形态改造和掌控。特别是自 90 年代民主化浪潮以来，两次刚果战争和卢旺达大屠杀等事件，反映了美英势力和法比势力在该地区的争夺，也改变了大湖地区的平衡态势。

其中，第二次刚果战争涉及国家之多，也被称为"非洲世界大战"。而大湖地区国家在西方操弄和各自利益促使下，矛盾错综复杂，刚果（金）东部地区陷入战乱，大湖地区"巴尔干化"日趋严重。资深外交官告诉记者，无论是西方国家，还是刚果（金）周边的卢旺达、乌干达、布隆迪等都希望"趁火打劫"，在混乱中在刚果（金）东部矿产资源上攫取利益。

时至今日，不幸仍在延续。

2024 年 4 月，刚果（金）北基伍省省长彼得·西利穆瓦米在接受记者专访时说，首府戈马已经"四面楚歌"，交通要道基本被武装组织"M23"切断。刚果（金）政府指责"M23"是卢旺达为掠夺刚果（金）领土和资源扶植的"代理人"，卢旺达予以否认，两国关系剑拔弩张。

在向导带领下，记者来到戈马市与"M23"控制地盘交界处。不远处的山头黑烟阵阵。向导说，那是"M23"武装人员在挖矿。

山下的路上，记者遇到一群因战火逃离家园的人。"我也不知道什么时候才能回家。我现在只想活命。"其中一人告诉记者。

【刚果河的"第三条岸"】

"非洲终将书写其历史，无论撒哈拉以南还是以北，非洲将书写自己充满荣耀和尊严的历史。"

——刚果（金）首位总理、民族英雄帕特里斯·卢蒙巴

巴西作家若昂·吉马朗埃斯·罗萨著有小说《河的第三条岸》，寓意着生命的无限可能性。2024 年 6 月初，在漫长的等待后，刚果（金）新一届政府正式就职。刚果（金）迎来首位女总理，新一届政府施政纲领"雄心勃勃"，国家发展也迎来新起点。如今，新能源转型资源博弈的浪潮中，刚果（金）也在努力奔向刚果河的"第三条岸"，希望给国家带来更多发展机遇。

"我们国家曾经没有一个前瞻性的政策。我们曾满足于开采，认为有了开采带来的钱，就足以发展我们的国家。如今我们意识到，如果没有产生更多的附加值，这些矿石就没有价值，至少与我们希望看到的发展相比没有价值。"总统齐塞克迪接受媒体采访时这样说。

近年来，全球矿产资源的供需不平衡矛盾突出，特别是与电动汽车电池相关的关键矿产供给严重短缺，国际资源价格巨幅震荡，部分关键矿产价格屡创历史新高。这也引发了新一轮资源民族主义抬头。其中一个重要诱因是矿产开发收益分配不平衡，跨国公司获益较多且将环境破坏的后果留给东道国承受。这是刚果（金）多年

来的历史缩影。

刚果（金）没有选择继续沉默，而是在摸索中向前迈进。

2022 年 12 月，刚果（金）成立全国电池委员会，旨在吸引新能源领域投资者，推动新能源汽车电池及战略矿产加工产业在该国落地。

刚果（金）对在双边或多边框架内合作开展能源转型升级、建立矿产研究、开采和本地加工伙伴关系持积极开放态度。该国正尝试建立和发展矿业产业价值链，促进矿产品本地加工，从而加快能源转型。

"有了本地加工，我们就可以创造财富，可以出口有附加值的产品，随之而来的是影响力的大大提升。我们不再仅仅是开采地，我们将在国内加工我们的矿石，而终端用户可能也将在刚果（金）制造电动车了。"齐塞克迪说。

2023 年 5 月，中刚两国元首决定将双边关系升级为全面战略合作伙伴关系，中刚合作迎来带来更多机遇。两国多领域合作也将在新一届中非合作论坛会议引领下，继续开花结果。

中国是刚果（金）最大的出口目的地。2023 年，中国新能源汽车、锂电池和光伏产品为代表的"新三样"出口总额高达 1.06 万亿元人民币，同比增长近 30%。中国新能源产业的亮眼表现，以及对刚"绿色矿产"的持续需求，为中刚矿业合作注入强劲动力。

2024 年 1 月，齐塞克迪总统在会见习近平主席特使、全国政协副主席沈跃跃时表示，刚方高度重视刚中传统友谊，愿同中方在矿产开发等关键领域深化合作。

"我们拥有用于制造动力电池的战略性矿产。这些动力电池可

这是 2024 年 6 月 22 日在刚果（金）首都金沙萨拍摄的开工仪式现场。 中企承建的刚果（金）首都金沙萨环线公路项目 22 日在金沙萨举行开工仪式。刚果（金）总统齐塞克迪和总理图卢卡等出席，齐塞克迪亲自驾驶装载机为项目奠基。金沙萨环线公路项目包括西南环线和东南环线，全长约 66 千米。项目由中国中铁、中国电建等中国企业与刚果（金）矿业总公司共同发起设立的华刚矿业股份有限公司出资。项目建成后将有效缓解金沙萨交通拥堵，为沿线居民出行提供便利条件，助力金沙萨经济发展和社会稳定。（新华社记者史彧摄）

循环使用，有助于生态转型。另一方面，中国有专业知识、有资源，两国合作可以为世界带来解决方案。这就是我们决定提升两国关系的缘由，因为它可以为全球带来一些非常非常好的东西。"齐塞克迪说。

浴血重生三十年
非洲"模范生"卢旺达发展之路初探

基加利分社　吉莉

> 卢旺达 2024 年 7 月中旬举行总统和议会下院选举。选举委员会 7 月 18 日公布的初步计票结果显示,现任总统保罗·卡加梅再次高票连任。
>
> 1994 年 4 月至 7 月,在这个东非国家,图西、胡图两大部族发生大规模暴力冲突,约百万人惨遭屠戮。卢旺达爱国阵线领导人卡加梅 2000 年当政后,颁布一系列改革措施,化解族群仇恨,重塑国民认同,以新加坡为范本探索适合本国国情的差异化发展道路,经济社会发展成就显著,被誉为"非洲模范生"。

【弥合族群裂痕】

历史上,卢旺达国内胡图族(占该国人口约 85%)与图西族(占该国人口约 14%)的争端旷日持久,并于 1990 年 10 月至 1994 年 7 月触发内战,交战双方分别为胡图族领导的政府与反政府的图西族武装力量卢旺达爱国阵线。内战导致大量人员伤亡,逾百万人流离失所。经国际社会斡旋，冲突双方于 1993 年 8 月在坦桑尼亚阿鲁沙签署和平协议。

然而，协议的签署刺激了胡图族极端势力快速壮大，他们反对同图西族和解。1994 年 4 月 6 日，卢旺达总统朱韦纳尔·哈比亚利马纳所乘飞机在卢旺达首都基加利附近被不明身份武装分子发射的导弹击落，哈比亚利马纳罹难。此事迅速被胡图族极端势力利用，在全国范围内发动针对图西族人的血腥报复，导致约百万人惨死，绝大部分受害者为图西族人。这场种族灭绝悲剧几乎摧毁卢旺达，该国大部分基础设施被毁，大批劳动力丧失，国内生产总值缩减50% 以上，经济处于崩溃边缘，社会则进一步撕裂。

2024 年 7 月中旬，卡加梅领导卢旺达爱国阵线攻下基加利，击败胡图族政府军，赢得内战。卡加梅此后组建民族团结政府，高层官员既有胡图族人，也有图西族人。彼时，卡加梅面临实现族群和解、国家重建、恢复经济等重大议题。为此，卡加梅政府采取多项措施。

因司法系统遭到破坏，待审嫌犯数量庞大。卡加梅政府设立"加卡卡"法庭。这是该国一种传统冲突的解决机制，原意为草地上的社区法庭。2002 年起，卢旺达国内设立逾 1.2 万个"加卡卡"法庭，审理 190 多万起案件。法庭通过恳谈形式，还原事件真相，让行凶者认罪忏悔，鼓励受害者宽恕，迈出推动人民和解的第一步。

发生种族灭绝悲剧的根源是殖民统治下的分而治之、族群分化和对立，建国后缺乏正确的历史教育和中央与地方关系没理顺也是部分原因。经过反思，卡加梅政府采取两项重要举措。一是重塑国民认知，增强各族群对身为卢旺达人的认同感。2003 年把国族"卢旺达人"写入宪法，身份证上不再标明种族，从而结束居民的族属划分。二是经过 2006 年和 2011 年的行政区划改革后，从原来的 12 个省重组为东方、南方、西方、北方四省和首都基加利市，同时下放权力，消除种族灭绝惨剧阴影和旧体制影响，调动基层社区治理的能动性与自主性。

在弥合裂痕这一点上，卡加梅政府借鉴了新加坡经验。新加坡独立之初，也面临严重经济危机和种族冲突。为解决民族对立、种族歧视等问题，李光耀曾大力推崇"无论华人、马来人、印度人，首先是新加坡人"的观念，并倡导各族混居，推行义务教育，平等对待各个族群。

如今，族群间的仇恨在卢旺达社会已逐渐淡去。卡加梅在卢旺达乃至整个非洲都享有极高声望，尤其受到年轻人欢迎。人们认为卡加梅有远见、能做事。此次总统选举期间，记者在基加利看到，许多车辆插着卢旺达爱国阵线旗帜，年轻人身穿印有党派颜色—红、蓝、白及"PK"（保罗·卡加梅姓名缩写）字样的 T 恤走在街上。

【做"非洲的新加坡"】

卡加梅 2000 年出任总统至今，已经主政卢旺达 24 年。根据卢旺达 2015 年通过的宪法修正案，卡加梅可在 2029 年参加最后一次总统选举，若当选任期持续至 2034 年。

卡加梅一直希望把卢旺达打造成为"非洲的新加坡"。事实上，这两个国家的确有一些相似点。卢旺达是东中非大湖区国家之一，与另一个面积不大的国家布隆迪一起，夹在乌干达、刚果民主共和国［以下简称刚果（金）］、布隆迪和坦桑尼亚之间。相比被马来西亚和印度尼西亚围在其中的新加坡，卢旺达的发展局面的确还要更差一些。

卢旺达国土面积狭小，资源十分匮乏。由于身处非洲腹地，进出口运输成本颇高。该国至今没有铁路，所有贸易都通过公路或航空进行。高昂的运输成本也进一步推高本土制造业发展成本。第二产业的经济占比长期只有 15% 左右。

因此，卡加梅看中新加坡赖以发展的第三产业，巧妙利用优势，自我定位为国际会议和会展中心，同时大力发展旅游业。卢旺达具有独特的旅游资源。它和邻国乌干达、刚果（金）是世界上仅有的三个可以近距离安全观看山地大猩猩的国家。卢旺达积极打造结合探险、徒步和观察珍稀野生动物特色于一身的"追猩之旅"旅游线路。纽恩威森林公园、阿卡盖拉国家公园、维龙加火山国家公园和吉什瓦蒂穆库拉国家公园每年都吸引数以百万计的游客。

卢旺达政府还斥巨资宣传"访问卢旺达"这一旅游品牌。比如与英格兰足球超级联赛的阿森纳足球俱乐部建立合作伙伴关系，增加其旅游品牌在世界舞台上的露脸机会。

为发展高技术产业，卢旺达政府大力投资通信和互联网产业，使本国成为非洲数字经济"领头羊"。卢旺达创新性地开展了"连接卢旺达"智能手机捐赠计划，以及使用无人机向当地诊所运送血浆和其他医疗用品等项目。许多公司将卢旺达视为进入非洲市场的门户，以相对较低的风险在卢旺达测试创意和产品。例如，欧洲企业大众汽车和西门子在卢旺达合作开展"移动的卢旺达"试点项目，通过引入汽车共享模式和建设充电站及其他支持基础设施来测试在非洲运营电动汽车的可行性。

另外，借鉴新加坡"物流中转枢纽"的思路，卢旺达近些年来凭借位于"非洲中心"的地理位置，大力发展物流业和航空业。在一系列举措推动下，身为农业国的卢旺达第三产业占国内生产总值比重不断上升，到 2021 年已经达到 48%。

在外交理念上，卡加梅深知外部环境对卢旺达这样的小国具有怎样巨大的影响。他积极争取国际社会对卢旺达的同情及援助，同时主张与中国、美国等大国维持友好关系，由此获得更多发展机会和便利。

卡加梅还特别重视狠抓城市环境治理，致力于打造如新加坡般的花园城市。许多初次造访基加利的人都会震惊，很难将这座城市与内战和大屠杀中血流成河之地以及传统印象中肮脏落后不堪的非洲城市相关联。一次采访中，记者的外国同行这样感叹："基加利拥有迷人的绿色广场和宽阔的林荫大道，是非洲最美丽的城市之一。"

【探索特色道路】

在卡加梅领导下，卢旺达大力推进社会转型与经济发展，不仅借鉴新加坡，也从中国等国家吸取成功经验，摸索适合自身国情的发展道路。卡加梅 2000 年上任之初即启动雄心勃勃的"卢旺达愿景 2020"计划，旨在通过发展私营经济，令卢旺达到 2020 年成为中等收入国家。这一目标已被超额实现。卡加梅又在"卢旺达愿景

2050"计划中提出到 2035 年达到中等偏上收入国家行列，在 2050 年进入高收入国家行列。

卡加梅政府施政效率较高，成功设计、实施和监控一系列具有创新性的本土开发项目。近年来，卢旺达开展了社区健康保险计划、为农村贫困家庭提供奶牛的项目，以及基于传统互助形式、旨在激发创业精神的集体互助脱贫"乌布德赫"等多类项目，有效整合社会资源、提供公共服务、刺激经济发展。

为建设清正廉洁的风气，卡加梅政府采取一系列措施，包括有效利用公共资源、减少官僚主义和打击腐败等，从而成为撒哈拉以南非洲地区腐败程度最低的五个国家之一。卡加梅重视争取妇女权利，他的政府内女性成员约占 60%。卡加梅还非常重视环保，其政府早在 2008 年就开始实行严厉的禁塑令，并出台政策扶持环保企业。

为实现政治稳定，卡加梅政府对官员管理严格，对大众生活约束监管较多。在一些西方观察人士看来，近年来卢旺达国内政治氛围显得较为压抑，部长级官员频繁更换，各级政府官员"噤若寒蝉"。在社会生活方面，卡加梅政府推行全民义务劳动——"乌姆甘达"，即要求所有国民在每月最后一个星期六投入几小时从事社区服务。不过，卢旺达人认为"乌姆甘达"是对社会传统的延续，对社区团结和国家发展都有益处。

如今，卢旺达公路里程从 1993 年的 530 千米提升到 2024 年的 2652 千米，清洁供水率从 1992 年的 26.3% 提升到 87.4%，电力覆盖率从 1994 年的 2.4% 提升到 74.4%，人均预期寿命从 2017 年的 66.6 岁增加到 2024 年的 69.6 岁。2023 年，卢旺达国内生产总值超

2024 年 8 月 14 日，在卢旺达南方省胡耶区的中国援卢旺达农业技术示范中心，水稻专家郑瑞金（左）在稻田里指导当地稻农进行秧苗移栽。（新华社记者韩旭摄）

过 16 万亿卢旺达法郎（约合 121 亿美元）。

有报告指出，卢旺达未来发展面临青年受教育水平低和失业率高等挑战。卢旺达不到 2.7 万平方千米的国土上居住着约 1400 万人，人口结构年轻，但基础教育水平较低，儿童营养不良率高，影响其认知发展和后续表现。青壮年缺乏职业技能，无法满足就业市场需求，限制了卢旺达工业化发展和经济的进一步转型。

与邻国关系紧张也是制约卢旺达发展不可忽视的因素。布隆迪指认卢旺达支持刚果（金）境内的布隆迪叛军。刚果（金）及法国、美国等西方国家则指认卢旺达支持在刚果（金）东部活动的反政府武装"M23 运动"。对于相关国家指责。卡加梅政府始终否认。

此外，卢旺达还被刚果（金）指控用复杂的走私网络攫取从刚果（金）冲突地区开采的黄金和钶钽铁矿石后非法出口获利。有分析人士指出，拖延修复与刚果（金）关系符合卢旺达利益，"延迟这个过程的时间越长，继续受益的时间就越长"。不过，卡加梅可能会在国际和地区压力下寻求和平解决冲突，缓解与邻国紧张关系，以期营造有利于自身可持续发展的外部环境。

红海航运改道好望角　南非迎来新机遇

新一轮巴以冲突 2023 年 10 月爆发后，由于红海局势动荡不安，也门胡塞武装持续攻击过往船只，迫使许多航运企业船只绕行非洲南端好望角，这给南非带来"意外商机"。然而，由于相关港口长期存在运力不足、效率低下等问题，南非能否抓住这一机遇仍然存疑。从目前来看，南非要想红海航运改道带来的经济发展机遇，势必升级改造港口，提高运营水平，这也给中国企业带来参与南非港口业务的契机。

【红海航道突生变故　南非迎来"天赐良机"】

红海航道作为全球海运线路重要航道，与苏伊士运河共同构成"欧亚水上通道"，是全球最繁忙的水道之一，全球大约 12% 的货物运输经过红海和苏伊士运河。对于全球能源、物资供应链而言，红海航道可谓是一条"生命线"。

然而，2023 年 10 月新一轮巴以冲突爆发以来，这条"生命线"变得充满危险。2023 年 11 月起，也门胡塞武装以"支持巴勒斯坦"为由，多次袭击红海水域关联以色列的目标。2023 年 12 月起，包括地中海航运公司、达飞海运集团、马士基集团、赫伯罗特公司在内的多家航运巨头暂停集装箱船在红海及其毗邻水域航行，转而绕道非洲南端好望角。

南非《星期日时报》援引德国德迅国际运输公司数据报道，截至 2023 年 12 月 27 日，有 364 艘总计可运输 500 万个 20 英尺集装箱的船只改道非洲，而绕行好望角会导致航行距离增加约 1.1 万千米，航行时间可能延长 12 天至 14 天。

2024 年以来，红海局势并未好转，反而持续恶化。赫伯罗特公司 1 月 9 日说，出于安全考虑，公司将继续避开苏伊士运河—红海航线，绕行好望角。马士基集团 1 月 15 日说，红海航运改道可能持续到下半年。国际货币基金组织数据显示，2024 年以来，通过苏伊士运河的船舶减少 40%，而绕道好望角的船舶数量相应增加。

绕道好望角势必导致海洋货运时间成本上升，运力需求增高，

2024 年 5 月 10 日，船舶停靠在南非伊丽莎白港的一处码头。位于南非东开普省的伊丽莎白港是南非主要港口之一。（新华社记者张誉东摄）

对全球供应链构成极大影响。但有一个国家可能成为最大受益国，那就是好望角所属的国家南非。

好望角航线又称非洲航线，在苏伊士运河凿通前，它是从欧洲到东南亚、东亚的唯一海上通道。即便是目前，无法通过苏伊士运河的 25 万吨以上大型油轮、散装船舶等巨轮仍需经行好望角。

南非海事商会执行主席乌纳西·松蒂对新华社记者说，船舶改线绕行好望角后，存在燃油补充、物资补给甚至维修需求。鉴于南非目前并不提供海上加油服务，这意味着船舶很可能需要在沿线港口停靠，将在一定程度上拉动南非经济。此外，南下的邮轮绕行好望角，也将利好南非旅游业。

南非海事问题专家、斯泰伦博斯大学商业与公共法学副教授米歇尔·内尔对新华社记者说，在上述航运改道绕行好望角后，南非因其优越的地理位置应该能够获得最大利润。比如更多的船只停靠补给意味着更多的港口服务需求，从而刺激当地经济活动，为港口和邻近地区创造大量就业机会。

南非媒体援引多位专家观点指出，随着更多船只绕行好望角，在世界航运中地位江河日下的南非，可谓迎来恢复成为全球重要航运枢纽的"天赐良机"。同时，南非也将因此会获得更多转口贸易机会，这对下行的南非经济而言无疑是一剂"强心针"。

【南非港口面临考验　航运业"救生圈"不易做】

只是，伴随这一机遇而来的还有前所未有的挑战。

"更大的海上交通密度势必带来更多的安全风险。"南非环保组织"绿色联系"战略负责人莉兹·麦克戴德告诉新华社记者，沿海船只数量增加加大了溢油等事故风险，或对南非渔业和旅游业产生负面影响；尚不清楚南非各界对海上交通流量增加带来的各种潜在风险、机遇是否做好准备。

更重要的是，船只的显著增加无疑会令本已运转不力的南非沿线港口难堪其负。由于设施和服务水平方面的缺陷，南非港口存在严重运力不足和效率低下等问题。根据世界银行 2023 年发布的集装箱港口表现指数，南非主要港口的表现均全球垫底，在纳入指数的全球 348 个港口中，南非的恩库拉港、德班港和开普敦港分别排在第 338、第 341 和第 344 位。

面对突然增长的航运需求，南非港口出现严重拥堵情况。早在 2023 年 11 月底，南非港口的拥堵危机就曾导致船只需要等待 32 小时进入东开普省伊丽莎白港；需要等待 215 小时进入恩库拉港；需要等待 227 小时进入德班港；共有超过 10 万个集装箱滞压在南非各港口之外。

随着船只激增，南非主要港口拥堵程度愈演愈烈。以南非最繁忙的港口德班港为例，尽管当地港务局表示会全力保证船只进港停靠，但是按照地中海航运公司南非运营总监伊恩·罗萨里奥 2024 年 1 月 25 日的说法，德班港对于集装箱船来说已经非常拥挤，该公司船只难以停靠，等待期达 20 天左右。

南非政府也认识到港口拥堵问题的严重性。财政部长埃诺赫·戈东瓜纳在 2 月 21 日发表年度预算报告时说，物流效率低下与电力供应不足是阻碍南非经济发展的两大障碍。为此，南非成立了国家物流危机委员会，优先考虑旨在解决当前物流危机的改革，同时解决阻碍物流业发展的结构性问题。南非政府还同意为南非运输公司提供 470 亿兰特（约合 25.2 亿美元）的担保额度，以支持它履行债务义务并落实政府起草的"货运物流改革路线图"。

然而，要解决港口拥堵这个长期存在的问题绝非一朝一夕之功。南非运输公司主席安迪尔·桑库表示，南非港口拥堵是一个复杂的难题。多年来，港口设备及其维护方面投资不足。目前，一些港口升级所需设备的交付时间长达 12—18 个月。一些媒体和专家认为，如果港口问题持续存在，南非经济将付出巨大代价，更谈不上抓住所谓的"天赐良机"。

此外，在提供燃油补给等海事服务方面，南非也表现不佳。按照南非海事商会执行主席松蒂说法，虽然大量船只绕行好望角，带来可观的补给燃油需求，但有报告显示，到目前为止，只有开普敦港的燃油需求量有所增加。

斯泰伦博斯大学副教授内尔认为，南非此番收益将有限或低于预期。相比之下，非洲航线上其他一些国家，比如纳米比亚和毛里求斯，似乎对从航线变化中受益做了更充分准备。他们的港口规模较小，是燃料补给首选地。

环保组织"绿色联系"战略负责人麦克戴德建议南非政府"采取全面完整的解决办法，让所有利益攸关方参与主动规划"，而不是采取短期片面的做法。针对仓储设施和货运铁路等相关物流环节现状，政府需要采取更具战略性的解决方案，而不是将问题全部甩给港口运营方。

内尔认为，南非能否抓住当前机遇，关键在于是否希望打造一个"具有全球竞争力的全方位海运服务枢纽"。南非必须进行战略思考，如果它将自己作此定位，就需要认真进行招聘和技能开发，而政府与业界的合作也至关重要。

内尔说，如果能制定适当的规划为新增船只提供良好服务，进而让航运企业决策者获得信心，那么此番机遇将创造出可持续的就业机会。"理想的结果是，被迫改道的船只在安全可靠的条件下航行在非洲航线上，并知道在非洲最远端的拐点有一个稳定且高效的海上服务交付中心。"

松蒂认为，凭借在非洲航线上的战略位置、基础设施能力、全球互联互通指数和高额贸易量，南非拥有理想的条件，可以推动非洲各海运中心与国际合作伙伴协作，共同应对红海航运改道非洲所带来的挑战。

【危机中蕴藏契机　中国企业可尝试参与】

红海航运改道给南非带来机会的同时，也给中国和中国企业带来参与其中的契机。

内尔告诉新华社记者，好望角航线重要性提升，包括中国在内的相关国家及其企业考虑可以为南非提供帮助。中国是南非最大的贸易伙伴，与南非同是金砖国家合作机制成员，两国的贸易、发展与合作有很大一部分与海洋相关。中国可帮助南非及相关非洲国家加强海事设施和产品交付，并提供整体安全保障。

从目前来看，要想抓住当前经济机遇，南非势必升级改造港口，提高港口运营水平。例如，据南非媒体 2023 年 12 月报道，南非运输公司已经发布德班港集装箱码头 2 号码头重建、加深和延长项目招标书，旨在将德班港改造成国际集装箱枢纽，年吞吐量从 52 万个集装箱单位增至 100 万个集装箱单位。中国企业可以此为契机，尝试参与南非的港口业务。

　　一名不愿公开姓名的中国船舶运输行业常驻南非人士告诉新华社记者，中国企业在港口运营技术和设备等软硬件方面均具有丰富经验和明显优势，比如中远集团拥有管理运营希腊比雷埃夫斯港的丰富经验，中交集团振华重工也有为德班港供应港口装备的成功经历。在企业层面，中国企业需要发挥自身优势并形成合力，进一步探索在南非参与港口升级改造甚至是运营业务的方式方法。同时，在国家层面，中国企业希望得到国家更多支持，推动南非政府为中国企业创造良好的政策和投资环境。

米莱"休克疗法"，去疴猛药还是止渴鸩酒

布宜诺斯艾利斯分社　席玥　王钟毅

阿根廷总统哈维尔·米莱2024年3月18日执政百天。他上任以来推行激进经济改革措施，虽在控制通货膨胀恶化、实现财政盈余方面略有起色，但因大幅削减财政支出，也导致阿根廷物价飞涨、民生艰难。

面对质疑，米莱呼吁民众给予"耐心和信任"，静待"休克疗法"这剂猛药起效。与此同时，阿根廷政坛各方力量仍在博弈重组，激进经济改革在推进过程中面临诸多不确定性，且很可能激化阿根廷社会深层次对抗和多种矛盾冲突。

【改革阵痛来袭　民生艰难】

米莱力推的激进经济改革措施实施以来，尽管阿根廷个别经济指标有所好转，如2024年1月和2月接连实现财政盈余——阿根廷10年来首次实现月度财政盈余，通货膨胀率也有所下降，但普通民众感受却截然不同，激进改革措施的阵痛已然来袭。

3月本是阿根廷复工开学的日子，而就在各行各业满怀期待之

时，供职于拉美知名运动品牌"托佩尔"的玛塞拉·罗德里格斯却接到公司打来的解雇电话。

"我们最近陆续开始接到电话，原本高兴地以为因工作满一年公司要给我签合同转正，结果却是辞退。"玛塞拉有一个 10 岁的女儿，自 2023 年年初受雇于托佩尔的一家工厂以来，就不再领取国家发给孩子的补贴。如今政府大幅削减开支，玛塞拉恐怕也再难得到这笔补贴。

玛塞拉说，这次公司一共裁员 85 人，没有补偿金，大部分遭裁员的人都拖家带口。公司方面则表示，由于销售额大幅下降，无法养活这么多员工。托佩尔在阿根廷工厂有 1000 多名员工，在阿根廷、巴西等拉美多国拥有门店，具有一定销售规模。

玛塞拉的个人遭遇和托佩尔这家企业的艰难处境并非个例。近年来，受新冠疫情冲击，阿根廷国内企业产量下滑、物价高涨等问题突出，米莱政府为缩减开支又减少政府补贴或砍掉部分公共项目，更是加剧了本就严重的失业和贫困问题。

阿根廷《金融界报》援引阿根廷工业联盟报告报道，阿根廷工业生产指数 2024 年 1 月降至 29.9%，为有记录以来历史最低水平，连续第七个月处于低于 50% 红线的收缩区间。多组数据表明阿根廷工业生产所遇困难正在进一步加剧，中小企业首当其冲。由于产销量持续下滑，不少企业面临资金链断裂风险，企业接收就业、开展投资意愿均现下滑。阿根廷中型企业联合会对 1350 家零售店的调查结果显示，按不变价格计算，阿根廷中小企业 2024 年 2 月零售额较去年同期下降 25.5%，环比下降 7.4%。

需要看到的是，米莱就任总统以来，阿根廷通货膨胀虽已连续两个月有所下降，但仍居于高位。阿根廷国家统计与人口普查研究所日前公布的数据显示，2024 年 2 月的通胀率为 13.2%，1 月通胀率为 20.6%，2023 年 12 月通胀率为 25.5%。

就业机会缺失、通货膨胀高企之下，阿根廷民生多艰，普通百姓连买药都难。米莱主政以来，阿根廷药品价格涨幅达 254%，是全世界药价涨幅最高的国家之一。

【改革措施激进　效果难料】

米莱上台后，推出一系列旨在挽救经济的"休克疗法"改革措施，以期减少财政赤字和抑制通货膨胀，包括将政府部门由 18 个减少至 9 个，降低政府对能源和交通的补贴，停止新建公共工程招标等。政府把阿根廷比索官方汇率从 1 美元兑换约 400 比索贬值至 1 美元兑换 800 比索，并推进废除和修改 200 多条法律，以放松政府对国内经济的管制，便利进出口贸易。

对于米莱政府执政百天表现，阿根廷国家道德与政治科学研究院研究员罗森多·弗拉加认为，在经济层面，米莱政府面临的主要问题仍是通货膨胀，虽然单月通胀率已经降低，但整体通胀仍处较高水平。"考虑到国内严峻的社会形势，人们想知道还要等多久才能看到结果。"显然，在社会层面，越来越多的人正在失去对米莱改革的"耐心和信任"。

作为一种相对极端的经济政策，"休克疗法"理论上的确会在一定程度抑制通胀、稳定经济，然而其副作用也很明显，尤其对底层民众冲击很大，且极易导致社会动荡。如今，阿根廷社会不满日

2023 年 12 月 10 日，在阿根廷首都布宜诺斯艾利斯，阿根廷总统米莱在总统府玫瑰宫阳台上向民众发表演说。（新华社发　赫尔曼·阿德拉斯蒂摄）

益累积，多地爆发罢工、游行。分析人士担心，米莱推进经济改革恐将引发更深层次的冲突和对抗。

阿根廷社会学家马塞洛·罗德里格斯说，米莱政府为削减开支，大举裁员并削减或停止向公共项目注资，导致超过 5 万个工作岗位流失，预计阿根廷失业率未来还会上升。"目前民众经济生活水平大幅下降，我们面临的形势非常复杂。"

展望米莱政府重建经济的改革效果，外界预测，理想状态下，阿根廷经济会在经历调整后最早于 2025 年实现反弹。国际货币基金组织在其展望报告中预测，阿根廷在经济政策大幅调整的背景下将面临经济衰退和通胀加剧，并将 2024 年阿根廷经济增长预期下调至负 2.8%，预计 2025 年方能迎来反弹。

国际评级机构穆迪在其全球宏观展望报告中预测阿根廷国内需求受经济和财政调整影响将出现萎缩，2024 年国内生产总值将下降 5%，远超该机构 2023 年 11 月所预测的下降 2.5%，但到 2025 年经济增速将回升至 3%。穆迪还预测 2024 年阿根廷通胀率将达到 280%，2025 年将维持在 222.5% 的高位。

【多方势力博弈　前景不明】

分析人士认为，新任总统米莱国内政治基础薄弱，未来能否稳定推行其激进经济改革措施，存在一定程度的不确定性。米莱的经济改革措施主要包括两项内容，名为《阿根廷经济重建的基础》的必要紧急政令和名为《阿根廷人自由基础和起点》的综合法案。前者主要涉及目前实施的经济改革措施，后者则考虑修改或废除数百条法规，以对阿根廷经济进行深层次调整。

目前，这两项内容均未获阿根廷国会通过。其中，必要紧急政令在 2024 年 3 月 14 日已遭阿根廷参议院否决，之后将交由阿根廷众议院审议投票，若遭否决将彻底无效，目前已实施的改革措施将终止。另一项综合法案先前也未获国会通过，目前等待具体条款做出修改后再次提交国会审议投票。但由于执政党和左翼反对党在两院都没有占据绝对多数，中间党派力量又较为分散，米莱政府仍需争取中间党派支持才能推动改革落实。

在 2024 年 3 月 18 日米莱执政百日当天，阿根廷工会组织在布宜诺斯艾利斯、科尔多瓦、圣胡安等多座城市发起大规模游行。此前，工会和左翼势力已在 1 月 24 日发起过全国范围大罢工，抗议米莱政府改革措施漠视劳工和社会弱势群体权益，导致多地银行、加油站、机场等停摆，民航运输、环卫清洁等暂停服务。虽然罢工在短期内不太可能对米莱经济改革举措产生重大影响，但是随着罢工频次增加、规模持续扩大，阿根廷的经济活动和社会秩序势必受到冲击。

米莱推进改革的阻力主要来自左翼势力和工会。米莱政府有意对国家进行一场系统性、激进式改革，但要看到，目前相关改革举措面临各种政治势力制衡、掣肘，党派、政府间利益分歧更加突出，米莱执政根基尚浅，推动激进经济改革的前景还存在较多不确定性。

把脉美国社会药物成瘾痼疾

洛杉矶分社　高山

2024 年 10 月 28 日是美国喜剧演员马修·派瑞去世一周年的日子，他在经典美剧《老友记》中扮演"钱德勒·宾"，因俗称"K 粉"的药物氯胺酮"急性作用"而死在洛杉矶家中的浴缸里。给无数观众带来欢乐的"钱德勒"骤然离世，让国内一众"老友粉"错愕不已，但在药物成瘾深度侵蚀社会肌理的美国，似乎只不过是监管缺失下暴利驱动的毒品泛滥悲剧的又一个缩影。

【喜剧明星的"K 粉悲剧"】

根据美国检方公布的调查记录，年仅 54 岁的派瑞死于氯胺酮注射过量。氯胺酮可作为麻醉剂使用，此外也有镇静、镇痛、抗抑郁、抗焦虑等作用。然而，这种药物同样有双刃剑一般的副作用，滥用可导致急性中毒、成瘾、精神病性症状及各种躯体并发症等严重问题，多年来作为一种主要合成毒品在美国等地大范围流行。

检方称派瑞之死暴露一个利用氯胺酮大发横财的"大型地下犯罪网络"，并于 2023 年 8 月宣布起诉五名嫌疑人，包括派瑞的助理、

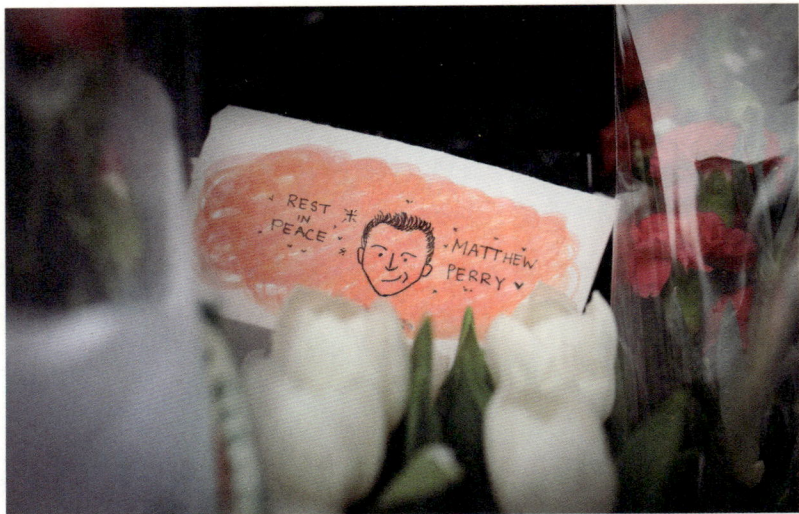

2023 年 10 月 30 日，在美国纽约市曼哈顿，有人在为演员马修·佩里（Matthew Perry）搭建的临时纪念点上留下了纪念卡片。（路透社）

两名医生、绰号"K 粉女王"的毒贩以及一名中间人，指控这些人合伙榨取派瑞钱财。

检方证据显示，其中一名医生曾在短信中写道："我想知道这个白痴会付多少钱。"他们把平均每瓶 12 美元的氯胺酮以 2000 美元的售价卖给派瑞。毒贩"K 粉女王"贾斯文·桑加则被曝"只与高端人士和名流做生意"。

检察官痛批这些人"关心的是如何从派瑞身上牟利而不是他的健康福祉""出于贪婪而拿他人生命做赌注"。

派瑞长期与毒瘾斗争，他在死前一年接受媒体采访时曾自曝已花掉至少 900 万美元来戒毒、戒酒以"保持清醒"。派瑞开始接触氯胺酮，始于在一家诊所接受抑郁和焦虑症治疗，逐渐上瘾后开始想办法搞到更多药物。他在 2022 年的亲笔回忆录《老友、爱人和大麻烦》中描绘，注射氯胺酮的效果就像"被一把巨大的快乐铲子击中头部"。"当音乐响起，K（氯胺酮）流淌过我整个身体时，一切都变成了关于自我，以及自我的死亡。"派瑞自述医生曾说他只有 2% 的机会活下来，而最终这名喜剧明星的确没能逃过悲剧结尾。

【暴利刺激"赢不了的游戏"】

在毒品大染缸中挣扎的好莱坞明星并不少见。数十年来因染上"毒瘾"而身亡的好莱坞明星包括摇滚传奇歌手"猫王"、一代天后惠特妮·休斯顿、奥斯卡影帝菲利普·塞默·霍夫曼、因出演《蝙蝠侠：黑暗骑士》而名声大噪又英年早逝的希斯·莱杰等。

美国西海岸审判律师协会主席、前联邦检察官尼亚马·拉赫马尼表示，如果不是派瑞之死，好莱坞的"氯胺酮习惯"可能会继续暗中持续多年。他指出，好莱坞有很多人滥用氯胺酮，远超医疗需求。

美国阿片类药物滥用潮近几十年已出现三波，其中大名鼎鼎的芬太尼是第三波"主角"。不过，媒体引用医生和专家的话指出，近年来氯胺酮"越来越受欢迎"，甚至被视为"前卫疗法"和"朝阳产业"，这导致相关市场爆炸式增长，氯胺酮兴起让美国可能迎来"另一场毒品危机"。

近年来，氯胺酮诊所和在线服务大肆扩张，为轻松获得该药物处方的非法药物市场提供成片"旷野"。自 2017 年以来，相关药物处方量飙升 500% 以上。新冠疫情期间，越来越多远程医疗公司开始在线开出氯胺酮治疗处方，并指导人们如何在家中使用。据美国大视野研究公司估计，氯胺酮诊所市场规模 2023 年有望达到 34 亿美元，2030 年前将继续以每年 10% 左右的速度增长。

很少有名人公开承认使用氯胺酮，但美国模特克丽茜·泰根曾发帖称，她在临床监督输液期间产生了与流产儿子会面的幻觉。亿万富豪马斯克在接受采访时也承认，曾在医生监护下使用氯胺酮来治疗"消极心境"。

"美国氯胺酮医师委员会"主席戴维·马茹比指出，氯胺酮获取渠道多，已成为名人的"首选"派对毒品，因为他们认为它比可卡因等更安全。还有业内医生把氯胺酮的传播称为新的"狂野西部"。

毫不夸张地说，氯胺酮注射的暴利刺激了美国"黑白两道"的氯胺酮诊所数量猛增。为吸引更多顾客，一些大型诊所还公开大做广告。一家大型氯胺酮诊所甚至赞助了洛杉矶的高速路计划，在多条高速路旁树立广告牌。媒体调查指出，其中一些诊所根本就是为了牟取暴利，而罔顾顾客病情，甚至私下里巴不得顾客药物成瘾，以有利于诊所保持盈利。媒体披露说，在这类诊所进行一次输液的价格可能高达 1000 美元，且往往需现金或信用卡支付。由于美国食品和药物管理局尚未批准氯胺酮的任何非手术用途，因此大多数保险公司不负责承保。

提供毒瘾和酒瘾治疗的专业机构"行动家庭咨询"创始人兼首席执行官凯里·夸申指出，派瑞是氯胺酮滥用的受害者，"氯胺酮可以治疗疼痛，但与任何其他药物一样，必须妥善管理"。他希望派瑞的死被视作一次警钟，每次滥用药物"都是在玩该死的俄罗斯轮盘赌"，而"这是一场你赢不了的游戏"。

【危机背后的"系统性监管失败"】

耶鲁大学抑郁症研究项目主任杰拉德·萨纳科拉警告说："你不能像分发糖果一样分发氯胺酮处方。"他表示，美国联邦政府仅追踪可卡因、海洛因和阿片类药物服用过量情况，但不会追踪与氯胺酮相关的死亡情况，这让氯胺酮服药过量案例具体数量陷入未知。

药物服用过量在美国早已是一场公共卫生危机。自 2000 年以来，美国已有超百万人死于药物过量，其中大部分由阿片类药物所致。近年来，芬太尼和其他合成阿片类药物一直在加剧这场危机。据美国疾病控制和预防中心统计，2018 年，美国有 7 万人死于药物过量，到 2023 年猛增至 11.2 万人。

一些专家指出，美国不能总把阿片类药物危机归咎于别国"输入"，至少美国自身多维度系统监管失败是不争事实。不仅美国政府须加强监管，美国制药业对此也应尽其责。

美国卫生与公众服务部前助理部长、哈佛大学陈曾熙公共卫生学院教授高京柱指出，这场危机"代表了多系统监管的失败"，制药行业追逐盈利，阿片类药物制造商向政客的捐赠继续影响着政策决策。

美国圣迭戈前联邦助理检察官谢丽·霍布森表示，美国制药业在美国当前芬太尼危机的爆发中发挥了一定作用。多年来，美国制药业一直在推动阿片类药物合法化，几十年来一直在推广羟考酮、氢可酮和其他止痛药，导致数百万人上瘾，直到美国政府开始对此进行整顿。然而整顿后，阿片类药物的合法供应减少，但吸毒成瘾的美国人需求却没有枯竭。霍布森说，墨西哥贩毒集团开始大量生产芬太尼，以填补止痛药成瘾者的空白。

美国毒品管制局前任局长安妮·米尔格拉姆受访时将氯胺酮及其在派瑞案中的使用与美国阿片类药物流行的开始进行了比较，认为氯胺酮目前显现的"悲剧性弧线"轨迹与阿片类药物如出一辙，不少患者从就诊开始接触这两类管制药物，此后难以自拔，"变成街头成瘾"。

克利夫兰大学医院负责毒理学和成瘾医学的医学主任瑞安·马里诺表示，希望美国毒品管制局科学管理氯胺酮使用，而非仅仅利用派瑞的悲剧来寻求扩大职权、申请更多资金。"他们多年来一直遵循同样策略，没有在阿片类药物管制问题上取得任何改善。"

搭上近岸外包顺风车
墨西哥成为全球投资热土

作为拉丁美洲第二大经济体，墨西哥一直以丰富的资源、开放的市场和优越的地理位置吸引着世界各地的投资者。近年来，随着"近岸外包"概念兴起，墨西哥更是成为全球投资热土，吸引包括中国在内的各国企业前来投资建厂。

墨西哥政府也顺应这一趋势，出台多项政策、大兴基础设施建设，希望乘着近岸外包势头促进就业、发展经济。不过，无论墨西哥自身还是前来投资的外国企业，要想成为近岸外包的赢家，仍需直面墨西哥社会经济发展状况等因素构成的挑战。

【美墨"近岸外包"火热】

墨西哥蒙特雷市距墨美边境口岸拉雷多仅 200 多千米，从这里驱车几个小时就能到达美国得克萨斯州，因此成为众多外国企业投资墨西哥的落脚地。

由于外企入驻，蒙特雷市近年来大量开发工业地产，如今空置率不到2%。以当地的北美华富山工业园区为例，规划面积8.5平方千米的园区如今一席难求，已经形成中国优势产业在北美的产业集群中心与制造出口基地，形成集制造、仓储物流和商业生活设施于一体的现代化综合园区。

在蒙特雷及周边，这类外国企业入驻的工业园区并不少见。在蒙特雷市内，地产广告也多标注英语、韩语和中文等，一座比美国纽约帝国大厦还高的写字楼正在建造中。在蒙特雷市发展业务的巴塞银行董事长洛伦索·巴雷拉对新华社记者说，自己每个星期都会和中国、韩国或者日本企业家会晤，他们都想在这里开公司或工厂。

蒙特雷市近年的发展势头可谓墨西哥近岸外包热潮的风向标。"近岸外包"是供应链领域的专业术语，特指企业将业务外包给地理、

2021年10月1日，中车株洲电力机车有限公司（中车株机公司）制造的轻轨列车停在墨西哥蒙特雷一座轻轨站内（手机拍摄）。（新华社发　里卡多·蒙托亚摄）

时区、语言相近的邻国或邻近地区。近年来，受新冠疫情、俄乌冲突及地缘政治博弈等因素影响，美国掀起全球化逆流，以"化解供应链的脆弱性"为由头，鼓励以近岸外包取代离岸外包。墨西哥作为美国邻国迎来前所未有的发展机遇，外国直接投资增长迅速。

墨西哥经济部 2024 年 7 月 8 日发布的数据显示，2024 年上半年，外国企业已经宣布 143 笔对墨西哥的投资，涉及金额达到 454.64 亿美元，并且将在墨西哥创造约 6.3 万个工作岗位。上述投资预计将在两到三年内到位，其中 53% 的投资将流向制造业。经济部先前的数据显示，2023 年全年吸引创纪录的外国直接投资 360.58 亿美元。其中，来自美国的直接投资遥遥领先：2023 年占比达到 38%。来自西班牙和加拿大的投资 2023 年排名第二和第三，占比均为 10%。

火热的近岸外包令美墨贸易额大幅提升。美国商务部数据显示，2023 年，美国从墨西哥进口商品总额同比增长 5%，达到 4750 亿美元。与此同时，美国从中国进口商品总额下降约 20%，跌至 4270 亿美元。墨西哥 20 多年来首次超过中国，成为美国进口商品的最大来源国。特斯拉、波音、惠而浦等一批美国制造业企业近年来也纷纷宣布将在墨西哥建厂或加大对墨西哥的投资，助推近岸外包热潮。

【中国品牌成为墨商场"标配"】

墨西哥一直是中国在拉美地区的第二大贸易伙伴，中国也是墨西哥全球第二大贸易伙伴。伴随美墨近岸外包热潮，不少中国企业也顺势进入墨西哥。对中国企业而言，墨西哥不仅是面向美洲地区的出口跳板，更是一个拥有超过 1.2 亿人口的市场。中国企业希望

2024年7月12日，在墨西哥首都墨西哥城，时任墨西哥外交部长巴尔塞纳（前右二）、时任中国驻墨西哥大使张润（前右一）、华为拉美地区部副总裁薛峰（左一）和华为墨西哥公司总经理刘久德（前左二）签署协议，将共同推动当地女性更好融入数字经济发展。（新华社记者李梦馨摄）

通过墨西哥市场进一步扩大国际化，促进本地就业和经济增长。

记者在墨西哥首都墨西哥城观察到，中国智能手机、家电、汽车等产品的性价比优势显然得到了墨西哥市场的认可。华为、小米店面已经成为墨城大多数高级商业中心的标配，周末店内客流如潮；美的、TCL、海信等中国品牌家电在大部分商场都摆在显眼的位置供消费者挑选；比亚迪汽车、宇通巴士等中国汽车在墨西哥城街头屡见不鲜，中国品牌汽车目前在墨西哥市场的占有率保守估计已经超过20%。

除了直接将商品卖到墨西哥，越来越多的中国企业加大对墨西哥市场的投资，寻求在当地建立生产线。比亚迪、上汽名爵、奇瑞等中国汽车品牌都已宣布在墨西哥建厂的计划。

墨西哥是签订贸易协定最多的国家之一，截至 2023 年年底与全球约 50 个国家和地区签订了 13 项自由贸易协定。以《美加墨协定》中的汽车制造为例，汽车制造商满足至少 75% 的汽车零部件在墨西哥、美国或加拿大制造，就有资格获得完全免关税待遇。因此，不少海外车企在墨西哥建厂，以达到免关税标准进入北美市场。

从墨西哥经济部发布的数据来看，2023 年中国对墨西哥直接投资 1.5 亿美元，占比仅 0.4%，排在第 17 位，落后于以色列、意大利、卢森堡和瑞士等国家。不过，墨西哥国立自治大学墨西哥 – 中国研究中心认为，中国的直接投资至少是墨西哥官方数据的 10 倍。该机构研究员恩里克·杜塞尔·彼得斯解释，经济部根据企业的注册地来判定投资来源，而不少中国企业则通过在海外设立的子公司投资墨西哥。例如，一家中国企业通过其美国纽约子公司进行投资，这笔投资会被视作来自美国的境外直接投资。

墨西哥经济部 2023 年年底公布的跨国企业在墨投资公告内容也支持该研究中心的结论。公告中提到，在 2023 年，跨国企业在墨西哥共发布 378 项投资公告，涉及未来两年流向墨西哥的外国直接投资 1107 亿美元，其中美国以 421 亿美元居首，中国以 132 亿美元位居第二。

【墨西哥机遇与挑战并存】

墨西哥因为独特的地理位置且与美国、加拿大签订自贸协定等原因占尽近岸外包优势。翻开《每日报》《千年报》《经济学家报》

等墨西哥主流报纸，"近岸外包"可谓几乎每天都是财经版面或广告中的高频词。然而，分析人士指出，伴随近岸外包快速兴起，墨西哥经济社会发展面临的三大短板也暴露得更加充分。

首先，墨西哥能源转型慢，供电稳定性不足。2023 年，墨西哥约 78% 的电力来自化石燃料，在北美洲和南美洲主要经济体中对化石燃料的依赖程度最高。天然气发电约占墨西哥总发电量的 57%。由于国内产量有限，墨西哥大部分天然气依赖从美国进口，是美国天然气第一大买家。墨西哥能源信息管理局的数据显示，2023 年墨西哥平均每天进口美国天然气增长 7.8%，达到创纪录的 1.74 亿立方米。

其次，墨西哥治安问题堪忧。据墨西哥国家地理统计局的数据，2023 年上半年，墨西哥凶杀率约为每 10 万人 12 起，远高于世界平均水平。高速公路抢劫和勒索频发也是目前墨西哥政府着力解决的难题。墨西哥货运卡车司机已经多次就高速公路安全问题在墨西哥各地举行大规模罢工和抗议活动。这些劫案多由墨西哥的贩毒集团发起，因为抢劫案频发的线路也是毒品走私的关键线路。

最后，墨西哥人口数量和年轻化的人口结构虽然提供了充足的劳动力资源，但缺乏高端人才。目前墨西哥劳动人口中仅四分之一是 STEM 专业（科学、技术、工程、数学）毕业。据墨西哥 D&M 律师事务所预测，近岸外包未来三年将给墨西哥创造 110 万个就业岗位，其中 18% 为管理层岗位，但墨西哥这方面人才显然不足。墨西哥政府目前采取通过培训者享受税收优惠、双元教育模式和工作技能认证等政策加大人才储备，但短期内难以完成。

"油气大国"挪威的绿色转型之路

奥斯陆分社　张玉亮

油气产业是北欧国家挪威的支柱产业，多年来产值占国内生产总值 20% 以上、对外出口总值 50% 以上。20 世纪 70 年代初以来，油气产业共为挪威贡献了近 2 万亿美元的国内生产总值。30 多年来，挪威通过俗称"石油基金"的主权财富基金，实现了油气收入的保值增值，并通过一系列综合政策，在多个领域实现了显著的减排效果，为全球碳中和目标的实现做出了贡献。挪威这个"油气大国"绿色转型之路的做法，或可为包括中国在内的其他国家提供一些经验和启示。

【如何接好"泼天富贵"】

20 世纪 50 年代之前，几乎没有人相信挪威海洋大陆架下会有油气资源。1959 年，荷兰格罗宁根地区发现天然气后，地质学家开始关注北海地区可能存在的油气资源。

20 世纪 60 年代，挪威开始对北海大陆架进行勘探。1969 年，北海埃科菲斯克地区石油的发现开启了挪威油气资源开发之路。截至 2021 年年底，挪威已探明和未探明油气储量为 159 亿立方米石油当量，其中已开采 80.16 亿立方米，约占总储量的 50%。挪威生产的石油和天然气几乎全部用于出口，使得挪威成为国际石油和天然气市场的重要供应国。

油气资源为这个北欧国家带来了巨大的财富。挪威油气收入自 1980 年开始大幅增长。为接好这份"泼天富贵"，挪威在 1990 年设立了政府养老基金，俗称"石油基金"，其目标是在油气资源枯竭后，还能为国家经济提供持续的财务支持。这一基金由挪威央行管理，通过投资全球股市和债券市场，以实现资产的保值增值。

2023 年，受俄乌冲突影响，欧洲国家停止从俄罗斯进口油气，并将需求转向其他国家，挪威成为欧洲在俄乌冲突后的"最大油气供应国"，大规模供应德国、法国等欧洲工业大国。这使得挪威油

2015 年 11 月 28 日，中国企业为挪威建造的"大西洋之光"北极半潜式钻井平台在山东烟台完成上下船体合龙。"大西洋之光"满足挪威海事局和挪威海上工业标准要求，适合北海、巴伦支海海域作业。（新华社发）

气收入比前一年大幅增长两倍多，达 1500 多亿美元。

截至 2024 年年底，"石油基金"规模约 1.74 万亿美元，是全球最大主权财富基金之一，相当于每个挪威公民可以分得 31.5 万美元。

"石油基金"并非只存不取，每年的支出限额为基金总额的 4%，2025 年这一限额约为 700 亿美元。这一严格限制确保了基金的长期可持续性。在资金使用比例上，有 15% 的资金用于国内基础设施建设，20% 的资金用于医疗，15% 的资金用于教育，10% 的资金用于科研，30% 的资金用于对外援助和投资，其余 10% 用于行政费用等其他用途。

【绿色转型之路怎么走】

尽管挪威是油气大国，但从其他国家来自驾的游客会发现，挪威国内的汽柴油每升价格高达 14 元至 18 元人民币，高于全球绝大多数国家。与此同时，挪威的燃油车正在迅速被新能源车替代。数据显示，2024 年挪威全国销售的新车中有 88.9% 为电动车，这一比例全球最高。

这一现象的背后，是挪威政府的高税费政策和新能源车激励政策。挪威的燃油价格如此之高，主要是由于挪威政府对汽油和柴油征收高额税费，包括二氧化碳税和道路使用税，这些高额税费使得燃油车的使用成本大大增加。此外，挪威政府通过一系列激励政策，推动了新能源汽车的普及。例如，新能源车在购买时免征增值税和购置税，同时在使用过程中享有免费停车、道路收费优惠等福利。

这是 2021 年 9 月 30 日在挪威首都奥斯陆的蔚来中心内拍摄的蔚来汽车。（新华社记者朱晟摄）

上述政策极大地降低了新能源车的购置和使用成本，使其在市场上更具竞争力，从而鼓励居民转向使用电动车和其他清洁能源车辆。

挪威气候与环境大臣安德烈亚斯·埃里克森向记者表示，通过税收杠杆推动汽车"油改电"是挪威推进实现碳中和目标的一部分。另外，挪威也通过增加可再生能源的比重，特别是风能和水力，大幅减少了电力生产中的碳排放，以实现"从源头到终端"的净零排放。

他还介绍说，挪威的能源转型不仅限于电力生产领域，还涵盖了交通、建筑、工业等多个领域。通过一系列综合政策，挪威在多个领域实现了显著的碳排放减少，为全球碳中和目标的实现做出了贡献。挪威政府 2020 年提出，要在 2050 年前将温室气体排放减少

90% 以上，成为全球碳中和的先锋。目前这一计划正在持续推进中。

挪威石油与能源大臣泰耶·奥斯兰接受记者采访时表示，挪威政府将"石油基金"部分资金投入到科研和创新领域，特别是在可再生能源和环保技术方面的研究与开发。通过这种方式，挪威不仅推动了本国的绿色经济发展，还在全球环保技术市场上占据了重要地位。

他同时表示，国际援助和技术转让也是相关资金的两大"出口"。挪威积极援助其他国家，包括最不发达国家、处于战争状态的国家等。此外，对那些依赖化石燃料的国家，挪威也会出资帮助它们进行能源结构转型。如通过国际气候与森林倡议（NICFI）向热带森林国家提供资金，帮助减少森林砍伐和温室气体排放等。此外，挪威还通过技术转让和合作项目，支持发展中国家发展可再生能源，从而实现全球范围内的绿色转型。

【挪威模式有哪些启示】

挪威对"石油基金"的利用和其绿色转型之路，能为包括中国在内的其他国家提供哪些经验和启示？受访人士表示，面对能源结构调整和环境保护的双重挑战，作为一个正在实现绿色转型的"油气大国"，挪威的成功经验主要有以下几点。

资源带来的财富要确保"可持续"。挪威央行投资管理公司首席执行官尼古拉·唐恩告诉记者，刚发现油气资源时，挪威并不富裕，也有一些人主张将所有油气收入用于提升挪威人的生活水平。但挪威政府在经过广泛讨论后，最终决定以油气收入为基础，成立"石油基金"，投资全球主要股市和债券市场，用红利"反哺"社会。目前，"石油基金"在证券市场的增值部分已经超过了从油气收入存入的部分，这一模式也被包括沙特、卡塔尔在内的多个石油出口国借鉴。

清洁能源与油气资源可以"并行发展"。埃里克森说，挪威的经验表明，油气资源丰富与发展清洁能源并不矛盾。通过合理的政策引导和技术创新，就可以实现油气资源开发与可再生能源发展的平衡。例如，挪威在石油和天然气平台上安装了碳捕捉与存储设备，大幅减少了生产过程中的碳排放。这种平衡发展的模式，确保了能源经济的稳定发展，也为国家能源结构的绿色转型提供了机遇。

要增加能源产业的科技含量和附加值。挪威国家石油公司（Equinor）在其 2023 年年报中透露，通过发展高技术含量的能源技术和服务，该公司成功提升了挪威能源产业的整体价值。例如，挪威在北海开发的浮动式海上风电场项目，依托海上油田的基础设施和人力资源，用风电产生的能源"反哺"油气开采，为油田降低 10% 的碳排放，不仅提高了油田的产值，也提升了能源行业的附加值。

要加大海洋能源研发投入和开发力度。挪威政府 2023 年 6 月发布声明，计划开放挪威大陆架的部分区域用于商业海底矿产资源开发。2024 年 6 月，挪威能源部启动了针对大陆架首轮海底矿产开发的公众咨询，并计划于 2025 年上半年颁发首批开发许可。曾多次赴中国进行商务访问的唐恩向记者表示，和挪威类似，中国的海底也蕴藏着可观的矿产资源，在确保环境安全的前提下适度开发海底资源有助于实现经济增长、创造就业，更好地实现能源自给。因此，中国也可考虑像挪威一样，加大海洋资源的勘探和开发，在大陆架部分区域开放商业测绘、勘探和海底矿物开采等活动。

第二篇

国际政治观察

塔利班执政满三年
阿富汗战后重建成效与挑战并存

喀布尔分社　　邹学冕　赵家淞

2021 年 8 月 15 日，阿富汗塔利班攻入首都喀布尔，时隔 20 年再次掌握阿富汗政权。同月 30 日，最后一批美军撤出阿富汗。如今，距塔利班再次掌权已过去三年，阿富汗总体实现了国家稳定，安全形势、社会治安好转，禁毒成果显著，基础设施重建项目陆续启动，战后重建初见成效。然而，在美西方持续制裁下，阿富汗仍面临经济增长乏力、塔利班执行极端宗教政策难获国际认可等诸多挑战。

【安全形势好转】

新华社记者连日来在喀布尔看到，全城街巷挂起代表阿富汗临时政府的白色旗帜，庆祝塔利班执政三周年。市区多个街口悬挂着写有"阿富汗人民战胜美国""庆祝自由"字样的标语。大批塔利班武装人员和民众高呼口号，一辆辆插满白色旗帜的塔利班皮卡车在人们的欢呼声中呼啸而过。

"安全形势好转是三年来我们最直观的感受，"菜贩努尔·阿卡对记者说，"我现在每天可以一直在街口卖菜直到晚上九十点才收摊，这在以前不可想象，一方面因为恐怖袭击、爆炸发生频率比前政府时期少了很多；另一方面得益于塔利班抓捕了大批匪徒小偷，人们晚上才能安心出行。"

记者观察到，喀布尔市中心商业区晚间灯火通明，许多商店、餐馆一直营业到午夜，这与前政府时期晚间爆炸频发的局面形成了鲜明对比。近两年来，记者多次驱车从喀布尔前往坎大哈、乌鲁兹甘、帕克提卡等省份采访报道，没有遭遇袭击，这在前政府及塔利班重新掌权初期都不可想象。

2024 年以来，尽管阿富汗全境平均每月仍发生一两次恐怖袭击，但相比以往频率显著减少。据澳大利亚经济与和平研究所最新发布的《全球恐怖主义指数报告》（2024 年版），阿富汗 2023 年反恐形势显著改善，虽然在全球恐怖主义指数排名仍位列第六，却是 2019 年以来首次不再居于首位。

舆论普遍认为，阿富汗安全形势显著好转的最主要原因是塔利班的角色由袭击者变为执政者。经过三年的治理，塔利班已基本实现对阿富汗全境的控制，并通过诉诸强硬手段大力整饬各地治安。三年来，记者几乎每天都能看到塔利班执法人员解救遭绑架者，严惩抢劫者、小偷等的新闻。

【重建初见起色】

尽管国际组织和西方媒体时常提及阿富汗民众营养不良、国家面临粮食危机等，阿富汗并非如西方媒体描述的那样饿殍遍野，外界普遍担心的灾难性人道主义危机并没有出现。

记者观察，喀布尔主要市场物资供应充足，瓜果蔬菜、米面粮油一应俱全，价格没有出现大幅波动。据新华社雇员报道，即便在偏远农村地区，农民也可几乎每周吃一次肉。

按照塔利班的宣传，三年来，阿富汗境内不仅没有爆发人道主义危机，国家经济、财政状况及人民生活水平都有明显改善，财政收入大幅增加，物价汇率稳定，多项重大工程开工或复工，外国投资者对阿富汗投资兴趣大增等。

阿富汗临时政府公共工程部门 2024 年 8 月 12 日发布的数据显示，过去 12 个月内，阿富汗全境启动了包括道路、水坝和医院等468 项工程，为民众提供了超过 1.5 万个就业岗位。

这是 2024 年 8 月 31 日在阿富汗首都喀布尔拍摄的城市景象。（新华社发　塞夫拉赫曼·萨菲摄）

三年来，塔利班大力推动基础设施建设，包括喀布尔等主要城市在内多地面貌明显改观。喀布尔国际机场已被彻底翻修，增设了喷泉、纪念碑等景观。喀布尔市内新修许多环岛，路况显著改善。消失多年的"追风筝的人"又出现在了喀布尔大街小巷，五颜六色的风筝重新飞舞在城市上空。

令人关注的是，塔利班对饱受诟病的毒品问题"动了真格"。2022 年 4 月，塔利班正式发布禁毒法令，最高领导人毛拉海巴图拉·阿洪扎达要求塔利班在全国范围采取措施严打罂粟种植、毒品生产和交易。两年多来，阿富汗媒体几乎每天都有塔利班治安人员捣毁罂粟田、抓捕毒贩的报道。

联合国毒品和犯罪事务办公室估算，阿富汗罂粟种植面积已从 2022 年 23.3 万公顷锐减至 1.08 万公顷，鸦片产量从 2022 年 6200 吨降至 333 吨，降幅达 95%，创 2001 年以来新低。2023 年以来，记者在喀布尔街头已经几乎看不到吸毒者。据阿富汗临时政府公共卫生部发布的数据，全国 34 个省共开设 60 个康复中心，已有逾 2.8 万名吸毒者接受治疗。

【挑战依然存在】

塔利班重掌政权三年来，阿富汗战后重建初见成效，但依然面临不少挑战和问题。

首先，在安全领域，虽然阿富汗境内发生恐怖袭击的频率已经大幅下降，但是相比其他国家，阿富汗仍是恐怖组织最为活跃地区之一。阿富汗境内反塔利班的组织尚未完全放弃抵抗，针对塔利班检查站或公务人员班车等目标发动的袭击仍时有发生。记者在喀布尔几乎每晚都能听到密集的枪声。

其次，在经济领域，尽管塔利班在基础设施建设方面有所建树，但依然无法掩盖经济增长乏力的事实。世界银行 2024 年 4 月发布的报告指出，阿富汗实际国内生产总值在过去两年内下降 26%。由于长期战乱经济不景气，民众购买力不断下降，物价随之下跌，阿富汗眼下正在经历一场通货紧缩风暴。

据世界粮食计划署 2024 年 8 月 12 日发布的报告，阿富汗 2024 年 1 月通胀率为 -10.2%，6 月为 -5.9%，食品通胀从 2022 年 6 月高位时的 26% 降至 2024 年 6 月的 -9.8%。尽管通缩状况有所改善，阿富汗总体经济形势仍然不稳定，许多家庭仍然难以负担基本必需品。长期通缩可能引发恶性循环，导致企业减少投资，经济增长疲软，从而减少就业机会引发贫困。

受限于工业基础薄弱、专业人才短缺等因素，阿富汗缺乏发展的造血能力，长期依赖国际援助。受西方制裁影响，国际援助中断导致临时政府财政预算较前政府时期严重缩水，外资无法大规模进入导致大型建设项目迟迟无法推进。

在社会文化领域，塔利班 2022 年以来陆续颁布多项限制女性权利的法令，包括禁止女性上中学、大学，禁止女性为非政府组织工作，禁止女性出入餐厅、公园等公共场所等；恢复了公开处决、石刑、鞭刑及对小偷截肢等具有极端宗教色彩的刑罚手段。

舆论认为，塔利班相关政策非但没有改变，反而显现变本加厉迹象。阿富汗临时政府宗教与美德事务部 2024 年 8 月发布一项条例，禁止电视画面中出现女性形象，强制要求所有男性蓄须。然而，塔

2024 年 8 月 24 日，在阿富汗首都喀布尔，一名货车司机在停车场休息。（新华社发　塞夫拉赫曼·萨菲摄）

利班不少高层却爆出包养、强奸男童，抢夺和强娶女性等丑闻。

　　此外，由于缺乏执政经验，塔利班就国家内外政策制定"频出昏招"。在外交方面，在塔利班政权未能获得国际社会承认背景下，阿富汗临时政府与邻国关系持续紧张，与巴基斯坦、伊朗等国发生多起边境武装冲突。这些冲突多由边界争议、水资源争端、难民问题、恐怖主义跨国行动等原因引爆，而阿富汗在多数冲突中都是"挑衅"一方。邻国是阿富汗粮食、电力等战略物资进口方及主要贸易伙伴，与邻国关系持续紧张令阿富汗和平重建进一步承压。

　　在内政方面，塔利班在打造优质营商环境、招商引资以促进战后重建等方面乏善可陈。据记者观察，塔利班对待外商态度蛮横粗暴，并未如其宣传的那样展现开放、欢迎的姿态。而在"严惩腐败"

的旗号下，塔利班内部实际上腐败严重，武力索贿、撕毁已达成合同等现象十分普遍。分析人士认为，塔利班缺乏长远眼光，上述种种做法让本可助其一臂之力的外国资本望而却步。

尽管塔利班努力向国际社会展示相比其过去更为温和的一面，但在打击恐怖主义，组建包容性政府，保护包括妇女儿童、少数族裔在内全体人民基本权益等重大问题上，还需拿出更多自我革命的勇气，朝着符合阿富汗人民利益和国际社会期待的方向做出更多积极努力。

与虎相伴
尼泊尔难以摆脱对印度的"严重依赖"

加德满都分社　易爱军

尼泊尔与印度拥有 1800 多千米开放边界，与中国则隔着高耸的喜马拉雅山，所以长期以来，尼泊尔严重依赖印度，也被印度视为自己的"势力范围"。尽管近年尼印关系风波不断，中国在尼泊尔的存在感增强，但总体而言，印度仍然牢牢掌控着尼泊尔。

【尼泊尔难以等距对待两大邻国】

按照尼泊尔对外宣称的对外政策原则，它应该对印度和中国这两大邻国及其他所有友好国家采取"等距政策"。然而实际上，尼泊尔根本做不到"等距"，尤其对印度与中国。主要原因是印度同尼泊尔交往中抱有霸权心态，谋求自身利益最大化。《人民评论》周刊在评论文章中多次使用"微观控制"或"微观管理"描述印度对尼泊尔的掌控力度。

尼泊尔社会创新与外交政策中心执行主席维贾伊·坎塔·卡尔纳对新华社记者说，尼印关系已经达到这样一种程度，即印度若不采取对尼泊尔有利的行动，尼方就会遭受损失。他强调："即使是小事，我们也严重依赖印度。"

印度长期对尼泊尔施加重大影响，不仅因为尼泊尔对印度经济依存度高，更重要的是印度几十年来在尼泊尔培育了无数具有影响的地方关系。尼泊尔有种说法，即没有印度首肯，尼泊尔不会做出重大政治决定。另一种流行说法是尼泊尔政府重要部门的关键处长岗位都由印度人说了算。

2005年11月，尼泊尔议会党派的七党联盟与尼共（毛主义中心）在印度首都新德里签署《12点谅解》，结束尼泊尔持续多年的武装冲突，也终结了尼泊尔君主制。不少尼泊尔人认为，尼共（毛主义中心）在武装冲突中受到印度保护，印度利用对尼共（毛主义中心）的支持与尼方开展谈判，为自己谋取利益。

根据尼印两国1950年7月底签订的《和平与友好条约》，两国政府承诺在各自领土上给予参与彼此工业和经济发展的对方国民以国民待遇，同意在居住、财产所有权、贸易和商业、迁徙等方面给予对方国民同等权利。然而，由于尼泊尔是弱势一方，这一条约使得尼泊尔国家主权受损，也为印度干预尼泊尔事务提供了平台。因此，印方对尼方修改条约的呼声一直采取置若罔闻的态度。

近年来，有关印度在尼泊尔影响力减弱的说法不断。尽管直到几年前印度在尼泊尔政治中还拥有压倒性影响力，但中国在尼泊尔外交活动增加，特别是2006年8月获得南亚区域合作联盟观察员地位以来，中国在尼泊尔更趋活跃。中国积极参与尼泊尔经济发展和基础设施建设，机场、水电站、公路、医院、学校等都是尼泊尔人看得见的建设成就。中国援建和修复的加德满都环路已经展现新

2024年10月25日，尼泊尔勒利德布尔市市长奇里·巴布·马哈尔詹在移交仪式上致辞。（新华社发 苏拉韦·什雷斯塔摄）

气象，修复路段平稳宽敞，这些都提升了尼泊尔人对中国的好感。

到过中国的尼泊尔人无不惊叹中国的发展速度和发达程度。越来越多尼泊尔人从各种渠道了解中国及中国文化，抖音海外版被尼泊尔政府封禁前是尼泊尔人了解中国的渠道之一，尼泊尔年轻人从"油管"等平台观看中国影视剧，中文已成为尼泊尔就业语言之一。印度控制的尼泊尔媒体经常发表反华或抹黑中国的文章，也可在另一侧面"佐证"中国在尼泊尔影响力的提升。

尽管如此，特里布万大学国际关系和外交系助理教授阿佩克希娅·沙阿认为，中国在尼泊尔的影响力目前还难与印度相比。虽然尼泊尔政坛存在一些反印情绪，促使某些人士主张增加中国在尼泊尔影响力，但印度在尼泊尔的影响力仍在持续，特别是在经济事务、社会文化交流方面。

加德满都和尼泊尔南部德赖平原地区民众对印度的印象各有不同。在加德满都，人们公开抨击印度，但德赖平原地区的民众因教育、购物和医疗等各种目的频繁跨境流动，因而对印度印象更为积极正面。印度帮助德赖地区发展的努力，特别是改善连接马德西省内城和村庄的邮政道路得到当地民众认可。

"我永远不会相信印度在尼泊尔的影响力已经减弱。我们与中国的关系可能有其自身温度，但这并不意味着印度在尼泊尔的影响力下降。"尼泊尔中国研究中心秘书长乌彭德拉·高塔姆对新华社记者如是说。

高塔姆解释，鉴于自身地理位置，尼泊尔与各国关系可以独立发展、互不影响。他说："关于中国在尼泊尔影响力比印度更强的传言，可能是某些印度人为最大化利用自身在尼泊尔活动而故意采取的策略。"高塔姆说，印度在尼泊尔整体影响力仍然很强，并且随着印方对尼泊尔经济的参与程度不断提高，其影响力还将进一步增强。

【印度转向经济外交】

尼泊尔是内陆山国，与中国贸易依赖西藏几个边境口岸，但口岸尼方一侧有喜马拉雅山脉横亘，路况不佳，货物运输受限。尼泊尔外贸因而严重依赖印度港口，食品、燃料等生活必需品供应也严重依赖印度，尤其是燃油和天然气需要全部从印度进口。

然而尼印关系近年风波不断，甚至在 2015 年尼泊尔发生大

2015 年 4 月 29 日，在尼泊尔北部辛杜帕尔乔克县，两名小男孩坐在被毁坏的房屋上。（新华社发　普拉塔普·塔帕摄）

地震时，印度惩罚"不听话的尼泊尔"毫不手软。当年 9 月，尼泊尔南部与印度接壤地区的马德西人因不满新宪法示威，进而爆发冲突。印度以此为由对尼泊尔实施近五个月非正式禁运。这次禁运让尼泊尔人看到印度赤裸裸干涉尼泊尔内政，引发广大尼泊尔人反印情绪。

同时，这次禁运也让尼泊尔人认识到一个严峻现实，即尼泊尔几乎在所有事情上都极度依赖印度。禁运造成燃料、日用品、药品等短缺，尼泊尔与第三国贸易也锐减，尼泊尔 2015—2016 财年经济增长率只有 0.6%。尼泊尔央行一份研究报告将这一苦难归结于过度依赖印度，敦促采取措施使国家贸易多元化。

尼泊尔特里布万大学国际关系和外交系助理教授沙阿说，从历史上看，印度对尼泊尔战略总体成功，但 2015 年对尼泊尔禁运则惨遭失败。由于尼泊尔不屈服于压力，禁运最终被无条件解除。"我确信印度领导层已经意识到，其强权战略并不总是能够实施。"

尼泊尔政府部门前任联秘夏尔马对新华社记者说，尼泊尔修宪及禁运风波过后，印度没有像过去一样积极对尼泊尔实行政治干预，而是改变过去公开支持尼泊尔某个政党的做法，试图以不太咄咄逼人的方式接触尼泊尔所有政党。夏尔马认为，目前尼印关系既不是很友好也不是很敌对，而是按照自己的节奏发展。

尽管尼泊尔努力降低对印度的依赖，包括与中国就石油贸易和过境运输达成协议。然而，尼方尚未完全实现对这些便利措施的实际利用，尼泊尔几乎所有第三国贸易仍然通过印度，这给了印度以更多对尼泊尔经济社会发展的影响力。近年来尼泊尔对印度的经济依存度仍在上升。据尼泊尔央行数据，在尼泊尔 2022—2023 财年，对印度出口占尼泊尔出口总额的 67.9%，从印度进口占尼泊尔进口总额的 63.8%。

尼泊尔《人民评论》周刊总编辑普什纳·拉杰·普拉丹认为，印度的战略政策是通过制造政治不稳定摧毁尼泊尔经济。如果经济持续疲软，那么尼泊尔就会伸手向印度要钱，"这就是收买尼泊尔人使之亲印的策略"。近年来，印度已转向通过经济施压，而不是传统的政治游说来维持在尼泊尔的影响力。印度一直积极参与尼泊尔经济，以铁路和公路项目扩大互联互通，并加大对尼水电项目参与。印度国有企业接手最初要交给中国企业的水电项目，此举被视为印度在努力阻止中国参与尼泊尔的基础设施建设。

【莫迪连任或对尼示强】

2022 年尼泊尔大选产生一个无任何政党居多数的"悬浮议会"，导致政局不稳，一年多内竟然出现三届政府。2024 年 3 月初，尼泊尔联合政府总理普拉昌达中断与尼泊尔大会党合作，再度与尼共（联合马列）联手组建新政府。印度驻尼大使表示，虽然尼泊尔再次出现政府更迭，但印度对尼政策会保持不变。然而，印度政府限制尼泊尔电力和茶叶出口印度等举动表明，印度对尼泊尔新联合政府不满。

近年来，尼泊尔与印度围绕卡拉帕尼－林比亚杜拉－强拉山口（尼印称里普列克山口）地区主权发生争执，双方均将争议地区列入本国新版政治地图，导致双边关系趋冷。

尼泊尔政府决定发行新版 100 尼泊尔卢比纸币，并将上述争议地区地图印入纸币。据尼媒报道，尼泊尔大会党和马德西地区几个政党对此表示反对，理由是不能破坏谈判解决争端的氛围。印度外长苏杰生回应，尼方此举改变不了两国之间的局面或地面上的现实。

尼泊尔社会创新与外交政策中心执行主席卡尔纳认为，自新政府 2024 年 3 月成立以来，尼印关系似乎遇到一些障碍，新政府更倾向于中国，中国的影响力在两党联盟的形成中发挥了重要作用，中国在尼泊尔政治中的影响力正在持续增加。

《人民评论》周刊总编辑普拉丹说，印度是本地区发展的一大障碍，南亚区域合作联盟几乎名存实亡。几十年前，尼泊尔国王比兰德拉曾设想开发利用尼泊尔丰富的自然资源，尤其是水资源，实现南亚地区水电共享。孟加拉国如今有愿意购买尼泊尔水电，甚至有意投资尼泊尔水电项目，然而横亘在中间的印度信奉双边而非多边主义。

印度人民院（议会下院）选举结果定于 2024 年 6 月 4 日公布。普拉丹认为，莫迪如果当选连任，将会变得更加独裁，并强化对周边小国的霸权。"我们始终担心印度在尼泊尔搞阴谋。印度的终极设计是将尼泊尔置于其安全保护伞之下，另一项计划是分离尼泊尔的德赖平原地区并将其吞并。"

卡尔纳也认为，莫迪若连任总理，印度可能会加强在尼泊尔的活动。出于年龄考虑，这可能是莫迪最后一个任期。不过他预判印度对尼泊尔的"正常政策"将"大致保持不变"。

卡蒂瓦达说，莫迪提出了"邻国优先"政策，但并没有体现在行动中。目前，印度与大多数邻国都存在问题。由于印度人民党正在推动印度教议程，其连锁反应在尼泊尔也可见一斑。如果他再次赢得选举，这项激进的议程只会升级。"莫迪政府将对任何反对其想法的人采取强硬态度，我对（印度）改善与尼泊尔的关系不抱希望。"

尼泊尔政府部门前任联秘夏尔马认为，莫迪已执政十年，尼印关系就是根据他的愿景塑造。他再次连任不会明显改变印度对尼泊尔的态度，但是他的胜利可能会增强那些倡导印度教议程的人的声音。

尼泊尔马德西事务专家图拉·纳拉扬·沙阿对新华社记者说，过去十年来，随着印度社会宗教分裂日益加剧，其影响已延伸到德赖平原地区，马德西社会出现明显反穆斯林情绪和支持印度教民族主义的群体活动。

　　不过，尼泊尔特里布万大学国际关系和外交系助理教授沙阿则认为，如果莫迪连任，将会尽最大努力修补与尼泊尔等邻国的关系。印度正在成为一个经济和军事大国，对一个有远大抱负的国家来说，与不对印度构成竞争的邻国保持友好关系总是一件好事。（注：2024 年 6 月 4 日，选举结果公布，莫迪连任。）

内忧外患
托卡耶夫政府全力降低国家安全风险

阿斯塔纳分社　张继业

　　哈萨克斯坦地处欧亚大陆腹地，西临里海，北接俄罗斯，东连中国，南与乌兹别克斯坦、土库曼斯坦、吉尔吉斯斯坦接壤，国土面积272万平方千米，为世界最大内陆国。全国人口约2003万人，境内约有140个民族，其中哈萨克族人口占比约70%，俄罗斯族占比约15%。宗教方面，逊尼派穆斯林人口占比约69%；东正教徒约占30%，俄罗斯族占多数。

　　哈萨克斯坦2019年开启政治权力从纳扎尔巴耶夫向托卡耶夫交接。然而，此后不久即暴发新冠疫情，加之2021年阿富汗变局、2022年俄乌冲突爆发以及2022年年初国内大规模骚乱，令哈萨克斯坦政权承受前所未有的维稳压力。面对内忧外患，托卡耶夫领导的新政府不断完善对外交往政策和执政能力建设，从制度和机制方面妥处风险。

【大国博弈形成冲击】

　　自1991年苏联解体以来，世界大国开始对独立后的中亚多国投以越来越多目光，借助不同手段施加影响，进行全方位渗透。哈萨克斯坦作为地区大国难以"屏蔽"外部影响。

2020年2月，美国政府发布《美国中亚战略（2019—2025）：促进主权和经济繁荣》，加强所谓对中亚"民主改造"的举措，包括增加支持资金、设置重点国家与重点目标人群，充分利用非政府组织、媒体等工具，鼓动中亚国家精英和民众亲美反俄。2022年5月，美国国会批准了美国国务院2023年预算案，计划出资3亿美元用于中亚等地区国家的"民主改造"，其中2100万美元用于支持在中亚国家各类媒体上的反俄和反华宣传。在此背景下，仅2023年一年，哈萨克斯坦境内非政府组织数量就激增近2000个，总数达到2.3万个。上海合作组织前秘书长、哈萨克斯坦外交部对外政策研究所所长博拉特·努尔加利耶夫说，面对如此高强度的大国角力，哈萨克斯坦像在"走钢丝"，无疑是对外交政策和政治智慧的重大考验。

除了大国地缘政治对抗升级带来的安全风险，哈萨克斯坦还要着力应对俄乌冲突引发的安全局势变化。俄罗斯长期以来把中亚视为自己的"势力范围"，对于域外力量介入非常警惕，认为美国主导的北大西洋公约组织积极扩张是在挤压俄罗斯战略空间，导致其安全利益受损。苏联解体以后，欧亚地区的"去俄化"浪潮也促使俄罗斯调整对外战略基调，转向"强势外交＋军事威慑"，主动出击以维护自身安全。

由于哈萨克斯坦北部大量疆土的历史渊源与克里米亚相似，因此在俄乌冲突全面升级后，哈萨克斯坦国内呼吁退出独联体集体安全条约组织（集安组织）、欧亚经济联盟的声浪高涨。2023

2023 年 11 月 23 日，集安组织成员国领导人和集安组织秘书长塔斯马加姆别托夫（左一）在明斯克独立宫合影。（新华社发　任科夫摄）

年 5 月，哈萨克斯坦防务企业与土耳其航空航天公司在安卡拉签署军事技术合作备忘录，后者将在哈萨克斯坦境内开设攻击型无人机的组装和维修生产线。此事也被外界视为哈萨克斯坦"去俄化"的一步。

然而，集安组织作为军事组织有排他性，对抵御北约有关键作用。如集安组织失去作用，中亚地区将直接面临北约更深入的渗透。哈萨克斯坦战略研究所所长埃尔金·图库莫夫认为，俄罗斯一旦从俄乌冲突中抽身，其对中亚的政治和军事压力一定会加大，北约渗透与俄罗斯钳制将会给哈萨克斯坦带来更大的领土和主权方面的压力和风险。

【自身问题更为严峻】

除了外部风险，哈萨克斯坦国内也存在不少隐患，对国家安全和稳定构成更大威胁。

首先是权力交接后政治体制发展和行政腐败风险。前总统纳扎尔巴耶夫 2019 年辞去总统职务，开启权力交接。2022 年 1 月，托卡耶夫即将真正掌权前夜，国内发生未遂政变型骚乱，参与者为纳扎尔巴耶夫派系即将失势的总理马明和强力部门高官马西莫夫。哈萨克斯坦依靠外部势力，即俄罗斯主导的集安组织维和部队强势介入才得以迅速平息骚乱。

哈中贸易促进会会长哈纳特·拜赛克告诉记者，虽然哈萨克斯

2022 年 11 月 26 日，哈萨克斯坦当选总统托卡耶夫在首都阿斯塔纳出席就职典礼。（新华社发 哈萨克斯坦总统府供图）

坦已摆脱中亚"家族统治"的沉疴，但执政体制仍存很大弊端。各部门一把手获得任命后，根据人际关系亲疏远近组建执政团队，裙带关系占据本部门所有要职，而离任一把手的团队则不会留任，"一上皆上，一下皆下"。"这就导致政策的连贯性、执政队伍的稳定性差。同时，执政任期的不确定导致'及时变现'需求大，加之团伙执政透明度低，很容易造成腐败。"

其次是民生发展步履维艰的风险。2013 年，哈萨克斯坦经济发展达到顶峰，人均国内生产总值达 13890 美元，被世界银行列入中上等收入国家。然而，受 2014 年开始的乌克兰问题冲击及国际油价下跌影响，哈萨克斯坦经济失去十年发展时间。亚洲开发银行认为，哈萨克斯坦对大宗商品的依赖使得其增长不可持续，进行结构性改革非常重要。新冠疫情期间，哈萨克斯坦通胀居高不下，2022 年达到 20.3%。托卡耶夫在 2022 年 1 月骚乱期间表示，哈萨克斯坦半数居民月收入低于 5 万坚戈（约合人民币 700 多元），而 162 位最富有的人却拥有全国 55% 的财富。

哈萨克斯坦世界经济政治研究所研究员叶尔兰·马季耶夫认为，内政往往会产生更严重的后果，对哈萨克斯坦安全稳定的威胁大于外部因素。经验表明，一旦因民生和经济发展引发大规模示威活动，维稳就变得非常困难，用和平手段很难阻止事态发展，但动用武力则会激化矛盾，造成更严重的负面后果，甚至动摇和分裂法律和秩序。

【全力降低安全风险】

面对内忧外患，托卡耶夫政府不断完善对外交往政策和执政能力建设，着力从制度和机制方面减少风险。

长期以来，哈萨克斯坦采取广泛和多元化外交政策，在各方势力与自身之间最大限度留有回旋余地，确保任何一方影响不会对自身形成过大压力。以 2024 年为例，哈萨克斯坦担任上合组织、集安组织、亚信会议、突厥国家组织、拯救咸海国际基金会、伊斯兰粮食安全组织的轮值主席国。平衡外交的最新案例是中亚"C5＋1"模式大行其道，即"中亚 5 国＋1 个对话国"。这一模式目前已被中国、欧盟、美国、海湾阿拉伯国家合作委员会、德国、日本、印度、俄罗斯等方面接受。

上合前秘书长努尔加利耶夫介绍，哈萨克斯坦的安全政策也在不断精细化。哈萨克斯坦政府 2020 年修改《和平集会法》，此后国内混乱不堪的游行示威数量大减；2023 年通过《关于指纹识别和基因组注册法》，要求从 2024 年起所有在哈萨克斯坦境内居住的本国人、外国人，以及免签入境的外国人都要登记指纹，以防止不法势力渗入，以及在需要时能够快速锁定犯案人信息。

为防范网络攻击、敌对势力利用互联网煽动民众等行为，哈萨克斯坦政府还积极执行"将数据留在本国"等措施，比如哈萨克斯坦数字发展、创新和航天工业部同俄罗斯科技巨头央捷科斯公司（Yandex）协商，决定把主流搜索引擎 Yandex.kz 域名下的服务器数据转移到哈萨克斯坦境内。此外，在国际合作领域，哈萨克斯坦2023 年 4 月受邀加入布达佩斯《网络犯罪公约》，成为中亚地区第一个加入该公约的国家。

此外，中亚国家再次出现"报团取暖"的一体化趋势。托卡耶夫 2024 年 5 月签署批准《哈萨克斯坦和乌兹别克斯坦同盟关系条约》。条约旨在进一步深化哈乌两国在政治外交、国防安全、移民及经贸关系等领域的密切合作，有望拉开新一轮中亚一体化的进程。

俄罗斯学者亚历山大·克尼亚佐夫说，为转移地缘政治压力，哈萨克斯坦和中亚地区其他国家还积极挖掘自身地缘经济优势，发展"通道经济""通道外交"捆绑彼此利益，如贯通中亚—南亚—西亚的"跨阿富汗铁路"计划、中吉乌铁路建设重启、规划跨里海交通走廊等。

俄罗斯瓦尔代国际辩论俱乐部成员、复旦大学国际问题研究院教授赵华胜认为，由于内部问题是最大风险，维护哈萨克斯坦乃至中亚地区安全稳定的主要途径必须是消除内部隐患。哈萨克斯坦等国越发清醒地认识到这一点，也积极推动政治及经济体制改革，托卡耶夫上台后积极推动"新哈萨克斯坦"战略建设，积极发展经济、消除贫困、打击腐败、倡导社会正义、提高民生水平、确保国家发展和社会稳定。"这将是一个漫长而痛苦的过程，成功不会一蹴而就。"

安全形势总体稳定
西方干预、边界争端仍是"两大心病"

比什凯克分社　关建武

吉尔吉斯斯坦位于中亚东北部，国土面积约20万平方千米，属内陆国家，与哈萨克斯坦、塔吉克斯坦、乌兹别克斯坦和我国相邻。其中，吉尔吉斯斯坦与我国共同边界长1096千米。全国人口约680万人，有84个民族，吉尔吉斯族人口占比约74%，乌兹别克族占比约15%。全国人口约70%信仰伊斯兰教，多数属逊尼派。

吉尔吉斯斯坦目前政局稳定，社会经济持续发展。不过，吉尔吉斯斯坦与塔吉克斯坦边界冲突时有发生，未来引发流血冲突或小规模战争的可能性依然存在。同时，外部势力持续干预吉尔吉斯斯坦国内事务，尽管近年来吉有所防范，但仍是未来需要提防的重点。

【国内安全形势总体稳定】

在总统扎帕罗夫执政下，吉尔吉斯斯坦政局总体稳定，经济社会发展态势良好。据吉尔吉斯斯坦国家统计委员会通报，2023年

2023年3月2日，在吉尔吉斯斯坦伊塞克湖州巴雷克奇市，直升机参加军事演习。（新华社发　吉总统新闻局供图）

前10个月国内生产总值超过103亿美元（约合731.5亿元人民币），与2022年同期相比增长4.5%。

吉尔吉斯斯坦政治学者、图尔达昆·乌苏巴利耶夫基金会政治研究所所长叶先·乌苏巴利耶夫接受新华社记者采访时表示，吉尔吉斯斯坦当前安全形势总体稳定，国内没有恐怖主义滋生的土壤。"吉尔吉斯斯坦认真开展穆斯林社区工作，包括对青少年进行宗教教育、接受高等宗教教育等，防范极端思想对穆斯林社区渗透。"

乌苏巴利耶夫认为，在中亚地区，反对国家政权的圣战意识形态没有发展的基础，因为这一地区的大部分穆斯林不再相信建立"伊斯兰国"或"伊斯兰哈里发"。因此，吉尔吉斯斯坦近年来没有发生严重的宗教冲突，因为该国"已经为社会的世俗部分和宗教部分和谐共存创造了一切条件"。

【 西方政治干预始终未断 】

当前，吉尔吉斯斯坦面临的国内安全风险挑战在于社会层面，而外部势力特别是西方国家干预是造成这种风险的主要因素。

关于吉尔吉斯斯坦，一个并不广为人所知的事实是，在这个人口仅 680 万的国家，外国非政府组织就有逾千家，若算上形形色色的本国非政府组织，数量估计上万，非政府组织与人口比例堪称全球第一。而非政府组织在该国政治和社会生活中也扮演着并不光彩的角色。

吉尔吉斯斯坦 1991 年独立以来，迄今已有至少三次非正常政权交接，其暴力革命的频繁性和政权不稳定性在中亚国家之中最为突出，而这些均与非政府组织相关。吉尔吉斯斯坦《国家安全概念》中指出，吉尔吉斯斯坦所处地区的特点就是"周期性爆发不稳定情况"。

以美国为首的西方国家多年来在吉尔吉斯斯坦通过多种渠道建立亲美"媒体帝国"，把本土媒体、非政府组织、普通民众都吸纳其中。美方为他们提供培训和资助，"受训"组织和人员则按美方"指示"在当地制造事端，从而达到影响和控制吉尔吉斯斯坦的目的。上述情况在 2022 年吉塔两国冲突中即见一斑。吉尔吉斯斯坦当地多家亲美媒体在报道中刻意突出吉方在冲突中的伤亡和百姓遭殃，暗示政府应对不力，挑唆民众与政府关系，试图制造政治混乱。

俄罗斯安全委员会秘书尼古拉·帕特鲁舍夫认为："美国人和英国人试图通过挑起与中亚国家边境相关的紧张局势。盎格鲁－撒克逊人，主要是美国人，需要以此来扩大他们在中亚的存在，进而寻求提升对整个中亚地区的控制力。"

吉尔吉斯斯坦当政者清醒地认识到，不解决非政府组织问题，不斩断西方国家政治干预之手，吉尔吉斯斯坦就难有光明未来。于是，不顾以美国为首的西方国家劝阻、干预甚至反对，该国强势推进非政府组织立法，对被认为境内动乱"背后黑手"的非政府组织加强管控力度。

【邻国边界争端难以速决】

吉尔吉斯斯坦与邻国塔吉克斯坦的边界争端是该国面临的另外一个主要安全挑战。

吉尔吉斯斯坦和塔吉克斯坦的边界问题源于苏联时代，当时苏联决策者人为划定边界，刻意将各民族居住地划分为"你中有我，我中有你"，以利于中央统治和安全。苏联解体后，吉塔两国独立之时，两国边界延续之前模糊不清的状态。位于吉尔吉斯斯坦、乌兹别克斯坦和塔吉克斯坦三国境内的费尔干纳河谷，至今仍是边界纷争地区，这一地区的肥沃土地对以农业为主的中亚国家来说意义重大，因此没有任何一方愿在费尔干纳河谷归属问题上做出妥协。

吉尔吉斯斯坦巴特肯州与塔吉克斯坦接壤的边界地区 2022 年 9 月 14 日爆发武装冲突。吉方 60 余人死亡，100 多人受伤，大约 13.7 万人从冲突地区撤离。塔方在冲突中也报有伤亡。冲突发生后，俄罗斯总统普京出面斡旋。目前，吉塔两国边界划定工作组已完成大部分边界划定。吉方透露，两国近 1000 千米的边界总长度中约有 290 千米的国境线仍未划定。分析人士认为，吉塔边界问题情况非常复杂，难以在一朝一夕解决，未来一段时间内仍会是引爆两国流血冲突的"定时炸弹"。

【外来恐袭风险犹存】

需要看到，尽管当前国内总体安全形势较好，但吉尔吉斯斯坦现行《国家安全概念》明确指出，外部势力"利用非法武装团体和恐怖组织追求政治目标"的威胁依旧不减，国际恐怖组织仍在寻求在吉尔吉斯斯坦扩大影响。

目前，境外武装分子和中亚本土武装分子主要集中在便于渗透

这是 2022 年 7 月 21 日在吉尔吉斯斯坦伊塞克湖州乔尔蓬阿塔市拍摄的第四次中亚国家元首协商会议现场。（新华社发　吉尔吉斯斯坦总统新闻局供图）

进中亚地区和吉尔吉斯斯坦的地方，即阿富汗。俄罗斯安全委员会秘书尼古拉·帕特鲁舍夫指出："阿富汗局势对俄罗斯和中亚国家共同安全构成威胁。"

乌苏巴利耶夫告诉记者，吉尔吉斯斯坦南部极端主义情绪的增长主要受到一些外部势力影响。

2024 年年初以来，吉尔吉斯斯坦国家安全委员会在南部地区展开行动，逮捕多名极端组织"伊斯兰解放党"和"伊斯兰国"分支的成员。

乌苏巴利耶夫表示，近年来，雇佣军通过参与执行恐怖主义集团个别军事任务和行动以获得经济报酬的情况有所增加，主要案例包括莫斯科音乐厅恐怖袭击案中有多名塔吉克斯坦籍嫌疑人。"在这种情况下，在哪些国家及针对哪些人群发动恐怖袭击并不重要，这些国家甚至可以是穆斯林国家。"

他认为，吉尔吉斯斯坦在安全和反恐领域仍需有效防范外来敌对意识形态、极端主义思想渗透，以及利用穆斯林加剧社会紧张局势或破坏社会稳定。

塔吉克斯坦安全形势面临长期挑战

阿斯塔纳分社　　张继业

塔吉克斯坦是位于中亚东南部的内陆国家，国土面积 14 万平方千米，是中亚面积最小的国家，境内山地约占国土面积 93%，故有"高山之国"之称。塔吉克斯坦与我国（新疆）、阿富汗、乌兹别克斯坦、吉尔吉斯斯坦接壤。其中，与阿富汗有逾 1000 千米边界线。塔吉克斯坦全国人口约 1000 万人，境内共有 86 个民族，其中塔吉克族占全国人口的 80%，约 80% 的人口信奉伊斯兰教。从人种看，塔吉克斯坦与伊朗同源，是中亚唯一一个非突厥国家。从国家发展看，塔吉克斯坦仍处于带有中亚特色的家族世袭执政，贫困人口较多、贫富差距较大、腐败程度较高、民生水平低下。受上述地缘地位、民族宗教及社会发展等因素的影响，塔吉克斯坦常年面临严峻的安全挑战。

【阿富汗极端势力渗透严重】

2024 年，据英国广播公司统计，过去十年，塔吉克斯坦境内发生了 6680 起与恐怖主义和极端主义有关的犯罪。塔吉克斯坦仍面临严峻的恐怖主义挑战，主要表现为以下两方面：

首先，塔吉克斯坦面临来自阿富汗境内极端组织、恐怖组织的威胁上升。塔吉克斯坦与阿富汗之间逾 1000 千米的边界线是中亚地区最长边界线之一。塔吉克斯坦政府原本就与阿富汗塔利班政权关系不睦、矛盾不断，叠加美国从阿富汗撤军因素，情况更为复杂。上海合作组织地区反恐怖机构执行委员会主任鲁斯兰·米尔扎耶夫警告，2021 年美国从阿富汗撤军以来，极端组织"伊斯兰国"残余势力陆续从伊拉克、叙利亚"回流"阿富汗，导致阿富汗北部地区极端组织、恐怖组织势力持续壮大，极端分子、恐怖分子渗透至塔吉克斯坦等中亚国家的威胁现实存在。

众多恐怖主义威胁中，"伊斯兰国呼罗珊"组织对塔吉克斯坦

2023 年 3 月 21 日，人们在塔吉克斯坦首都杜尚别青年公园内练习划艇。（新华社发　塔希尔忠·赛义多夫摄）

国家安全构成的风险尤为严重。这一组织现任领导人萨努拉·加法里是塔吉克裔阿富汗公民。在塔吉克斯坦境内，与"伊斯兰国呼罗珊"有关的个人及团体拥有一定财政和行动潜力，且在不断发展壮大。2022年4月和5月，"伊斯兰国呼罗珊"从阿富汗向塔吉克斯坦境内发射导弹，多名武装分子从阿富汗越境进入塔吉克斯坦，与塔方安全人员交火。此外，"伊斯兰国呼罗珊"还多次参与塔吉克斯坦境内监狱暴动。

其次，中亚地区所谓"圣战网络"正在酝酿形成，对地区甚至全球安全构成威胁。据多家媒体报道，"伊斯兰国呼罗珊"利用Al-Azim媒体基金会筹措资金，通过"电报"等社交媒体软件以当地语言刊登宣传材料，宣扬萨拉菲极端主义意识形态，策划恐怖袭击。不少塔吉克斯坦公民被"洗脑"后加入"东突厥斯坦伊斯兰运动""伊斯兰圣战组织"等恐怖组织，在阿富汗接受培训，随后在伊朗、土耳其、俄罗斯、欧洲和中亚等国策划并实施恐袭，包括2024年发生在伊朗和俄罗斯的两起重大恐袭事件。

2024年1月3日，伊朗克尔曼市举行已故伊斯兰革命卫队高级指挥官卡西姆·苏莱曼尼悼念活动时发生两起爆炸袭击，逾90人死亡，超280人受伤。"伊斯兰国"宣称实施袭击。伊朗安全部门调查后发现，一名嫌疑人为塔吉克斯坦公民，曾在阿富汗巴达赫尚省的"伊斯兰国"训练营受训。3月22日，俄罗斯首都莫斯科近郊克罗库斯城音乐厅发生恐怖袭击，造成超过140人死亡、500多人受伤。俄方已经抓捕20多名嫌疑人，其中多人为塔吉克斯坦公民。

【多种类安全威胁并存】

除恐怖主义痼疾外，塔吉克斯坦还面临同邻国的边境冲突、跨国毒品贩运、地区极端宗教组织势力抬头等安全威胁。

边境冲突方面，塔吉克斯坦和吉尔吉斯斯坦边界线总长约980千米，因苏联历史遗留问题，部分地区的边界没有勘定清晰。据塔吉克斯坦统计，过去十年间塔吉克斯坦边境发生230起使用武器的冲突事件，导致数百人丧生。两国间近年来爆发的最严重武装冲突发生在2022年9月，双方均投入重型武器。死亡人数合计达104人，数十万人被迫从边境地区撤离。

围绕跨国贩毒问题，阿富汗塔利班上台后推行禁毒政策，导致部分毒品产业链条向塔吉克斯坦等邻国转移，且阿富汗经中亚销往欧洲等地的毒品贩运线路较为成熟，短期内无法掐断。塔吉克斯坦麻醉品监管局局长哈比布洛·瓦希佐达表示，塔方并不相信塔利班政权有关控制和减少毒品的保证，塔利班执政后，塔吉克斯坦边境的毒品生产和贩运反而有所增加。按照瓦希佐达列举的数据，2020年塔吉克斯坦缴获毒品2.4吨；阿富汗塔利班2021年掌权后，塔方2021年缴获4吨毒品，2022年缴获近5吨。

就极端宗教势力抬头趋势，上合组织区域威胁研究中心主任维克多·米哈伊洛夫称，中亚地区萨拉菲极端主义有所抬头，一些带有政治目的的势力在互联网上成立社群，挑动宗教和民族纷争，影响青年心智，干涉世俗政权。米哈伊洛夫称，随着萨拉菲极端主义传播，塔吉克斯坦境内一些虔诚青年宗教信徒对政府日渐持消极态度。不排除西方情报机构站在极端宗教势力身后，它们试图利用极端主义来搅动、祸乱中亚。

【铲除恐怖主义生长土壤】

在应对极端主义和恐怖主义挑战方面，塔吉克斯坦政府主要采取以下三方面措施：

首先是立法规范宗教活动。2009年通过的《信仰自由及宗教社团法》加强了对宗教事务的系统性管控，要求所有宗教场所重新注册等；2016年批准的《共和国打击极端主义和恐怖主义国家战略》明确了政府在打击极端主义和恐怖主义领域的目标、任务和主要方向；2018年发布的《国家宗教政策构想》明确了国家与宗教的关系与地位。2009—2016年，仅在首都杜尚别，就有900座清真寺被政府依法关闭。

其次是加强对民众教育。塔吉克斯坦政府积极在偏远地区和人口稀少地区普及教育，为中等和高等教育创造更好条件，包括发展互联网教育、降低学费并提高奖学金等。同时，塔吉克斯坦宗教事务委员会积极召回在境外接受宗教教育的学生，以规范境外宗教教育，"只有在国内完成伊斯兰学院学业且获得宗教事务及教育机构书面同意的学生才能申请到其他伊斯兰国家留学"。

最后是开展国际合作。塔吉克斯坦积极在联合国、上合组织、独联体集体安全条约组织、欧洲安全与合作组织等框架下开展安全合作。以2022年为例，塔吉克斯坦和俄罗斯在俄罗斯驻塔201军事基地共同组织50余场联合反恐军演。这一基地也是俄罗斯在海外最大的军事基地。

2021 年 10 月 18 日，集安组织成员国的官兵在塔吉克斯坦与阿富汗边境地区参加反恐演习。（新华社发　集安组织演习　联合新闻中心供图）

塔吉克斯坦政府近年打击恐怖主义的努力取得一定成果。恐袭数量、伤亡人数和损失规模等数据统计的多项量化指数显示，塔吉克斯坦近年来整体安全形势有所改善。在全球和平指数中，塔吉克斯坦的排名稳步提升，从 2010 年的 120 名升至 2020 年的 100 名左右，2024 年则已进一步提升至第 79 名。而在全球恐怖主义指数中，2019—2023 年塔吉克斯坦持续位列全球恐怖主义最猖獗的前 50 个国家，而到 2024 年已经降低至第 69 名。

对于塔吉克斯坦面临的安全挑战，俄罗斯人民友谊大学学者弗谢沃罗德·叶夫涅维奇认为，贫困是导致极端思想和恐怖主义滋生和蔓延的重要因素，而消除贫困将有助于从多方面预防和打击极端思想和恐怖主义。从历史维度看，只有长期的不懈努力，改善国家贫穷落后的风貌，才能从根本上有效缓解塔吉克斯坦面临的安全挑战。

塔吉克斯坦政府长期积极实施减贫战略，业已取得明显成果。根据塔吉克斯坦官方口径，国内贫困率已经从 2000 年的 83% 降低到如今约 20% 的水平。但是，塔吉克斯坦仍是苏联 15 个加盟共和国中最穷的国家，人均月收入水平不足 180 美元。由于自身经济造血机能不足，国际援助和外出务工侨汇是塔吉克斯坦政府财政收入重要来源，后者约占塔国内生产总值的三分之一。总体而言，塔吉克斯坦政府改善民生的脚步赶不上人口增长带来的压力，减贫工作任重道远，其安全形势面临的压力虽有好转，但短期内难以得到根本性缓解。

俄乌冲突延宕叠加恐怖主义抬头
俄安全挑战日益严峻

亚欧总分社　江宥林

　　俄罗斯地处亚欧大陆北部，领土面积超过 1700 万平方千米，境内有 190 多个民族共处。民族构成复杂、历史问题和民族宗教矛盾交织等因素长期导致俄罗斯安全形势不稳定。随着地缘形势日趋复杂、俄乌冲突延宕、俄罗斯遭受的恐怖主义威胁已不再单纯来自国内分离主义势力，而是掺杂更多"国际因素""外部威胁"，同时面临外部军事打击风险。因此，在上海合作组织框架下加强安全合作，是俄罗斯应对安全威胁的一个重点。

【恐怖袭击：俄罗斯的痛】

　　苏联解体后的俄罗斯，恐怖袭击时有发生，民族分离主义者在其中扮演重要角色。20 世纪 90 年代苏联解体、俄罗斯宣布主权独立初期，俄罗斯境内自治地区主权意识提升，民族分离主义倾向增强。其中，车臣共和国分离主义倾向最为突出。当时，车臣领导人企图谋求"独立"，引发俄罗斯联邦政府先后于 1994 年、1999 年发动两次"车臣战争"。通过两次战争，俄罗斯联邦政府基本肃清车臣境内分离主义力量，非法武装分子再也无力发动大规模战斗，转而开展恐怖袭击等破坏活动。

在战争期间，车臣武装分子即在恐怖主义行动中尝到"甜头"。1995 年 6 月 14 日，车臣匪首巴萨耶夫率 100 多名非法武装分子潜入斯塔夫罗波尔边疆区布琼诺夫斯克市，在当地一家医院劫持 1000 多人，迫使俄罗斯联邦政府做出包括将俄军撤出车臣在内的重大让步，武装分子成功撤离。这起事件造成包括平民、警察、军人在内的至少 129 人死亡、415 人受伤。在战争结束后，遭到毁灭性打击的武装分子又故技重施，在俄罗斯境内实施一系列恐怖袭击，影响较大的恐怖袭击包括 2002 年莫斯科剧院人质事件、2004 年别斯兰人质事件等。此外，俄罗斯境内多起针对居民建筑、地铁站、火车站、机场的爆炸袭击也与该国境内极端民族和宗教势力有关。

俄罗斯联邦安全局退役军官菲拉托夫表示，恐怖主义行为经常被用作向政府施加政治压力的手段，或为破坏一国经济或局势稳定而实施，这点也在俄罗斯境内的历次恐怖袭击中得到体现。俄专家普遍认为，俄境内发生恐怖袭击的风险依然较高。

【新增威胁：俄罗斯的忧】

以往，俄罗斯境内恐怖主义活动主要与国内分离和极端势力相关联，但在地缘形势日趋复杂和俄乌冲突持续多年的背景下，该国国内安全形势所面临恐怖主义威胁中的"国际元素"正在显著增加。2024 年 3 月发生在莫斯科近郊的恐袭就是一起典型案例。

这是 2024 年 3 月 22 日在俄罗斯莫斯科近郊克拉斯诺戈尔斯克市拍摄的火光中的"克罗库斯城"音乐厅。(新华社 / 美联社）

　　3 月 22 日晚，四名武装分子手持自动步枪冲进莫斯科近郊克罗库斯城音乐厅实施袭击并纵火焚烧音乐厅建筑，行凶过程持续十多分钟，造成 145 人死亡、551 人受伤，是十多年来俄罗斯境内最严重的恐怖袭击。目前已有包括行凶者和共犯在内的 20 余人被拘留，其中 12 人已被羁押候审。这 12 人都来自中亚国家，绝大多数为塔吉克斯坦公民。

　　音乐厅恐怖袭击发生后，极端组织"伊斯兰国"第一时间发声"认领"，然而俄罗斯联邦侦查委员会认为，此次恐怖袭击与俄罗斯在乌克兰进行的特别军事行动有关。俄联邦安全局局长博尔特尼科夫表示，袭击由活跃于阿富汗、巴基斯坦境内的"伊斯兰国呼罗珊"组织成员通过互联网协调，乌克兰军事情报机构直接参与了此次袭击的实施。

俄罗斯政治学家拉兹古利亚耶夫说，俄罗斯与西方国家之间的政治冲突已进入新阶段，外国政客正在使用最卑鄙的手段达到恐吓俄罗斯的目的。同时，在战场的一败再败也促使乌方转而实施针对俄罗斯平民的恐怖主义行动。俄罗斯面临的恐怖主义威胁程度在不久的将来只会增加。

俄罗斯反恐问题专家哈明斯基认为，俄罗斯境内近年来发生的大多数恐怖袭击都有宗教或民族背景，在当前情形下不可能关闭国门，而要将国际执法合作放在优先位置，包括借助上合组织等多边平台共同打击恐怖主义。此外，相关职能部门同劳动移民来源国同行的合作也变得尤为重要。

【乌方袭击：俄罗斯担忧】

除国内恐怖袭击发生风险走高，久未结束的俄乌冲突让俄罗斯面临日益提升的外部安全威胁。虽然俄军目前在战场上占据优势，但乌军最近获准使用美国等西方国家提供的导弹等先进武器对俄罗斯领土袭击给俄本土安全造成巨大威胁，包括别尔哥罗德州、库尔斯克州、布良斯克州等俄乌边境地区，甚至远离俄乌边境的鞑靼斯坦共和国、奥伦堡州等地目标，近来都已遭到乌方袭击。

对此，俄罗斯反应强烈，誓言报复。专家解读认为，此举可能是战争升级的前兆，最近俄美两国国防部长在一年多之后重新通话也显示了局势的危急程度。

应该看到，俄乌冲突之所以迟迟不能结束，以美国为首的西方

这是 2022 年 8 月 23 日在马里乌波尔拍摄的正在被拆除的受损建筑。（新华社发　维克托摄）

国家持续"拱火浇油"是重要原因。俄罗斯军事评论员霍达连诺克认为，西方援助的"风暴之影"导弹、"特凯弗 AR3"无人机等武器支持较长距离飞行，将被乌克兰用以攻击俄罗斯境内的战略目标。西方国家允许扩大援助武器使用范围使得乌军不仅可以袭击俄罗斯境内军事目标，还能针对燃料和能源综合设施、发电厂、供热厂等基础设施进行打击，严重威胁俄罗斯境内居民，特别是边境地区居民的安全。

俄罗斯军事专家克利莫夫认为，乌军袭击俄罗斯本土有多重目的：首先是扩大对俄打击范围；其次是尽可能将俄罗斯防空力量从前线逼至后方；最后是向俄方领导层施压。尽管乌克兰有西方支持，但在可预期的未来战胜俄罗斯几无可能。而随着俄军战果不断扩大，越发陷入被动的乌军可能将主要军事方向从正面战场转向针对平民的恐怖行为。近年来，乌克兰当局大肆宣扬对俄罗斯的仇恨情绪。在战场上阵亡的乌军士兵后代很可能会被灌输"复仇"思想，并在将来从事反俄工作。

【多措并举：俄罗斯的招】

近年来多次恐怖袭击，尤其是 2024 年 3 月发生在莫斯科克罗库斯城音乐厅的袭击，暴露了俄罗斯在安保和移民管理方面的短板，也让俄联邦政府更加重视民族、宗教等因素与恐怖袭击多发之间的关联。为此，俄联邦政府已采取多项措施封堵安全领域漏洞。

首先，加强安保和安检力度。例如，在首都莫斯科，举行展会、阅兵式、大型记者招待会等人流密集活动时，当局会实行严格的安检措施，所有人不仅需要凭有效证件进入，还要经历严格的安全检查。在地铁站，乘客携带的箱包需通过安检设备扫描。在街上，警察会对中亚面孔的行人进行盘问并检查其证件。克罗库斯城音乐厅恐怖袭击发生后，莫斯科、伏尔加格勒、秋明、克拉斯诺达尔等城市组织了大规模突击检查及排查，涉及出租车司机和乘客、建筑工人及集市务工者等外国移民较多的群体。

其次，加强移民管理立法和制度建设。2024 年 3 月底，俄罗斯内务部出台关于外国公民和无国籍人士出入境及居留俄罗斯条件的规定，包含外国公民入境俄罗斯时必须录入指纹信息和拍照、为外国人建立数字档案、外国人在俄罗斯临时停留时间缩短至每年不超过 90 天。另外，规定还增加了涉及外国务工者的内容，包括雇主按照专项招聘程序与外国务工者签订的劳动合同期限最多为两年；如果雇主在招聘过程中提前与外国务工者解除合同，后者必须在 30 天内离境。

专家指出，俄罗斯内务机构中负责移民登记和负责案件侦破及罪犯抓捕的部门之间相对割裂，加大了犯罪预防和侦捕等行动难度。俄罗斯联邦政府正在讨论成立直接隶属于总统的专职机构来负责民族和移民政策。

第三，强化内部团结，避免出现社会分裂、民族仇恨和宗教间纷争。针对克罗库斯城音乐厅恐怖袭击，俄罗斯总统普京指出，恐怖分子及其雇主的主要目的首先是在俄罗斯国内播种不和、恐慌、冲突和仇恨，从内部分裂俄罗斯。俄罗斯东正教大牧首基里尔说，东正教徒和穆斯林在世界观和道德上的一致，是反对者和敌人摧毁俄罗斯的"绊脚石"；有人试图利用恐袭让两种传统宗教起冲突、分离人民并挑起他们之间的不和，"我们不允许这种事情在俄罗斯发生"。

南非为什么如此"硬刚"以色列

约翰内斯堡分社　谢江

应南非政府 2024 年 3 月 6 日提交的诉讼请求,联合国国际法院 3 月 28 日发布命令,要求以色列政府务必采取一切必要措施,确保人道主义援助物资畅通无阻进入加沙地带。舆论注意到,2023 年 10 月新一轮巴以冲突爆发以来,南非政府已多次发表针对以色列政府的强硬表态,并于 2023 年年底以"种族灭绝"罪将以色列政府告至国际法院。南以两国交恶引起国际社会高度关注。

南非地处非洲大陆最南端,远离中东,穆斯林人口不过2%。这样一个与以色列并无仇怨的国家,却因有着与种族隔离做斗争的切身经历而同情巴勒斯坦人民遭遇并支持巴勒斯坦民族解放事业。这就不难理解,在国际社会寻求制止以色列在加沙地带战争行为的努力屡屡受挫时,南非会冲锋在前。南非对以色列相关诉讼的影响还在发酵,或为巴以局势发展增添变数。

【诉以色列"种族灭绝"】

新一轮巴以冲突爆发伊始,南非政府多次就以色列大举进攻加

2024 年 5 月 16 日，联合国国际法院在荷兰海牙开始就南非请求制止以色列在加沙地带的军事行动举行为期两天的听证会。（新华社发　西尔维娅·莱德雷尔摄）

沙地带造成大量平民伤亡表达强烈谴责。五个多月来，南非政府旗帜鲜明地反对以色列、声援巴勒斯坦。在南非多地，民间团体大规模游行示威持续不断，数十万人参与相关活动，其中不乏执政党非洲人国民大会（非国大）高层和第三大党"经济自由斗士"党主席的身影。

在双边关系方面，南非政府已将南非同以色列的外交关系进行"实质性降级"。2023 年 11 月 6 日，南非政府宣布召回该国所有驻以色列外交人员。同月 21 日，南非议会通过一项暂停与以色列外交关系并关闭以色列驻南非大使馆的提案。虽然总统西里尔·拉马福萨尚未正式下令同以色列断交，但南以两国关系已经"名存实亡"。

南非还诉诸法律武器施压以色列：先于 2023 年 11 月 16 日向国际刑事法院提起诉讼，要求调查以色列在加沙地带的战争罪行。由于以色列非国际刑事法院缔约国，诉讼对其无约束力。南非转而于 2023 年 12 月 29 日向国际法院提起诉讼，指控以色列违反联合国《防止及惩治灭绝种族罪公约》，对加沙地带巴勒斯坦人民实施种族灭绝。

国际法院已就南非政府提起的诉讼举行听证，并于 2024 年 1 月 26 日发布具有约束力的"临时措施"，要求以色列确保在加沙地带不会发生针对巴勒斯坦平民的种族灭绝行为。鉴于加沙地带人道主义危机持续加重且出现大范围饥荒，南非政府又于 2024 年 3 月 6 日敦促国际法院对以采取新措施，确保包括 100 多万名儿童在内的 230 万名加沙地带平民安全。

以色列方面则坚决否认南非对其在加沙地带对巴勒斯坦人实施种族灭绝的指控，强调以色列在加沙地带军事行动是自卫行为，任何剥夺以色列自卫权的企图都是对犹太国家的公然歧视。以色列方面拒绝国际法院在这一问题上具有管辖权，并要求国际法院驳回南非的诉讼请求。

【对巴苦难感同身受】

事实上，南非和以色列虽地域相隔甚远，但并非毫无瓜葛。新一轮巴以冲突爆发后，南非政府冲在国际"反以斗争一线"，与以色列政府针锋相对，绝非意气用事、一时之举。1948 年，以色列建国。彼时，南非白人政权正在实施系统性种族隔离制度。20 世纪 60 年代，南非白人政权开始遭到国际社会孤立和制裁，以色列政府却向南非白人政权提供镇压非国大等黑人反种族隔离组织的武器，并向南非白人提供"反游击战"培训。与之相应，巴勒斯坦解放组织却在积极声援非国大。纳尔逊·曼德拉领导非国大与南非白人政权斗争时，同领导巴勒斯坦民族解放运动（法塔赫）与以色列斗争的亚西尔·阿拉法特结下深厚友谊。

曼德拉在出狱后会见的第一批国际政要中就有阿拉法特。他曾说："只要巴勒斯坦人不自由，我们的自由就不完整。"在南非政治议程中，巴勒斯坦问题已经成为一个重要议题。南非历届政府均致力于推动巴勒斯坦问题得到公正解决。南非大学政治学教授迪尔克·科策表示，在南非反抗种族隔离的斗争中，比起美、英等西方

1990 年 5 月 20 日，正在开罗访问的曼德拉亲切会见时任巴勒斯坦解放组织主席阿拉法特。（新华社发）

国家的冷漠，巴勒斯坦坚定地与南非站在一起，给予南非宝贵支持。可以说，南非、巴勒斯坦因相似境遇和斗争事业而惺惺相惜、彼此支持。

近年来，为抗议以色列在巴以冲突中过度使用武力造成巴方大量平民伤亡，南非政府已将该国驻以色列外交机构由大使馆降级为联络处，并撤回驻以大使。此外，南非政府还敦促联合国将以色列列为"种族隔离国家"。2023 年 11 月，南非国际关系与合作部长娜莱迪·潘多尔（时任）说，以色列在巴勒斯坦被占领土上的所作所为"让我们想起生活在种族隔离制度下的南非人的悲惨遭遇，而这正是南非人走上街头表达他们对加沙地带局势的愤怒和担忧的关键原因"。

南非驻荷兰大使武西·马东塞拉 2024 年 1 月在国际法院听证会上说："作为南非人，我们真切地感觉到、看到、听到并感受到以色列政权的非人道歧视政策和做法，相较于我国之前针对黑人的种族隔离而言，以色列的非法占领是一种更为极端的种族隔离……这与殖民主义没什么区别。"

2024 年 1 月 26 日，国际法院发布"临时措施"当天，南非总统拉马福萨发表全国电视讲话。他说，种族隔离的历史是南非人永远的痛，"因此，我们绝不会袖手旁观，眼睁睁看着曾经侵害我们的罪行在其他地方重演"。

【 反西方的外交胜利 】

需要看到的是，近年来，南非与西方国家在一系列地区和国际事务上分歧越发明显，西方国家施压南非"选边站队"的种种霸权行为——如要求南非在 2023 年金砖国家峰会期间"逮捕普京"等，让南非非常不满，加之非国大高层长期存在的反西方意识形态，也是此次南非政府向国际法院诉以色列实施种族灭绝的背景。

南非舆论普遍认为，起诉以色列是拉马福萨政府取得的一场"重大外交胜利"。虽然以色列政府并未因国际法院的裁决而停止其在加沙地带推进的军事行动，但是南非政府对其发起的诉讼是以色列建国 75 年来首次在国际法院被起诉，南非此举具有重大政治、外交和国际道义影响力。据澳大利亚广播公司报道，至少 88 个国家支持南非起诉以色列。

南非政府为此次诉讼进行了充分准备，组建专业法律团队赴荷兰海牙国际法院参加听证，详细论证以色列在加沙地带犯下种族灭绝罪行。美国、英国、加拿大及曾背负加害犹太人这一历史包袱的德国表态支持以色列。而其他以色列的西方盟友则大多保持沉默。昔日种族主义的受害者，如今被指控种族灭绝，这场诉讼引发的思考和震荡还在继续。

总部设在荷兰的智库"跨国研究所"称以色列为"21 世纪的定居者殖民种族隔离国家"，南非发起的这场诉讼具象化了几个世纪以来全世界被压迫民族在欧美殖民主义和帝国主义统治下所进行的斗争。

英国牛津大学国际法专家珍尼娜·迪尔指出，鉴于以色列的建国初衷在一定程度上是为防止针对犹太人的种族灭绝，那么，国际法院裁决也会促使人们反思当前发生在巴勒斯坦土地上的人道主义状况。

　　巴勒斯坦著名社会活动家、前巴解组织执委会成员哈南·阿什拉维说，虽然以色列对我们人民的杀戮还在继续，但是国际法院裁决"是以色列首次被追责"，表明全球看待以色列的方式发生了重大转变。

　　此外，南非政府援引《防止及惩治灭绝种族罪公约》起诉以色列，已在以国内社会产生道德冲击。以军明令要求军人在执行军事行动中不得有任何有悖法律和军规的行为，以免对国家和以军的国际形象造成"严重战略损害"。

　　南非在国际法院诉以色列种族灭绝，虽在短期内对加沙地带实现停火止战难见实质性效果，但随着加沙战事持续、巴以冲突延宕、人道主义危机加剧，国际社会反战反以呼声进一步高涨，南非诉以色列的意义和影响值得关注。

脱离西共体另立邦联　西非这三国意欲何为

达喀尔分社　王子正 / 阿比让分社　张健 / 洛美分社　孙毅

继 2023 年 9 月宣布成立萨赫勒国家联盟后，尼日尔、马里、布基纳法索三国过渡政府领导人 2024 年 7 月 6 日在尼日尔首都尼亚美共同露面，同意组建萨赫勒国家邦联。邦联建成后，总面积将达近 280 万平方千米，人口大约 7200 万。

三国组建邦联，一方面是出于对西方国家长期不满这一共同心理；另一方面也出于自身能力不足、不得不抱团取暖的无奈。三国均为最不发达国家，长期受恐怖主义侵扰，经济基础薄弱，矿产资源受到外界觊觎，国内政治亦不够稳定，其成立邦联之路犹存较多变数和难题，前景难料。

外交方面，三国驱逐西方驻军，转向俄罗斯寻求支持。尤其是尼日尔，作为过去十年美国在西部非洲主要经济和安全伙伴，已要求美国撤走全部千名驻军，俄军则已进驻美军建立的基地。三国邦联构建之路无论能否长久，事实上已经改变了地缘战略格局，对西非甚至整个非洲局势产生了影响。

【 "恐怖地带" 成为 "政变地带" 】

马里、尼日尔和布基纳法索位于萨赫勒地区，即非洲撒哈拉沙漠以南一条宽 320—480 千米的狭长地带上。该地区近年饱受贫困、武装冲突和自然灾害之苦，恐怖主义势力不断滋生。尼日尔和马里面积均为 120 多万平方千米，布基纳法索约 27 万平方千米，三国人口均为 2000 多万。

2014 年，在西方国家支持下，三国和毛里塔尼亚、乍得成立萨赫勒五国集团，联合打击极端组织。作为昔日宗主国，法国同年在该地区启动"新月形沙丘"反恐军事行动。美国 2013 年开始在尼日尔驻军，耗资逾亿美元建立空军基地，打击萨赫勒地区极端组织武装人员。

多年来，西方国家高高在上，对非洲国家内部事务指手画脚，其虚伪、傲慢、自私的行为早已引发各国反感。法美势力渗透萨赫勒地区后，干涉相关国家内政、支持腐败官员成为其代理人，法国通过西非法郎等货币形式控制西非国家经济；在反恐任务上，也是越反越乱，西方国家在当地的军事存在本身就导致更多武装冲突。当地社会形成共识，外部干预非但不能解决问题，反而加剧地区不稳定。

种种现状令民怨沸腾，政变接二连三，呈现"多米诺骨牌效应"，非洲"恐怖带"几乎演变成为"政变带"。过去四年，三国所在的中西部非洲至少发生八次政变或未遂政变，其中马里 2020 年 8 月和 2021 年 5 月两次政变，布基纳法索 2022 年 1 月发生政变，尼日尔 2023 年 7 月发生政变。许多被推翻的政府与法国等西方势力关系密切，但在减贫、经济发展上毫无建树。

上述三国军政权上台后，与法国关系恶化，相继逼迫原宗主国法国撤军。其他西方国家方面，尼日尔 2024 年 3 月撤销了一项允许美国军事人员在尼活动的协议，双方 5 月发表联合公报，同意美军最迟于 2024 年 9 月 15 日全面撤离尼日尔。最新消息是，美军 7 月 7 日前从尼亚美 101 空军基地全面撤出。7 月 6 日，德国国防部也宣布，在和尼日尔军政权谈判失败后，德军将于 8 月 31 日前撤离，其在尼日尔的空运基地届时停止运营。

【抱团应对制裁和安全威胁】

三国相继发生政变后，受到法国和西非国家经济共同体的制裁和威胁。以尼日利亚为首的西共体将军事干预列为行动选项之一，并采取一系列严厉的制裁措施。据了解，在西共体内部，尼日利亚、科特迪瓦和贝宁对军事干预这一选项最为积极，其他成员国相对消极。

随着与西共体关系持续恶化，三国 2023 年 9 月在马里首都巴马科签署《利普塔科—古尔马宪章》，宣布建立萨赫勒国家联盟，意在形成共同防务机制。

2024 年 1 月，三国宣布退出西共体，这一决定将在一年后正式生效。他们在联合公报中说，西共体已背离创立时的理想和泛非主义，对三国实施的经济制裁、边境封锁和冻结资产等措施严重影响三国经济社会稳定，不人道、不负责任。三国还指控法国操纵西共体。

2024 年 1 月 28 日，马里过渡政府发言人阿卜杜拉耶·马伊加在国家电视台宣读联合公报（视频截图）。西非国家马里、尼日尔、布基纳法索 28 日发布联合公报，宣布立即退出西非国家经济共同体（西共体）。（新华社发）

3 月，三国在尼亚美举行参谋长会议，宣布组建一支联合部队。5 月 17 日，三国外交部长在尼亚美提出创建萨赫勒国家邦联的草案。该草案旨在将三国防御联盟扩展至经济联盟、政治联盟。

7 月 6 日，三国在尼亚美举行峰会，这也是三国领导人首次公开集体会面。尼日尔保卫祖国国家委员会主席阿卜杜拉赫曼·奇亚尼在峰会上说，三国人民"不可逆转地离开了西共体"，他称三国组建的邦联"是反恐斗争中唯一有效率的次区域集团，西共体在反恐斗争中的缺位显而易见"。

萨赫勒国家邦联成立的第一年，将由马里过渡总统阿西米·戈伊塔担任领导人。三国承诺建立地区议会和银行，同意协调外交行动，促进人员、物资在地区内自由流通，创建稳定基金，并集中资源，在包括矿业、能源和农业在内的战略领域建立项目。

事实上，三国有"统一"渊源。三国交界处的利普塔科—古尔马历史悠久，曾经是一个国家。1970年，三国在交界处成立面积37万平方千米的利普塔科—古尔马地区共同开发组织，旨在综合协调发展框架下开发矿业、能源、水利和农牧资源，以促进粮食安全，改善地区闭塞状况，保护环境，推动发展。到2002年，该地区人口达1650万。可惜的是，近年来该地区发生多起严重恐袭，安全局势恶化。

对于三国组建邦联，部分学者和民众持乐观态度，认为它有助于三国发挥自主性，减少对外国的依赖，形成应对安全挑战的统一战线。几内亚比绍社会学家迪亚曼蒂诺·洛佩斯说："推动三个国家走向联合的主要原因是团结，因为几位领导人相信他们正在领导同一场战斗、捍卫共同的事业、对抗共同的对手。"

尚不清楚萨赫勒国家邦联将在多大程度上协调三国政治、经济和安全利益。有分析指出，三国在西共体峰会7月7日举行前宣布成立邦联，带有较强政治宣示意味。浙江师范大学非洲研究院副研究员宛程指出，三国内部族群情况复杂、经济形势差，在邦联权力分配、制度建设上面临很大挑战。马里政治评论员卡德尔·托埃认为，三国当下首要任务是打击极端组织的恐怖主义行为，以确保政权稳定，避免民众流离失所，在此基础上才能实现经济发展和社会治理。

【三国"演义"前景不明】

三国自知实力有限，一方面抱团取暖，另一方面向俄罗斯寻求安全援助。在俄乌冲突背景下，俄罗斯亟须更多国际支持及合作空间，三国此举与俄罗斯外交的"南进"策略契合，双方各取所需，一拍即合。俄罗斯总统普京 2023 年 7 月在圣彼得堡举行的第二届俄罗斯－非洲峰会上说，将与非洲国家共同促进多极世界秩序、打击新殖民主义。可以确定的是，萨赫勒国家邦联将改变地缘政治格局；不确定的是，转向俄罗斯是否有助于三国长期的稳定与发展。

新南方政策中心研究员里达·利亚穆里指出，西方国家热衷于在民主自由人权等问题上向非洲政变领导人施压，而俄罗斯不会干涉内政，这使俄罗斯成为对上述三国具有吸引力的合作伙伴；作为交换，俄方寻求获得矿产和其他合同。不过，历史上苏联和俄罗斯并非没有干涉过非洲国家内政的先例。

2024 年 1 月，尼日尔总理拉明·泽内访问俄罗斯，双方就加强军事联系达成共识。3 月，尼日尔保卫祖国国家委员会主席奇亚尼与普京通电话，讨论"加强安全合作"事宜。4 月，美国确认将从尼日尔撤军。5 月，俄罗斯瓦格纳集团雇佣人员以军事教官身份带着装备进驻尼日尔美军基地。

俄罗斯外交部长拉夫罗夫 6 月初访问布基纳法索期间表示，俄布将继续开展防务合作，摧毁当地残余恐怖分子。当月 12 日，布基纳法索疑似发生未遂兵变，15—18 日，运送俄罗斯增援军事人员的俄军用运输机频繁从马里飞往布基纳法索，显示俄罗斯在为保障该国政权稳定调拨军力。

6 月 20 日，尼日尔政府收回法国欧安诺核能集团在当地一个大型铀矿的开采执照。尼日尔是世界第七大铀供应国，核电大国法国的铀矿石重要供应国。欧盟每年使用的铀中，超过四分之一进口自尼日尔。欧安诺核能集团在尼日尔开采铀矿超过 50 年，对于自

2023 年 8 月 10 日，在尼日利亚首都阿布贾，西共体领导人在就尼日尔政变召开的紧急会议现场合影。（新华社发　索迪克摄）

己"被赶走"表示必要时将诉诸法律。尼日尔要求美国撤军前不久，美国曾就尼日尔与俄罗斯和伊朗日益"走近"表达担忧，威胁称，如果尼日尔向伊朗出售铀，将受到美国制裁。

三国作为整体，铀、石油、黄金储量丰富，可能将从外部承受大国博弈压力。从背离法美，再到与俄罗斯在经济和安全领域合作升温，标志着三国在地缘政治格局中做出重大调整。自建邦联，对西共体和西非地区最大国家尼日利亚的权威构成挑战。上述变化都将引发国际社会对于该地区未来发展的更多关注。对于俄罗斯将为其西非伙伴提供多大程度的支持，仍然有待观察。马里政治评论员托埃认为，三国需要在复杂的国际环境中寻求多元合作伙伴，确保地区的和平与稳定。

　　应该看到，将背靠的大国从法国、美国转向俄罗斯，毕竟只是当下三国做出的战略选择，而非国家发展长久之道。三国邦联能否持续、能否集中力量办大事、能否摆脱外部势力以真正实现独立自主，统统都是未知数。从长远看，三国最终还需在国际社会的帮助下，发展经济、消除贫困，摆脱对外部依赖，实现可持续发展，从根本上实现自立、自强。

离美国太近是好事儿吗？
加拿大在美国阴影下寻找存在感

渥太华分社　　林威

　　如果不翻开历史，很难想象加拿大曾是美国的敌人和最大威胁。如今，加拿大在全球经济贸易体系中严重依赖美国，也因为地理上的接近性，享受美国提供的低成本北美防务。然而，这又带来这个发达国家的"存在感"之问：在大树之下能长成另外一棵大树吗？

　　"离天堂太远，离美国太近。"加拿大自身存在地理大国与人口小国之间的长久矛盾，且长期生活在美国阴影下，几乎不可能为上述问题给出一个正面答案。正如加拿大作家道格·桑德斯所担心的，加拿大可能已丧失成为"完全成长"国家、即拥有足够多人口所撑起的足够大市场的机遇期。

【历史：大火烧出的"存在感"】

　　近年来，受极端天气频发影响，加拿大每年"如约而至"的林火季火情越发凶猛。2024年夏天，加拿大境内逾千起火灾产生的烟雾弥散全国，并"不出意外地"南侵美国，导致北达科他、堪萨斯、科罗拉多、威斯康星、俄勒冈、华盛顿等美国多州空气质量急剧恶化。

　　加拿大自然资源部数据显示，过去 25 年，加拿大平均每年发生约 7300 起森林火灾，虽然过火面积不同年份差异大，但年均仍达约 2.5 万平方千米水平。2023 年，这一数据更是达到惊人的 17.2 万平方千米，此起彼伏的大火烧毁了加拿大森林总面积的 2%。不过，即便如此，若不是林火浓烟飘至美国污染了纽约的空气，恐怕国际社会对加拿大森林火灾关注度仍然很低。

　　在地广人稀的加拿大，大部分人口集中在靠近加美边境的主要城市，远离绝大多数火灾区域。除一些消防人员死于交通等非直接因素，肆虐的林火并未造成任何平民死亡。简言之，对于拥有接近 350 万平方千米森林的加拿大而言，即便如 2023 年那般的大火，其

2023 年 7 月 10 日，林火产生的烟雾在加拿大不列颠哥伦比亚省的弗雷泽湖附近弥漫。加拿大自然资源部近日预测，由于高温和干旱，森林火情将持续整个夏天。据当地媒体报道，加拿大今年因森林火灾已疏散超过 15.5 万人，创历史纪录。(新华社 / 法新社)

制造出的"存在感"还远远比不上飘往美国的那些烟雾来得实在——直到纽约市被笼罩在"世界末日"般的烟雾中，才迫使舆论将目光转到烟雾的"发源地"加拿大，地方新闻才得以升级到世界新闻，提醒人们这个美国北方邻居的"真实威胁"。

其实，更为有名且"真实威胁"到美国的大火，是美英战争期间（1812 年至 1815 年，又称美国"第二次独立战争"）烧到白宫的那场大火，史称"华盛顿大火"。1812 年 6 月 18 日，美国向英国宣战。1812 年至 1813 年，美国攻击英国在北美的殖民地，即加拿大各省。1813 年 10 月至 1814 年 3 月，英国在欧洲战事趋缓背景下，将更多兵力增援北美战场。当时，在北美作战的英军中有半数士兵是加拿大民兵。1814 年 8 月 24 日，英军向华盛顿特区进军。当晚，英军点燃了多座公共建筑，包括总统府（该建筑后由于粉刷掩盖大火痕迹呈白色，才有了"白宫"之称）和国会大厦。这是自 1776 年美国建国以来，其首都唯一一次遭外国势力占领。

美英战争意想不到但又颇具意义的结果是，加拿大历经这场战争才真正被"锻造"出来：加拿大的英语和法语两大殖民地居民联合起来对抗共同敌人，原住民部落也参与战斗。抵抗入侵之敌加强了殖民地的内在凝聚力，最终让这块英属北美殖民地于 1867 年联合为加拿大联邦。

由于美加地理上的接近性，英国在殖民加拿大初期将其定位于对抗美国的先头阵地。英美关系缓和后，加拿大则变身为连接英美的纽带。经过两次世界大战洗礼，大西洋两岸的盎格鲁 - 撒克逊人最终结成同盟，由此成就美加陆地边界间延绵 8891 千米、世界上最长的不驻防国界。

【现实：活在美国的阴影下】

第二次世界大战结束后，老牌欧洲国家国力衰弱，远处北美大陆的加拿大并未受战争太大影响。战后，加拿大参与了北大西洋公约组织创建，后来也成为七国集团一员。加拿大在世界的影响力、话语权由此被放大，至今加拿大外交政策一大优先事项是如何提升就国际事务的话语权。

然而从客观因素分析，加拿大经济总量和人口数量大约只是美国的十分之一。美国是其最大市场、最大投资国。加拿大经济发展深度绑定美国，在地区防务上更是严重依赖美国。美国虽然在美英战争期间没能吞并加拿大领土，但在经济和军事上对加拿大有决定性影响力，给后者投下一道深深阴影。

近些年，加拿大经济增长乏力，美加两国经济实力差距持续拉大。1981 年，加拿大人均国内生产总值相当于美国的 92%，到 2022 年，同一数值只占美国的 73%。加拿大统计局的最新数据显示，加拿大人均国内生产总值在 2023 年第四季度出现近 30 年来最严重下滑，经调整通货膨胀因素后的人均国内生产总值已低于 2014 年第四季度水平。经济合作与发展组织 2023 年发布的 38 个成员国及另外 9 国的投资情况显示，2011 年到 2015 年，加拿大的投资增长率在 47 国中排名第 37 位；2015 年到 2023 年，排名更跌至第 44 位。

近年来，随着气候变化、北极海冰融化速度加快，加拿大将目光从南方投向遥远的北方。加拿大联邦政府 2024 年 5 月初公布国防政策文件《我们强大且自由的北方》，判断 2050 年前北冰洋将成为欧洲和东亚之间最便利的航道。加拿大西北航线和广阔的北极地区也由此更易于穿越。换句话说，这将大大提升加拿大在全球地缘政治格局中的"存在感"。

加拿大前总理贾斯廷·特鲁多宣布这一政策时称，加拿大的北极地区就是北约的北部和西部侧翼。言下之意，其军事战略重要性飙升。这项国防政策展示"保卫北极"的战略意图，承诺未来五年内增加 81 亿加元、20 年内增加 730 亿加元军费，2029—2030 财政年度实现军费支出占国内生产总值 1.76% 的目标；在北极地区更新军事设施，增强部队机动性和战略防守。

虽然计划雄心勃勃，但难以忽视的事实是，30 多年来，加拿大国防支出一直没有达到北约基准水平，甚至低于北约成员国平均水平。北约最新数据显示，加拿大是所有成员国中唯一一个没有同时履行两项承诺的国家，即国防支出至少占国内生产总值 2%，以及国防预算 20% 用于军事设备和研发。目前，加拿大的国防支出大约占其国内生产总值的 1.33%。

按照加拿大联邦政府的战略思路，加拿大将继续以北约集体防御和加美防务合作充任其防务政策两大支柱，同时通过大幅提升军费来稳住北极，进而让加拿大能从实力的角度参与国际社会事务，包括协助盟友国在跨大西洋及亚太地区的军事行动。然而，军事分析人士指出，加拿大武装部队现有兵力没有能力在北冰洋海面或冰下进行防御，军费增加也不能马上解决这块最大短板。加拿大军队的核定兵力为 7.15 万名全职军人和 3 万名预备役军人，目前短缺 1.65 万人。如何能有效守卫加拿大北方地区，即一块面积与欧洲大陆相当、人口约 13 万的土地，依然是一道未解难题。

【人口："存在感"的终极桎梏】

现实中，加拿大是领土面积仅次于俄罗斯的地理大国，幅员辽阔、资源丰富、经济发达、科技领先，是很多人眼中的"高富帅"。然而，就是这样一个大国，为何始终活在邻国的阴影下、始终难以望其项背？一个无法绕过的因素，就是加拿大的人口规模远不及美国。提升"存在感"离不开让加拿大现有 4000 万人口保持增长势头。

目前，加拿大统计局对人口预测仅到 2041 年，显示移民今后几十年仍将是加拿大人口增长的主要驱动力。预计加拿大人口届时将达 4770 万，移民占比 34%。而移民与出生在加拿大的移民子女合计将占总人口的 52.4%，达 2500 万。

加拿大近期遭遇大量吸纳移民所致"短痛"：人均财富下降，公共财政遭挤占，住房出现紧张。然而，堪称"以移民立国"的加拿大，整体环境还是偏向于忍受"短痛"，以期解决人口不足和老龄化的"长痛"。

加拿大经由吸纳移民来增加人口是不争的政策取向。事实上，从 1867 年到 2022 年的 155 年间，加拿大年度人口增长率从未呈负数，大部分以略高于 1% 的速度稳步增长。照上述 155 年人口增长趋势估算，加拿大到 2100 年即可实现 1 亿人口愿景。

乐观的分析者认为，人口增加到 1 亿将减轻政府在医疗保健、老年保障等方面的公共服务负担，也意味着将有更多技术工人参与加拿大经济活动，激发创新和活力。持这一论调者认为，现在的加拿大仍是人口不足的牺牲品，这个幅员辽阔的国家仍没有足够人口去形成消费市场和税收基础，人才储备积累也相对不足。

相对悲观的分析者则认为，随着人口老龄化加速，加拿大的经济问题不仅日趋严重，甚至可能完全看不到解决的可能。人口老龄化意味着数万亿加元的财政负担，即便越来越多的人选择延迟退休，也不足以弥补人口老龄化带来的后果。

更令人沮丧的情况是，在加拿大吸纳的移民中，能够成为公民的人却越来越少。就算加拿大"好山好水好福利"，赚不到钱的地方也吸引不来或留不住有实力的精英移民。

另一个引发担忧的隐患是，到 21 世纪中叶，加拿大人口增长或将戛然而止。加拿大籍作家桑德斯认为，如果到 21 世纪中叶加拿大人口发展到 5000 万人后难以吸引更多移民，加拿大将会失去

2018 年 12 月 14 日，在美国首都华盛顿，时任美国国务卿蓬佩奥（右二）、时任美国国防部长马蒂斯（右一）、时任加拿大外长弗里兰（左二）和时任加拿大国防部长哈尔吉特·萨詹举行联合记者会。（新华社记者刘杰摄）

成为一个"完全成长"国家的机会。"完全成长"指，只有人口足够多才会形成足够大市场，以实现国家"完全成长"，正如美国1920 年人口超越 1 亿后的情形。

在那以后，美国开始发展全球首个环保计划、累进税制及全国基础建设计划等，不断利用人口红利，助推国家经济社会发展并成为超级大国。

基于上述情况，如何摆脱超级大国邻居的阴影，走出一条凸显自身价值、避免被边缘化，同时又能实现国家利益的可持续发展道路，考验着加拿大政治家们的智慧。

价值观激烈碰撞
印度与加拿大交恶背后的深层原因

渥太华分社　林威 / 国际部　刘江

2023 年 6 月 18 日，加拿大锡克教领袖哈迪普·辛格·尼贾尔在不列颠哥伦比亚省一座锡克教寺庙外遭枪杀。同年 11 月，美国检方指认印度政府安排特工企图在美国境内暗杀另一名锡克教人士古尔帕特万特·辛格·潘农。针对锡克教人士的暗杀接二连三在印度以外的国家或地区发生，再次将印度"国家恐怖主义"形象推向风口浪尖，也让打着"价值观同盟"旗号笼络印度的美西方国家陷入尴尬境地。

【缘起：暗杀锡克教徒风波】

2023 年 6 月，时任加拿大总理贾斯廷·特鲁多的国家安全顾问乔迪·托马斯接受媒体采访时说，印度是加拿大所谓"外国干涉"的最大来源之一，试图扰乱加拿大锡克教社区秩序。

两周后，在不列颠哥伦比亚省温哥华附近的萨里市，45 岁的锡克教领袖尼贾尔在一处锡克教寺庙外的停车场遭枪杀。尼贾尔 20 世纪 90 年代从印度移民至加拿大并获得加拿大国籍。他主张印度旁遮普邦独立，2020年7月被印度政府列为恐怖分子。

尼贾尔是2023年身亡的第三名锡克教分离主义者。同年5月，锡克教分裂主义组织"卡利斯坦突击队"首领帕拉姆吉特·辛格·本杰瓦尔在巴基斯坦拉合尔市自家住所附近散步时被不明身份枪手打死。同年6月，"卡利斯坦解放军"首领阿夫塔尔·辛格·汗达在英国伯明翰一家医院死亡。

尼贾尔的遇害让印度与加拿大关系趋紧并引发外交争端，双方围绕锡克教徒的矛盾彻底激化。2023年9月，加拿大方面指认印度政府与尼贾尔之死有关联，特鲁多更是在加拿大议会演讲时指认尼贾尔系遭印度特工暗杀，并驱逐印度驻加拿大最高级别情报官员。印度政府则坚决否认涉及这一事件，称加方说法"荒谬""没有依据"且"别有用心"，并以驱逐加拿大驻印度情报官员、要求大部分加方驻印外交人员离境等措施报复，一度停发加方驻印人员签证。

当印加两国政府首脑2023年9月在印度首都新德里举办的二十国集团领导人会议期间会面时，印度总理纳伦德拉·莫迪毫不客气地向特鲁多"控诉"加方纵容各种锡克教抗议活动，对其视而不见。西方媒体相关报道甚至使用"训斥"这样的词来描述莫迪对特鲁多的态度。

虽然印度政府矢口否认，但在美加两国政府和媒体看来，上述多起暗杀行动均由印度情报机构"研究分析处"主导。加拿大媒体当时援引美国驻加拿大大使戴维·科恩的话报道，加方指认基于"五眼联盟"共享的情报，加方与美方就此事"联系颇多"。

2023年11月，美国检方指认印度政府企图在美国暗杀另一名锡克教徒潘农。潘农具有美国和加拿大双重国籍，是锡克教分离主

2023 年 9 月 21 日，在加拿大温哥华，一辆警车在印度领事馆办公大楼外停留。（新华社发　梁森摄）

义组织"锡克教徒正义组织"创始人，积极推动"卡利斯坦运动"。印度政府认定潘农为恐怖分子。

截至 2025 年 1 月，四名涉嫌参与暗杀尼贾尔的印度籍男子已被加拿大警方逮捕，受控一级谋杀和合谋谋杀罪。按照印度外交部长苏杰生的说法，尼贾尔被杀主要关联加拿大内政，而与印度无关，印方在等加方"分享证据"。

事实上，锡克教人士在印度以外国家或地区遇害并非首次。近年来，印度政府频频被西方媒体爆出其情报机构多次在境外暗杀或恐吓异见人士和分离主义者，以试图铲除被其认为"对国家安全和统一构成威胁"的组织和个人。

英国《卫报》2024 年 4 月 4 日以《情报官员披露印度政府下

令在巴基斯坦展开追杀》为题刊发长文，报道印度情报机构受以色列情报和特勤局（摩萨德）等世界知名秘密行动机构启发，在巴基斯坦等地对特定目标开展暗杀行动。

印度国防部长拉杰纳特·辛格次日也在接受美国有线电视新闻网采访时大放"越境追杀"言论，说"印度希望与邻国建立健康关系，但若有人试图在印度实施恐怖行动，哪怕他们进入巴基斯坦，印度也会追杀到底"。辛格的上述言论显然与印度外交部先前相关表态大相径庭。

2023 年 9 月面对加方相关指控时，印度外长苏杰生曾在公开场合回应说，在其他国家进行"定点清除"不是印度政府的政策。如今，面对媒体质询，印方拒绝对外长和防长两人截然不同的立场发表评论，对政府是否下令主导暗杀行动维持既不承认也不否认的"模糊态度"。

【 历史："卡利斯坦"分离运动 】

引发印加两国外交风波的"卡利斯坦运动"是锡克教分离主义运动，即一些锡克教徒主张在印度北部旁遮普邦建立以阿姆利则为圣城、以"卡利斯坦"（意为"纯洁的土地"）为名的锡克教主权国家。

20 世纪 80 年代初，锡克教激进派领袖贾奈尔·辛格·宾德兰瓦莱领导极端锡克教分离主义者在旁遮普邦制造大量教派仇杀事件，并率领武装人员控制锡克教圣地阿姆利则金庙，以暴力手段要求建立"卡利斯坦"国，引发时任总理英迪拉·甘地动用军队镇压，即"蓝星行动"。

"蓝星行动"导致大量政府军和锡克教极端武装分子死伤，双方矛盾进一步激化。仅五个月后，即 1984 年 10 月 31 日，英迪拉·甘地遭两名锡克教贴身警卫枪杀。总理遇刺随即在新德里等印度北部多地引发大规模暴力骚乱，大量锡克教平民身亡。为报复"蓝星行动"及印度国内针对锡克教徒的暴力事件，加拿大境内"卡利斯坦运动"极端分子 1985 年 6 月炸毁了由加拿大蒙特利尔飞往印度新德里及孟买的印度航空公司 182 航班班机，机上 329 人全部遇难，酿成加拿大历史上死亡人数最多的恐怖主义袭击之一。

"蓝星行动"在锡克教徒心中留下集体创伤，使其对印度政府产生怀疑，许多人因此逃亡海外，向英美等国申请政治庇护。到 20 世纪 90 年代，印度国内锡克教分离主义活动逐渐平息。也正是从那时起，锡克教徒活跃的印度境外社区逐渐成为"卡利斯坦运动"的主战场。据统计，全球目前有约 2600 万名锡克教徒。其中，超过 2400 万人生活在印度旁遮普邦，其他锡克教徒主要分布于加拿大、美国和英国。

加拿大是印度以外锡克教徒最多的国家。据加拿大最近一次人口普查数据，加拿大境内约有近 80 万名锡克教徒，约占加拿大全国人口的 2.1%，主要分布在安大略省、不列颠哥伦比亚省和艾伯塔省。锡克教是加拿大人数增长最快的第四大宗教。锡克教徒在加拿大政治、经济等领域具有重要影响力。特鲁多 2015 年上台后，在其第一个约 30 人组成的内阁中就有四名锡克教人士担任部长，包括前国防部长哈尔吉特·辛格·萨詹。当年的联邦众议院中有 20 名锡克教议员，体现了锡克教徒在加拿大社会中的地位。

【现实："非我族类，其心必异"】

长期以来，印度政府将加拿大等西方国家视为流亡境外的锡克教分离主义者的"避风港"，指认这些国家政府打着"法律框架下的和平与民主"旗号默许，甚至纵容锡克教徒开展各种分离主义活动。

尼贾尔遭枪杀后，加拿大、美国、英国、澳大利亚等国国内爆发反印抗议，一些抗议发生在印度驻上述国家使领馆外，锡克教分离主义者打出"卡利斯坦"黄色旗帜，甚至撕扯印度国旗。印度政府谴责上述国家"给那些锡克教分离主义者太多宣扬暴力的空间，损害涉及印度主权的核心利益"。

《旁遮普：穿越断层线的旅程》一书作者阿曼迪普·桑杜说，

2009 年 4 月 6 日，在印度旁遮普邦的阿姆利则，一名锡克教徒在金庙前祈祷。（新华社记者王晔摄）

"卡利斯坦"如今在印度基本上是一个令人厌恶的术语词。在印度境内锡克教社区，人们或多或少已经脱离了"卡利斯坦"概念，那些希望以暴力手段宣扬锡克教分离主义的人在旁遮普邦仅占少数。

只是，印度政府将"卡利斯坦"和"恐怖主义"画等号，打压境外锡克教人士，甚至不惜实施所谓"定点清除"，破坏了法治和人权，也侵犯了他国主权，违反了国际法，招致国际舆论普遍批评。英国《卫报》对此评论，在国外搞暗杀实属罕见，在所谓友好国家国内搞暗杀更是"令人震惊"。

印度常常自诩"世界上最民主的国家"，然而在加拿大、美国、英国等西方国家看来，印度政府长期以来打压国内外穆斯林、锡克教徒等少数族裔，与其所谓的民主自由背道而驰。复旦大学国际问题研究院研究员林民旺指出，印度与加拿大此次冲突是印度与西方国家"内在矛盾显化的表征"。

林民旺认为，印度这些年来看似被美国及其领导的"五眼联盟"高捧，实际上从来都没有真正地被纳入"盎格鲁－撒克逊"体系，甚至仍旧是这个小圈子着重监控和防范的对象。只不过，考虑到印度在美国政府当下"以印制华"战略中的特殊作用，美方对印度才有所"收敛"，并没有公开谴责或制裁印度。

为拉拢印度，美国政府强调"共同的民主价值观是美印关系发展的基础"。然而，以美国等西方国家所谓"民主自由标准"衡量，莫迪政府近年来在保护"政治权利""公民自由""言论自由"等方面的表现恐怕难以"达标"。只是，美国等西方国家出于各种利益考量，选择无视甚至掩盖与印度在价值观方面的巨大分歧及这种分歧日益扩大的现实，拉拢印度组建所谓"民主价值观联盟"。

　　各国历史文化和国情不同，决定了民主的表现形式和发展程度不可能千篇一律。林民旺认为，作为人口众多的发展中大国，印度的国家利益决定了在相当长时间内，其首要任务仍应是埋头搞经济发展、促进民生改善，并创造稳定的国际大环境为发展提供可预期的外部条件。美国搞"盎格鲁－撒克逊"体系挑起与中国的地缘政治对抗，从根本上有悖印度利益。有媒体指出，印度此次与加拿大的激烈外交冲突，对印度以及"盎格鲁－撒克逊"体系成员而言，均不啻为一次生动的提醒："非我族类，其心必异。"

沉疴难愈
国会改制能否消解"两个秘鲁"积弊

拉美总分社　李欣

　　秘鲁共和国总统迪娜·埃尔西利娅·博鲁阿尔特·塞加拉于2024年6月25日至6月29日对中国进行国事访问。博鲁阿尔特现年62岁，2021年起担任秘鲁副总统，2022年12月7日时任总统佩德罗·卡斯蒂略试图解散国会而遭国会弹劾下台，博鲁阿尔特宣誓继任总统，是秘鲁首位女性总统。

　　秘鲁政坛近十年来动荡不安，国会和总统长期斗法，总统遭弹劾几乎成为常态，2016年以来已经历六位总统，严重削弱了政府行政权，导致治理能力低下、政局动荡，经济民生受到严重影响。针对制度性政治危机，博鲁阿尔特2024年3月20日正式颁布宪法改革法案，将恢复由参议院和众议院组成的两院制议会制度。然而，秘鲁政治僵局由来已久，这一法案未必能推动制度改革，反而可能成为国会议员为巩固权力、在2026年全国大选之前占得先机的权宜之计。

【 "府院之争"由来已久 】

秘鲁实行一院制议会制度，国会共有 130 个席位。这种制度下，占多数席位的党派极易主导国会，为国会与总统斗法的"府院之争"埋下制度性隐患。

根据宪法，秘鲁总统提名的部长会议主席（总理）必须向国会陈述施政纲领和内阁组成等，获得国会"信任投票"后才能任职。此外，国会只要有 26 名议员支持，即能够以"道德无能"为由提出"总统空缺"动议，获得至少 87 张支持票即可弹劾总统。在这一制度下，反对党把持国会，即可利用这一条款对总统发起弹劾。2016 年，佩德罗·巴勃罗·库琴斯基当选总统，其党派在国会席位不到 20 个，

这是 2023 年 1 月 20 日在秘鲁首都利马市中心拍摄的示威者。（新华社发　玛利亚娜·巴索摄）

任期未过半就遭国会弹劾而辞职。时任第一副总统马丁·比斯卡拉接任总统。作为无党派人士，比斯卡拉任职两年多后也因国会弹劾离职，并引发十天内换三任总统的局面。博鲁阿尔特是 2016 年以来的第六任总统，在前总统卡斯蒂略 2022 年 12 月遭国会弹劾下台后接任总统职务至今，任期至 2026 年。秘鲁的内阁成员也常因腐败、工作不力等各种缘由受到国会质询而离职，内阁稳定性极差。

美洲国家组织下设美洲人权委员会 2022 年对秘鲁国会反复并随意使用"道德败坏"致"总统空缺"条款表示担忧，称其已严重影响公共权力独立性并加剧了国家治理问题。

在秘鲁作家何塞·卡洛斯·阿圭罗看来，上述制度"给予国会和总统摧毁彼此的能力"：不仅赋予国会弹劾总统的权力，还允许总统在部长会议主席人选提名遭否决后解散国会。2022 年 12 月，时任总统卡斯蒂略下令解散国会，然而终遭国会弹劾下台，因此引发支持者在全国多地抗议示威。

根据现行制度，秘鲁国会议员任期结束后不得寻求连任。国会 2024 年 3 月 6 日通过的宪法改革法案，是 30 多年来首次恢复两院制，还允许议员连任，将在 2026 年大选后实行。

【 "超级参院"利弊争议 】

2024 年 3 月 6 日，秘鲁国会以 91 票赞成、31 票反对、3 票弃权通过宪法改革法案，主要内容为恢复国会两院制、允许议员连任。虽然支持者认为两院制能够完善立法功能、扩大国会代表性，但分析人士担心，恢复两院制或将导致权力更大的"超级参议院"产生。

　　根据改革法案，重新设立的参议院不仅要表决众议院通过的法案，还有权决定暂停或罢免遭众议院质询的高级公职人员职务。这些高级公职人员包括：总统、国会两院议员、政府部长、宪法法庭、最高法院法官及国家司法委员会成员等。参议院还将根据行政部门提议选举立法、监察等机构高级官员。另外，总统有权解散众议院，但不能解散参议院。

　　改革虽然废除了新上任部长会议主席向国会陈述施政纲领以及内阁组成需获国会"信任投票"等机制，但对于造成"府院之争"的根本制度，即"道德败坏"致"总统空缺"等宪法条款，却没有改变。

　　改革法案允许议员连任更引发广泛关注。秘鲁社会学家洛艾萨说，对于支持和推动两院制改革的国会议员来说，一方面希望制度上增强立法机构合法性和促进深入议事；另一方面就是寻求持续连任，获得持续多年的权力，以保障对行政和立法部门的控制。

　　国际信用评级机构穆迪说，秘鲁宪法改革"旨在遏制国会逐渐积累的过度权力"，但允许议员连任"可能会为现任立法者提供延续权力的平台，并可能增加腐败和自私行为，如制定偏袒政策或滥用公共资金"。

　　秘鲁天主教大学教授卡洛斯·艾斯卡菲说，中小企业认为这一改革或带来"更多官僚主义"，导致亟须关注的问题被推迟。秘鲁《共和国报》报道说，虽然连任议员仍将由选举决定，但是由于各政党内部选举机制不完善，候选人中往往安插有多个政党高层亲信，选民可选择的空间仍然有限。

【藤森影响持续至今】

秘鲁最后一次实行两院制可追溯至 1992 年。时任秘鲁总统阿尔韦托·藤森为了削弱议会权力、降低立法阻力，于 1992 年解散国会两院，并在 1993 年推出新宪法实行一院制议会并延续至今。

藤森在秘鲁是极具争议的政治人物。除推行一院制议会制度，他在 1990 年至 2000 年任职总统期间推行的各项政策对秘鲁政坛影响至今。藤森任职期间严厉打击反政府武装，大力推行经济改革，明显改善了治安，促进了经济发展。然而，他的铁腕治理也导致国家法治遭到破坏、腐败盛行，藤森本人也最终于 2009 年因谋杀和

据秘鲁全国选举程序组织 2000 年 5 月 28 日晚公布的统计结果，"秘鲁 2000"竞选联盟总统候选人、时任总统阿尔韦托·藤森在当天举行的第二轮总统选举中获胜，再次蝉联秘鲁总统。图为藤森 28 日在利马投票后与两个女儿合影。（新华社发　共同社照片）

绑架罪获刑 25 年监禁，2023 年 12 月因特赦令提前获释。

藤森下台后，以其女儿藤森庆子领导的人民力量党为代表的藤森派成为秘鲁主要政治力量，在秘鲁政坛具有较大影响力。秘鲁政治学家胡安·德拉普恩特说，藤森派崇尚新自由主义模式，代表着大型经济集团，包括非正规采矿业在内的非正规经济的利益，也代表一部分民粹主义力量。

非正规经济，指涵盖市场经济中不受管制、非正式的经济活动，不仅包括不合法的企业，还包括不合法的劳动雇佣关系。这些经济活动可能未在法律上或实践中正式安排，包括但不限于地下经济、灰色经济等。

藤森庆子在 2011 年和 2016 年两次竞选总统，均以失败告终。每次败选后，其支持者都试图否认选举合法性。藤森派则成为国会反对派，在争夺权力的斗争中拒绝妥协，堪称秘鲁政坛的一股"反政治"力量。

2016 年议会选举后，人民力量党成为议会多数大党，占据国会 130 个席位中的 73 个。秘鲁社会学家赫尔赫斯·洛艾萨说，藤森派控制国会后，其主导的右翼及极右翼势力对总统和内阁成员提出质询成为常态，在国会不断刁难下，多届政府难以获得绝对行政权。

藤森庆子 2021 年第三次参加总统选举，以 4 万多票之差败给对手卡斯蒂略。人民力量党试图推翻选举结果未果，最终成为国会少数党，如今在国会中拥有 24 个席位。即便如此，在本届国会十个政党中，藤森派的影响力仍然不可低估。卡斯蒂略遭国会弹劾就与藤森派的推动有密切关系。

【积弊导致"两个秘鲁"】

实际上，由于多年来政局动荡、政治腐败，秘鲁民众无论对于政府还是国会都极度缺乏信任。秘鲁国内舆论担心，国会恢复两院制可能导致更多腐败政客进入立法机构，无法从根本上清除积弊。秘鲁研究院2024年3月16日至3月21日所做的一项调查显示，92%的秘鲁人不认同国会，86%的秘鲁人不支持博鲁阿尔特政府。

秘鲁全国人口约3300万，矿产业、旅游业发达，还是水果和蔬菜出口大国。据世界银行数据，秘鲁消除贫困成就明显，贫困率从2004年的59%下降到2020年的20%。然而，秘鲁近年来政局动荡、经济低迷，社会极化严重，政治精英与民众脱节。社会学家洛艾萨告诉记者，现实中，有两个"秘鲁"：一个是以利马等沿海城市为代表的"精英秘鲁"，另一个则是以安第斯山区为代表的"贫困秘鲁"。利马等沿海城市现代、繁荣，通用西班牙语；安第斯山区则荒凉、贫穷，一些地方甚至没有24小时自来水和下水道，居民主要是讲盖丘亚语的印第安人。卡斯蒂略2022年年底遭弹劾下台后，其支持者在多地举行大规模抗议，引发国内局势动荡，即被解读为"两个秘鲁"之间的对抗。

另外，秘鲁经济与制度发展长期不匹配，未经注册的非正规经济规模庞大。据英国《经济学人》杂志数据，秘鲁四分之三的劳动力就业于非正式经济。前内政部长卡洛斯·巴松布里奥说，秘鲁有近20万非法矿工，包括采矿业和毒品走私等在内的非正规经济每年产出70多亿美元。

随着非正规经济规模增大，政府影响力日渐微弱，各政党的代表性越发薄弱。秘鲁政治学家卡洛斯·梅伦德斯说，非正规经济规模庞大，"政党的作用变得无关紧要"。在2021年秘鲁总统选举中，共有18名竞选人参与第一轮选举，但无一获得超过19%的选票。

如今，秘鲁政坛碎片化严重，本届国会共有10个政党。在国会130个席位中，左翼自由秘鲁党（卡斯蒂略所属政党）占席位最多，为37个。其次是藤森派人民力量党，占24个席位。其余政党席位均低于20个。

由于长期以来政府执政资源、治理能力和危机管理能力不足，加之经济下滑、新冠疫情冲击及社会动荡，秘鲁民众对"府院之争"带来的动荡和行政效能的削弱越发不满，对政治和制度缺乏信任。秘鲁智库发展研究网络负责人奥斯瓦尔多·莫利纳说："我们的政治辜负了秘鲁人民。"

统一 34 年后
"东西"裂痕仍在加剧德国政治分化

柏林分社　王自强

　　1990 年两德统一至今已过去 30 多年。2023 年 9 月,德国联邦政府发布《德国统一状况年度报告》,充分肯定统一后取得的各项进步和成果,但也承认东德的发展与西德相比仍有不容忽视的差距,东德人和西德人对国家的认同感和归属感仍存较大差异。这种物质和心理上的不平衡之弊日积月累,成为加速德国政治和社会分化、民粹主义势力壮大一股不可忽视的作用力。

　　2024 年 6 月的欧洲议会选举再次印证及固化了这一趋势:德国西部由代表中右翼传统的联盟党主导,德国东部则基本是极右翼、排外主义的选择党阵地;后者已经上升为全国大选中第二大力量,超过德国最老牌政党社民党。两方"地盘"分界线几乎与联邦德国与民主德国间的边境线完全重合。

【统一"阵痛"遗留创伤】

　　2023 年 9 月的《德国统一状况年度报告》这样写道:"即使

在重新统一 33 年后，德国分裂的痕迹依然清晰可见。确实，东、西德的结构性差异可以缩小，有些差异已经消失，然而即便如此，很多东德人和西德人看待这个国家的态度并不相同，这也体现在一再掀起的有关东德及其地位的辩论上。德国统一的结果仍然以特殊的方式困扰着很多人。"

东、西德今日之裂痕，当年统一进程中已埋下伏笔。从历史宏观角度看，两德统一是德国现代史上的辉煌一页；然而从个体的微观角度看，统一进程留下了一些难以磨灭的创伤。

20 世纪 50 年代从美国逃至东德定居的作家维克托·格罗斯曼回忆，柏林墙倒塌后，东德人获得了此前接触不到的物质享受，生活发生了巨大变化。然而不久之后，人们开始意识到，"即使是看起来很美妙的西德马克，也不会长在树上，而是必须以某种方式获取"。与此同时，统一开始给东德带来阵痛。

知识分子的落差感尤为显著。民主德国科学院于 1991 年关闭，一些最有名的教授勉强寻得其他职位，但大多数人丢了工作；在大学里，几乎所有社会科学教授都被淘汰，自然科学教授则由曾经的西德竞争对手组成委员会来评判去留资格；东德媒体遭到取缔，大量记者失业，只能去西德的出版公司从底层做起。精英尚且如此，那些因国营工厂倒闭而失业的普通人，生活更是苦不堪言。

两德统一时其实准备了两套方案：一是根据两德统一条约对西德的《德意志联邦共和国基本法》部分条款做出修订，将《基本法》管辖权拓展到原属德意志民主共和国（东德）的五个新联邦州及东柏林；二是东、西德正式合并，产生一个新国家并重写宪法。前者相当于西德"吸收"了东德，程序较简单，也是最终采取的方案。

1990 年 10 月 3 日，参加两德统一日庆祝活动的柏林人欢呼德国进入一个新的历史时期。（新华社发）

但是如此一来，仿佛西德没把东德视为对等的主权国家，这让东德人产生家园被"占领"或成为西德附属地区的情绪。

不少东德老人至今仍对统一进程非常不满。在东德长大的莱比锡大学日耳曼文学教授迪尔克·奥施曼认为，所谓统一实际上是西德"接管"了东德，统一后的东德被打造成西德一个低配版的仿造品。这种观点反映在他 2023 年年初出版的书《东德：一项西德的发明》中，该书一面世即成为德国非虚构类畅销书冠军，在民间引发关于东部人是否遭受西部同胞歧视的广泛争论。

2023 年年底，"德国之声"电台网站报道称，俄罗斯高中新版历史教材将两德统一解释为东德被"吞并"，报道对此提出强烈批评。不过，这种解读也存在于德国内部。

记者曾采访东德哲学家哈拉尔德·瓦霍维茨，他也用"吞并"一词来形容统一进程。瓦霍维茨曾是一家德国现代史料档案馆的负责人，在档案馆即将被腾退之际，他希望借助媒体寻找接收机构，然而只有《新德意志报》和《每日镜报》等左翼媒体愿意采访他。瓦霍维茨说，今日德国的主流媒体多源自西德，站在西德的立场说话，闭口不提东德在统一进程中的难处；在德国的当前政治环境下，忠于现实的德国国家历史是写不成的。

【东西发展差距难弥合】

1991 年，东德经济总量仅西德的 43%。2022 年，这一比率升至 79%，进步虽大，但差距仍超过 20%。观察德国联邦统计局每年公布的国内生产总值（GDP）分布图，原东西德国境线几乎就是经济实力等级的分界线。

东部地区的劳动收入仍低于西部。德国联邦统计局数据显示，2022 年，德国东部全职就业人员的年均收入 4.5 万欧元，西部为 5.8 万欧元，相差约 1.3 万欧元，西部收入比东部几乎高 30%。而且，这种收入差距近年来有扩大迹象：2021 年的收入差为 12173 欧元，2020 年为 11967 欧元。2022 年，德国西部的平均年工资收入比东部高 1.2 万欧元有余；西部除了相对落后的萨尔州，各州年工资收入均高于东部州，其中西部的汉堡（城市州）与东部的梅克伦堡－前波美拉尼亚州差距超过 2.1 万欧元。

两德统一后，联邦政府也为提振东部经济下过功夫，从 1991 年起通过征收"团结税"给东部地区输血，至今仍未彻底取消。统计显示，西部承担了统一进程中的经济压力，每年的净转移支付额相当于全国 GDP 的 4% 至 5%，占东部 GDP 近三分之一。

东部则承担了社会压力。资本从西向东流动，生产资料所有权的流动却是逆向的。统一后，德国东部骤然从计划经济转轨到市场经济，所有国有企业被托管、做私有化改造、重新寻找投资商，许多东德企业因而被西德企业收购，最终结果是西德企业将生产线延伸至东部，迄今没有一个知名大型工业企业将总部设在东部。

德国经济研究所中小企业和区域政策专家克劳斯－海纳·勒尔接受《每日镜报》采访时说，鉴于德国东西方经济结构的差异，想让东部居民收入达到西部的水准是不现实的。他说，大型企业总部的薪酬往往最高，但这类市场主体很少设在东部；德国的工业产值和高薪岗位也多出自大型城市，但东德的人口密度普遍低于西德。

德国东部人口老龄化、劳动力不足问题更为严重。到 2022 年年底，德国 18 岁至 64 岁人口约为 5140 万，其中只有 720 万生活在东部德国各州，不包括柏林。据德国联邦统计局预测，未来 20 年，这一年龄段的东部人口还将减少 56 万至 120 万。另一方面，截至 2023 年年底，东部地区的月退休金平均 1329 欧元，比西部的 1499 欧元低 11% 左右。西部各州的劳动人口预计也将下降，但由于移民比例较高，降速要缓慢得多。

【话语权弱势导致认同感危机】

经济实力与社会地位以及话语权密切相关。冷战时期，东、西德处于意识形态交锋的最前线。当时西德发展较快，不少东德民众羡慕、向往西德人的生活，西德人对此也有优越感。两德统一后，由于东部经济长期追不上西部，西部又对东部输送了大量资源，不少西部人渐渐对东部人产生轻视和偏见，德语维基百科甚至收有"对东部人的歧视"词条。据北德意志电台网站报道，不少东部人在和西部人交往时，听到过"你是东部人？但你人很不错啊！"这种隐含偏见的话语。

奥施曼 2023 年接受《明镜》周刊采访时说，"东部人"是一种被塑造的身份，被赋予了懒惰、愚蠢、无能、胆怯、不负责任、不擅打扮、不会说话等诸多负面特质，在公共空间中，人们可能因为东部出身不断遭遇偏见和贬低。奥施曼说，德国媒体经常带着居高临下的态度，用贬义的语言描述东部社会；很多记者其实对东部了解甚少，但"极其不愿意接近并了解我们"。

2015 年 10 月 19 日，在德国东部城市德累斯顿，示威者参加集会。（新华社记者张帆摄）

德国媒体界 2023 年爆出的一桩丑闻一定程度上印证了奥施曼的说法。德国最大出版商之一阿克塞尔·施普林格公司首席运营官马蒂亚斯·德普夫纳被爆在私人通信中以粗鲁语言贬低东部人，称"东部佬（Ossies，对东德人的蔑称）不是共产分子就是法西斯分子"。他事后"解释"，口出恶言是因为气愤于太多东部选民支持选择党和左翼党。

除在日常生活中被贴标签、污名化之外，东部人在政界、学界、企业界高层等社会精英群体中的代表性严重不足。2017 年的一项调查显示，尽管东部人口占德国总人口约 17%（现为 20% 左右），但担任"政界、联邦法院、军队和商界高层职位"的东部人占比仅为 1.7%；2019 年，《西塞罗》月刊根据媒体影响力、互联网引用和谷歌学术搜索等数据评出德语国家最具影响力知识分子前百名榜单，其中仅 5 人有东德履历；2020 年两德统一 30 周年，德国电视二台同年 9 月发布的一项调查结果显示，德国联邦部委共有 133 名司局级官员，其中只有 4 名来自原东德；像时任总理安格拉·默克尔、前总统约阿希姆·高克那样出身东德的联邦高层属于极少数。报道援引政界人士的分析说，这是由于统一后东德高层遭遇"大换血"，而接手的西德官员只在自己熟悉的圈子里组建人际关系网络，这种格局延续至今，东部官员因而缺少升迁机会。

2021 年组建的本届联邦政府中，仅有两名内阁成员来自东部，且掌握的是相对不重要的环境部和住建部。因为在各方面话语权处于弱势，不少东部人对统一后的国家缺乏归属感。2023 年 9 月德国大型民调机构迪麦颜公司的一项调查显示：在东部，有 40% 居民首先认同自己是"东德人"，仅有 52% 的受访者认同自己是"德国人"；而在西部，只有 18% 的受访者认同自己是"西德人"，76% 认同自己是"德国人"。另外，43% 的东部受访者认为自己是这个国家的"二等公民"。

【 "东西裂痕" 加剧政治分化 】

东西部的经济和社会地位差异加剧了德国政治阵营的分化。在历次选举投票中，"东西"分界总是非常鲜明。近年崛起的政党中，通常被西方主流媒体归类为右翼民粹主义或极右翼政党的德国选择党在东部的得票率明显超过西部，而以环保为旗帜的绿党在西部的得票率则明显高于东部。

东部选民是选择党的基本盘。2024 年 5 月民调显示，选择党在全国范围内的支持率（17.4%）仅次于联盟党（30.1%），领先总理奥拉夫·朔尔茨所在的社民党（15.5%）约 2 个百分点。而在除柏林之外的东德地区，选择党支持率均超过 25%，在图林根州和萨克森州甚至高于 30%。2023 年年中，选择党首次进入图林根州的地方议会；不久之后，两名选择党候选人先后在图林根州和萨克森—安哈尔特州的市镇选举中胜出。媒体惊呼德国遏制民粹主义的努力失败了。

对选择党在东部的兴起，学界普遍认为是多种因素相互作用的结果。如上所述，东部经济长期落后于西部、话语权弱、遭受歧视，让不少东部民众产生自卑感。一些东德老人因而抱有"怀旧"情结：怀念民主德国作为社会主义阵营样板国家的自豪感，怀念更加平等的社会关系，甚至怀念党支部逢年过节发放慰问品的幸福瞬间。这些老人大多阅读《青年世界报》等左翼报刊，有的还亲自供稿。他们对联邦政府的不少外交政策持反对态度，包括对俄罗斯和北约东扩的立场。

专家分析，选择党正是利用了东部民众对现实的不满；2015年涌入德国的难民潮更直接推动了选择党的崛起。德国联邦公共管理大学政治学教授汤姆·曼内维茨认为，那些主观上认为自己是社会转型牺牲品的人，会寻找外部因素以平衡自己的失落感，于是将不满发泄到难民乃至所有外国人身上，选择党的排外主张才有了市场。

更值得注意的是，选择党在东部18岁至35岁年轻人当中特别受欢迎，而这些人成长于两德统一后。按照奥施曼接受英国《泰晤士报》采访时的说法，"这点怪不到1989年以前的政治，得归咎于1990年重新统一后的政治，其间的种种动荡与转型，诸如产业的衰败、社会结构的崩溃、就业机会的凋零、大规模的财产损失以及为了建立新生活基础所作的巨大付出"。

另外，主要吸引中等收入群体的绿党，在东部则非常不讨好。东部大城市较少，而绿党的很多政治议题都与城市生活有关。2023年，绿党籍经济部长罗伯特·哈贝克推动修法以逐步淘汰油气供暖设备，在社会引发争议，东部地区尤甚。上海全球治理与区域国别研究院德国研究专家胡春春撰文称，德国东部居民对于绿党的态度已经上升到敌意的程度。东、西德之间的问题，也是全球化影响下西方社会的一个缩影，不同地域和阶层之间存在的财产、权力与交流的落差导致了民粹观点的流行。忙于制定各种国家战略、在国际上合纵连横的德国，似乎更应该把注意力放在自身制造的"东德问题"上。

罗马尼亚
从黑客避风港蜕变为 IT 安全人才摇篮

布加勒斯特分社　　张改萍

> 　　罗马尼亚，曾经被视为不法黑客的避风港，如今蜕变成全球信息安全人才的摇篮。凭借在黑客转型、吸纳和人才培养方面的独特举措，罗马尼亚成为众多跨国大公司的网络安全业务外包主要目的地之一，本土信息技术（IT）产业也因此蓬勃发展。

【黑客之城】

　　从罗马尼亚首都布加勒斯特往西北驱车约三小时，就来到风景如画的南喀尔巴阡山脚小城勒姆尼库沃尔恰。这里看似世外桃源、与世无争，却曾背负着一个令人极度不安的绰号——"黑客之城"。20世纪90年代，勒姆尼库沃尔恰就是黑客犯罪、网络诈骗的集中地。

　　最初，这里的网络黑客以廉价网吧为据点，通过 eBay 和其他拍卖网站发布虚假广告，诱骗受害者进行电子转账。随着时间推移，这里的黑客活动逐渐发展成为规模庞大的诈骗团伙。2005 年，勒姆尼库沃尔恰已在全球声名狼藉，成为了网络诈骗分子的"天堂"。以 2012 年为例，当局调查数据显示，当年罗马尼亚全国报告大约

远眺南喀尔巴阡山村庄。（新华社／欧新社）

1000 起网络犯罪案件。而在人口不足 12 万的勒姆尼库沃尔恰，警方一年就逮捕了大约 100 名网络犯罪嫌疑人。

早在 2000 年，美国联邦调查局就在布加勒斯特设立了分支机构，以打击那些直接影响美国公民的罗马尼亚计算机犯罪行为。然而，罗马尼亚黑客针对美国目标发起的攻击并未因此减少。美国驻罗马尼亚大使馆发布消息称，仅 2012 一年，罗马尼亚黑客就从美国银行账户中成功"盗取"了高达 10 亿美元的资金。

被美国盯上的罗马尼亚黑客中，如马切尔·莱海尔·拉泽尔，其代号"古奇弗"（Guccifer）曾昭著于黑客"江湖"。2014 年，他因对多名美国政府官员及其家人实施黑客攻击而被捕。经查，"古奇弗"的"名人受害者"中包括美国前总统布什家族和前国务卿科林·鲍威尔。

另一个引人注目的黑客是"廷科德"（TinKode），真名勒兹万·马诺莱·切尔讷亚努。此人 20 岁时成功侵入美国国家航空航天局戈达德太空飞行中心计算机系统，因此被判处两年监禁。2023 年 6 月，时年 39 岁的罗马尼亚黑客、外号"病毒"的米哈伊·约努茨·珀内斯库在美国被判三年监禁，罪名是协助传播破坏性恶意软件，"刷新"外界对罗马尼亚黑客的认知。

【人才储备】

罗马尼亚"黑客"产业兴盛，其实是其 IT 业发展的一个"副产品"，其背后是另一个故事。

罗马尼亚一向重视数学教育。1956 年，罗马尼亚数学家蒂贝留·罗曼教授提出举办国际数学奥林匹克竞赛倡议。1959 年，首届国际数学奥林匹克竞赛在罗马尼亚举行。该项赛事迄今已经举办 65 届。

2009 年起，罗马尼亚每年都会举办罗马尼亚数学大师赛，这项比赛被认为是中学生数学奥林匹克竞赛中难度最高的赛事之一。罗马尼亚学生在国际奥林匹克数学竞赛中也多次荣获佳绩。

罗马尼亚还设有面向高中生的网络安全专业技能竞赛，如罗马尼亚网络安全挑战赛和"牢不可破"竞赛等。这些竞赛为参赛者提供了与网络安全专家互动的机会，优秀选手还有机会代表罗马尼亚参加欧洲网络安全锦标赛等国际赛事。

罗马尼亚在全球数字中心排行榜中名列前茅。罗马尼亚的人才库中包括 20.2 万名信息与通信技术（ICT）专家，可为全球研发和业务流程外包公司提供服务，涉及软件开发、商业会计、人力资源和客户运营等多个领域。超过 80% 的罗马尼亚技术企业都在为外国公司处理 IT 业务。罗马尼亚的 IT 人才不仅技术扎实，而且具备多语种优势，不少人掌握两门以上外语，如英语、德语、法语、意大利语等。

据美国客户营销分析平台 Clutch 称，罗马尼亚目前已有 440 多家科技公司，使其成为中东欧地区最大的技术外包目的地之一。跨国公司纷纷在此设立客户支持、软件研发和商业外包业务中心，包括甲骨文、思爱普（SAP）、国际商业机器公司（IBM）、惠普、西门子等知名企业。许多本土供应商已获得微软和甲骨文公司的认证，与亚马逊云科技建立合作伙伴关系，以获取先进技术数据和云资源支持。

罗马尼亚低廉的劳动力成本、高技能人才储备以及战略性地理位置为其技术产业的蓬勃发展奠定了坚实基础。截至 2022 年 2 月，技术产业产值占罗马尼亚国内生产总值的 6%。据罗马尼亚软件和服务行业雇主协会预测，到 2025 年，这一比例有望达到 10%。

自 2007 年加入欧盟以来，罗马尼亚也在不断推出改革措施以改善企业融资环境，同时提升计算机科学教育的质量。

罗马尼亚技术企业在安全软件开发领域也取得了显著成就。例如，GeCAD 软件开发公司研发的 RAV 杀毒软件曾被微软收购，而比特梵德公司 (Bitdefender) 的杀毒软件在 2000 年以前就闯出名号，目前其全球用户超过 5 亿。

【黑客"洗白"】

在 IT 界，阻止黑客攻击的一种有效策略是雇佣他们。黑客用来犯罪的技能，包括从计算机系统中获取敏感信息、窃取密码以及入侵各类账户如电子邮件和银行账户等，也可以转化为增强网络安全防护、抵御潜在网络威胁的手段。如今，罗马尼亚许多曾经的黑客已成功"洗白"为合法的网络安全专家，为本国或他国的信息安全行业提供坚实支持。

例如，信息安全公司"字节哨兵"(Bit Sentinel) 和互联网安全软件公司比特梵德就在积极吸纳前黑客并有效利用其技能方面颇有经验。

前面提及的"廷科德"切尔讷亚务也是一个成功转型的典型案例。他的"黑客战绩"包括入侵美国国防部、美国国家航空航天局和英国皇家海军官网，如今已成为罗马尼亚网络安全咨询领域的专家。

另一个典型案例是罗马尼亚裔意大利人加布里埃尔·波格丹·约内斯库。他出生于罗马尼亚西南部城市克拉里奥，是巴尔干地区计算机科学和数学的金牌得主。他在 2008 年克隆了意大利邮局的网站，从多个银行账户盗取资金，后获刑三年监禁。出狱后，他转向"白道"，为意大利警方工作。

如今，不少国家政府和技术企业启动"漏洞悬赏"计划，向黑客支付酬金以找到计算机系统、程序、网络中隐藏的漏洞，帮助悬赏方修复漏洞、防范攻击，从而促生了"道德黑客"（或称"白帽黑客"）这一职业。随着网络攻击数量的不断增加，全球各行业对道德黑客服务的需求也在不断增长。而谷歌公司每年的漏洞奖励项目，罗马尼亚黑客一直是获取奖励最多的群体之一。

罗马尼亚在网络安全领域别具优势，也得益于国家对 IT 产业提供优惠税收政策和全面的商业支持。在这种良好的政策环境下，近年来该国 IT 产业增长迅猛。根据软件和服务业雇主协会 2022 年一份研究报告，罗马尼亚 IT 市场规模估计为 90 亿欧元，比 2015 年的 46 亿欧元近乎翻了一倍，预估到 2025 年将达到 120 亿欧元。研究还指出，与罗马尼亚经济整体增长趋势相比，IT 市场的年增长率高出 15% 至 17%。

罗马尼亚每年有数千名计算机专业的毕业生。他们中的绝大多数在最后一学年进入大型科技企业实习，毕业后往往入职这些企业，开启职业生涯，进而成长为熟练专业人士。

在良好的政策环境和丰富的资源储备加持下，罗马尼亚近年来实现"黑客文化"的成功转型，将其转化为信息安全技术资源优势和发展潜力。2020 年 12 月，欧盟宣布新成立的欧洲网络安全能力中心将落户布加勒斯特，2023 年 5 月该中心落成。该中心旨在开发并协调欧盟在网络安全领域的项目，增强欧盟国家抵御网络攻击的能力，其经费来源包括"数字欧洲"计划的大约 20 亿欧元资金。

第 三 篇

社会文化透视

这里是"丝绸之路经济带"首倡之地

亚欧总分社　黄河 / 阿斯塔纳分社　张继业

　　"哈萨克"在突厥语中意为"漂泊""避难",转义为"自由之民";"斯坦"为国家之意。哈萨克斯坦即指"自由之民生活的地方"或"哈萨克人的国家"。中国和哈萨克斯坦是友好邻邦,哈萨克斯坦是"丝绸之路经济带"首倡之地。中哈建交 30 多年来,双边关系走过不平凡的发展历程,不断迈上新台阶、取得新成果,双方在政治、经济、人文等各领域合作持续走深走实,惠及两国人民。

【经济向好　政局稳定】

　　哈萨克斯坦地处欧亚大陆腹地,国土面积 272 万平方千米,是世界最大内陆国,西临里海,北接俄罗斯,东连中国,南与乌兹别克斯坦、土库曼斯坦、吉尔吉斯斯坦接壤。

　　哈萨克斯坦领土历史上为多个游牧民族的活动范围。15 世纪末,哈萨克汗国成立,分为大玉兹、中玉兹、小玉兹。16 世纪初,哈萨克部族基本形成。19 世纪中叶以后,哈萨克斯坦全境处于俄罗斯帝国统治之下。十月革命后,哈萨克斯坦地区 1918 年 3 月建立苏维埃政权，1920年8月建立吉尔吉斯苏维埃社会主义自治共和国，1925年4月改称哈萨克苏维埃社会主义自治共和国，1936年12月定名为哈萨克苏维埃社会主义共和国，同时加入苏联。1990年10月25日，哈萨克最高苏维埃通过国家主权宣言，并于1991年12月10日更名为哈萨克斯坦共和国，同年12月16日通过《哈萨克国家独立法》，正式宣布独立，21日加入独联体。

哈萨克斯坦人口大约2003万，约有140个民族，其中哈萨克族占70.6%，俄罗斯族占15.1%。全国划分为17州和3个直辖市。首都阿斯塔纳位于中部，是全国政治、文教和旅游中心，人口近124万。最大城市阿拉木图是全国经济、金融、科技和交通中心，1929—1997年10月期间为首都。阿拉木图与中国乌鲁木齐市已结为友好城市。

哈萨克斯坦实行世俗化的治国方针，奉行政教分离的政策。民众普遍信仰宗教，多数信奉伊斯兰教（逊尼派），此外还有东正教、天主教和佛教等。

在这个农牧业发达的国家，哈萨克人的传统习俗多来自游牧活动，多数与马有关，如叼羊、"姑娘追"、马上抢羊和射箭等，游牧民族特点鲜明。哈萨克人能歌善舞，歌声悠扬，舞姿奔放。盛大庆祝活动的表演中，常有表现征战的舞蹈场面，气势宏大。

饮食方面，历史上哈萨克人过着食肉饮酪的生活，以食羊肉、马肉、牛肉和牛奶为主，食用粮食少。从苏联时期至独立后，受俄罗斯人影响，哈萨克人饮食结构发生了较大变化，但仍保留部分自身特点。肉食以羊肉为主，其次是牛肉和马肉。马肠是哈萨克斯坦的美食。

2024 年 8 月 17 日，在哈萨克斯坦阿克莫拉州，牧民们在放牧之余，喝马奶、饮热茶、吃特色小吃"油馃子"。（新华社发　奥斯帕诺夫摄）

哈萨克斯坦的矿产和油气资源非常丰富，境内有矿藏 90 多种，不少矿藏储量占全球储量比例很高，其中钨、铀储量均为全球第一。此外，哈萨克斯坦石油储量非常丰富，陆上石油探明储量为 48 亿—59 亿吨，天然气 3.5 万亿立方米；里海地区石油探明储量 80 亿吨，天然气可采储量超过 1 万亿立方米。

1991 年独立以来，哈萨克斯坦政局基本稳定，先后加入上海合作组织、欧亚经济联盟、中亚区域经济合作机制等多边组织机构，是国际货币基金组织、世界银行、亚洲基础设施投资银行、亚洲开发银行、欧亚开发银行等机构成员国，并积极谋求加入亚太经济合作组织。

目前，哈萨克斯坦经济快速发展，民生大幅改善，国际影响力显著提升。2023 年，哈萨克斯坦国内生产总值为 2614.18 亿美元，同比增长 5.1%。同年，哈萨克斯坦中央银行三次下调基准利率。标普、惠誉对哈萨克斯坦主权信用评级展望为"稳定"，穆迪则将哈萨克斯坦主权信用评级展望从"稳定"上调至"正面"。

哈萨克斯坦议会下院议员阿依多斯·斯热穆介绍，自 2019 年开始权力交接以来，哈萨克斯坦政治体制改革取得显著成效。托卡耶夫总统已经实现对国家全面掌控，开始建设"新哈萨克斯坦"。经过修宪，总统任期被限制为七年一届，不得连任，且总统不能是任何政治党派成员，其亲属不能担任任何公职。哈萨克斯坦还是中亚第一个实现地区行政长官直选制度的国家。

【古今丝路交相辉映】

历史上，地处哈萨克斯坦东南部的阿拉木图是古代丝绸之路必经之地，张骞出使西域就曾到过这里。作为古丝绸之路经过之地及连接欧亚经济贸易往来的重要枢纽，哈萨克斯坦在历史上就与中国有着千丝万缕的联系。

2013 年 9 月，习近平主席访问哈萨克斯坦期间首次提出共建"丝绸之路经济带"倡议，哈萨克斯坦因此成为"丝绸之路经济带"首倡之地，在共建"一带一路"国际合作中具有重要作用和影响。

中哈 1992 年正式建交以来，在涉及彼此核心利益问题上相互坚定支持，在国际和地区问题上密切沟通协作，各领域合作卓有成效。2011 年 6 月，双方宣布将两国关系提升为全面战略伙伴关系。2013 年"丝绸之路经济带"倡议提出后，哈方积极响应。2019 年 9 月，托卡耶夫总统访华并与习近平主席会晤，两国元首一致决定，双方将本着同舟共济、合作共赢的精神，发展中哈永久全面战略伙伴关系。2022 年 9 月，习近平主席第四次访问哈萨克斯坦，彰显中哈关系高水平和特殊性，向国际社会发出构建中哈命运共同体的明确信号，为开启双边关系又一个"黄金三十年"擘画发展蓝图。

目前，中国是哈萨克斯坦最主要的贸易和投资伙伴。1992 年，中哈货物贸易总额为 3.68 亿美元；2023 年，这一数字已达到 410.2 亿美元，提前完成两国元首提出的 2030 年贸易额达 400 亿美元目标。

近年来，中哈就加强共建"一带一路"倡议与哈萨克斯坦"光明之路"新经济政策战略对接开展深度合作，全面加强互联互通，扎实推进产能合作，推动一批重大战略项目在哈萨克斯坦落地实施，促进经贸合作提质升级。中哈互联互通合作取得显著成效，两国开通五对常年对开公路口岸和两条跨境铁路干线，建立中哈霍尔果斯国际边境合作中心、霍尔果斯—东大门无水港、连云港中哈物流合作基地等。

2023 年，通过霍尔果斯、阿拉山口口岸过境哈萨克斯坦的中欧班列数量分别为 7762 列和 6635 列，同比增长 9.8% 和 6.8%，有力发挥了双口岸"黄金通道"作用。

2023 年 11 月，时任哈萨克斯坦总理斯迈洛夫在第六届中国国际进口博览会暨虹桥国际经济论坛上表示，哈中关系下一个"黄金三十年"将迎来巨大发展机遇，经贸合作将在其中扮演重要角色。中国连续多年稳居哈萨克斯坦第二大贸易伙伴国、第二大出口目的国和第二大进口来源国地位，今后"投资合作是重要协作方向"。

此外，哈萨克斯坦方面还积极利用电子平台、进出口展会等对华推广本国产品，以期打开中国市场。在电商领域，哈方一直与阿里巴巴集团密切合作。2024 年 5 月，托卡耶夫总统访华期间亲自为京东哈萨克斯坦国家馆揭牌，25 个哈萨克斯坦知名食品品牌成功入驻京东平台。另外，哈萨克斯坦没有缺席任何一届中国国际进口博览会，每年都会有 20 家以上企业商家参展。据哈萨克斯坦贸易政策发展中心股份公司介绍，过去五年里，已有超过 100 家哈萨克斯坦企业通过进博会平台，签署总额约 2.6 亿美元的出口协议。

【人文交流热度空前】

中哈关系发展顺应时代潮流和国际大势，世代友好、高度互信、休戚与共已成为中哈关系的主旋律。目前，两国教育、文化、科技领域合作成果丰硕，常年互派文艺团组演出。中国在哈萨克斯坦设立了五所孔子学院，西北工业大学开设分校，哈萨克斯坦鲁班工坊项目试运行。双方正在积极推动互设文化中心。截至 2024 年 3 月，中哈已建立 26 对友好省州和城市，其中北京和阿斯塔纳互为友好城市。

位于东哈萨克斯坦州的鲁班工坊 2023 年 12 月 9 日试运行，占地 700 平方米。根据哈萨克斯坦专业技术人才需求，工坊首期建设运输设备及技术专业，建有四大实训区，开发了五门标准课程。2024 年 2 月 26 日，托卡耶夫总统视察哈萨克斯坦鲁班工坊项目，了解工坊建设情况，在多个实训区参观，逐一查看中方提供的教学设备，并观摩工坊师生操作。他用中文说："非常感谢中国院校的付出，做得很好。希望这样的工坊在哈萨克斯坦越多越好。"哈萨克斯坦鲁班工坊 2024 年启动扩建工程，新增使用场地 460 平方米，将进一步增强新能源汽车与智能网联技术的教学实力，提升哈萨克斯坦鲁班工坊的整体建设水平。

中哈"一带一路"合作结下的又一硕果是 2023 年 10 月 12 日正式启用的西北工业大学哈萨克斯坦分校。这所位于阿拉木图的学校是第一所中国高校在哈设立的分校，也是中国工信部直属高校首次在海外设立分校，由西北工业大学与"阿里·法拉比"哈萨克斯坦国立大学共同建设。

文化交流与旅游合作是中哈民心相通的重要桥梁和纽带。2023 年 11 月中哈之间实现互免签证，2024 年"哈萨克斯坦旅游年"在中国成功举行，两国民众可以像走亲戚一样常来常往。

习近平主席向"哈萨克斯坦旅游年"开幕式致贺信时强调，近年来，两国人文合作方兴未艾，互免签证协定生效，互设文化中心协定签署，鲁班工坊落地，青年交流佳话频传，人员往来日益密切，人民友好基础越来越牢。希望两国以旅游年为契机，深化旅游合作、增进人员往来、赓续千年友谊，携手建设好中哈关系新的"黄金三十年"，为构建中哈命运共同体做出新的贡献。

托卡耶夫在贺信中表示，哈中互为友好邻邦，政治互信持续深化，各领域合作成果丰硕，正致力于打造两国关系新的"黄金三十年"。哈萨克斯坦历史文化悠久、名胜古迹众多、自然风光壮美、人民热情好客，完全可以成为最受中国游客欢迎的旅游目的地。哈方将举办一系列旅游年活动，全面增进中国游客对哈的了解，进一步巩固哈中世代友好，为两国永久全面战略伙伴关系注入新的强劲动力。

从"老龄化"到"高龄化"
看韩国如何应对"加速老去"

首尔分社　　陆爱华

韩国65岁以上老年人口最近突破1000万。韩国人口5127万，这相当于每五人中就有一人是老人。按照这一趋势，韩国65岁以上老年人口占比到2025年将超过20%，到2035年将超过30%。这意味着韩国将正式进入"超级老龄社会"。人口加速老龄化对韩国社会各领域产生巨大影响，韩国政府新设立人口战略企划部，各大企业竞相推广养老护理服务、开发老年医疗器械、建设老年公寓及健康护理中心等设施，以应对这一日益严峻的社会难题。

【 政府设"指挥塔"统筹 】

韩国行政安全部2024年7月11日发布的数据显示，截至7月10日，韩国65岁以上居民登记人口达到1000万。韩国全体居民登记人口为5127万，65岁以上老人占比为19.5%。韩国总统尹锡悦6月警告说，韩国已经进入"人口紧急状态"，如果再不扭转低生育、老龄化趋势，韩国人口最终"可能会灭绝"。

　　韩国行政安全部长官李祥敏 7 月 1 日说，韩国政府决定新设副总理级别的人口战略企划部，职能包括统筹应对低生育率和高龄化，执行"人口政策及中长期战略"。这一机构将成为韩国应对人口问题的"指挥塔"。

　　此外，为满足高龄人口居住需求，韩国政府决定 2024 年恢复2015 年 1 月废除的老人福利住宅出售制度，打破目前仅限租赁的局面。韩国老年住宅分为老人福利住宅、高龄者福利住宅（公共租赁）、民间租赁三种模式。韩国国土交通部统计，截至 2023 年，韩国老人福利住宅和高龄者福利住宅仅有 9006 户和 3924 户，相比老年人口，老年住宅数量远远不足。

　　尹锡悦在 2024 年 3 月 21 日在江原道原州市举行的"健康的老年生活"民生讨论会上表示，这一举措旨在引入民间资本，增加老年公

2023 年 10 月 18 日，游客在韩国首尔光化门参观。（新华社记者王益亮摄）

寓供给，从而改善高龄人口专用住宅严重不足的情况。同时，他还承诺，增设针对老年群体的医疗及养老设施，降低老年重症患者的门诊医疗费，以及针对阿尔茨海默病患者，引进病症管理主治医生及建立患者家庭休假制度，还将以"敬老堂"（类似我国社区老年活动中心）为中心提供多种服务，如老人食堂、为行动不便老人送餐等。

面对"超级老龄社会"，韩国各地方政府也是积极采取措施予以应对。以首都首尔为例，扩大老年人就业成为首尔市政府积极推进的主要政策。据报道，首尔市政府计划 9 月设立"老年工作岗位支援中心（暂定）"，提供从岗位开发到就业咨询、企业培训和工作介绍等一站式服务。另外，首尔市政府从 2024 年下半年开始定期举办"老年工作挑战赛"，面向 60 岁以上有劳动意愿和能力且居住在首尔的老人，提供 6 个月以内职业训练和实习。实习期间以首尔市工资水平为标准支付活动费，实习结束后推荐工作岗位。此外，首尔市政府还计划建立"老年人力银行"，关联政府及民间招聘求职平台，为老年人提供就业信息。

首尔市福利政策室负责人郑相勖说，老人工作岗位是"超级老龄化时代"的必需福利，能够产生保全收入、维持健康、预防孤独等"一石三鸟"的效果。随着 20 世纪 60 年代出生的新一代老龄人口比重逐渐增加，政府必须制定政策为今后 20 年做准备，以应对"老人工作的社会"加速到来。

【多产业竞相布局】

随着政府不断出台政策打造养老设施、医疗保健等综合服务体系，韩国各大企业看好养老市场，竞相开展包括健康咨询的养老护理服务、开发老年医疗器械、建设老年公寓及健康护理中心等设施。据韩国贸易协会国际贸易通商研究院预测，韩国"银色产业"（养老产业）市场规模将从 2020 年的 72 万亿韩元扩大到 2030 年的 168 万亿韩元。

比如，在向老人提供就医方便、健康保障方面，数字健康企业 LifeSemantics 以信息通信技术为基础、推广"非接触式咨询服务"，为不便到医院就诊的老年患者提供医疗服务。同时，LifeSemantics 通过非接触式健康管理平台提供服药指导、运动、营养管理等服务，并计划借助视频设备开展实时健康教育等。

医疗器械保健企业 GOS 最近推出针对脑中风患者的步行康复

2020 年 11 月 16 日，老人们在韩国首尔阳川区一处老年福利文化中心和数码教学机器人"LIKU"互动。（新华社记者王婧嫱摄）

治疗仪，并计划推出结合医疗器械的可穿戴保健产品，帮助步行困难的老人。此外，GOS 最近还扩建了改善老年生活质量的肌肉研究所，致力于研究如何改善及解决由老人步行引发的各种肌肉疾病等问题。

开发陪护机器人的韩国医疗保健企业 Hyodol 正推广一款人工智能陪护机器人，以帮助老人管理生活和情绪。从起床到就寝，机器人在老人身边用语音提供饮食及服药等日常生活管理服务，还具有歌曲、问答、体操等强化认知内容的播放功能。在韩国"人口减少地区"之一的庆尚北道青松郡，在政府支持下，企业 2023 年 8 月开始向 15 名独自生活的弱势群体老人提供人工智能陪护机器人"Hyodol"。

在养老基础设施方面，韩国知名医疗保健品企业集团钟根堂产业近年来不断扩大养老院建设规模，以设立私人定制型养老院、收购位于京畿道盆塘区的高级康养机构等措施，构建韩国老年康养业界规模最大的基础设施。这些设施具备与大型综合医院的应急连接系统，同时运营专业的康复治疗中心和护理室。

韩国乐天集团旗下的乐天建设正在首尔市江西区麻谷洞（靠近金浦机场）建设四栋规模为地下 6 层至地上 15 层的老年公寓，并专门针对老年群体进行功能设计，安装户内紧急呼叫、动作监视传感器、健康护理等物联网系统，预计 2025 年 10 月可开放入住。

老年综合护理平台 CareDoc 联合 SunEngineering 建筑公司，计划在韩国首都圈地区建设"市中心老年城"，为不断增加的城市老年人口提供居住空间与护理服务。此外，大宇建设、现代建设等知名企业也积极布局老年住宅事业，分别在京畿道、首尔等地规划建设酒店式老年公寓。

此外，在开发、拓展老年消费市场方面，韩国金融保险业界也在加速进军康养医疗等"银色产业"，特别是新韩、KB 等知名金融集团在首尔等首都圈地区运营养老设施、确保建设用地等方面加速布局。新韩生活 2024 年年初将子公司"新韩 Cubeon"更名为"新韩 LifeCare"，主要业务由原来的保健业转为"银发产业"。KB 金融集团在首尔市松坡区、瑞草区等地运营"市中心养老机构"，并计划将事业范围扩大到老年生活护理服务等领域。此外，NH 农协生命也打算进军老年市场，业界排名第一的三星生命 2023 年年底在企划室内设立"老年生活事业特别工作组"，着手布局"银发产业"。

据韩国保险开发院统计，韩国男性"65 岁平均余命"为 23.7 年，女性为 27.1 年。也就是说，韩国目前 65 岁男性和女性的预期寿命分别为 88.7 岁和 92.1 岁。保险业界人士认为，随着平均寿命和预期寿命延长，人们对退休后医疗费或收入保障的关注度不断提高，对相关保险产品和城市养老设施的需求正在增加。

【专家建议政策松绑】

韩国人口学家、首尔大学人口政策研究中心主任曹永台教授告诉记者，在"老年人口千万时代已经成为现实"的情况下，"应迅速检视高龄人口比率较低时制定的政策是否适用于超高龄社会，如存在问题，应及时制定对策"。

曾在韩国江南大学任教的日本籍教授佐佐木法子最近接受采访时指出，为推动"银色产业"发展，韩国政府有必要放宽各种限制。

随着1964—1974年出生的第二波"婴儿潮一代"逐渐步入退休年龄，韩国"银色产业"市场规模将大幅增长，而政府层面的政策限制很多，想要发展"银色产业"，韩国政府有必要为政策松绑。

目前，韩国"银色产业"更多是从社会福利角度出发，而社会对福利的认知还停留在"免费"阶段，导致不少韩国企业虽然有意进军"银色产业"，却经常面临难以营利的困境。佐佐木法子认为，政府在制定政策时应给予企业更多自由度。"银色产业"的运营不应局限于享受实惠，而应推动受惠人和政府或者企业之间形成互惠互利关系，唯有这样，民营企业才有动力去发展"银色产业"。

芬兰前总理埃斯科·阿霍2024年6月20日在首尔参加"第15届 Edaily 战略论坛"时说，"银色产业"的核心是技术，韩国作为世界上 R&D 指数最高的国家之一，成为世界"银色产业"强国潜力巨大。"银色产业"将为健康、时尚、媒体等众多产业领域提供新机遇，人工智能等数字技术将成为实现"银色产业"所需量身定制型服务的核心。因此，政府想要发展"银色产业"，不应拘泥于现有模式，而是要从宏观层面预测发展方向并为之制定政策。

打造"体育之都"
卡塔尔小国寻求"大作为"

多哈分社　汪强

卡塔尔地处中东海湾沙漠地区，1971年正式成为主权独立国家，国土面积与天津市相仿，人口300万，本国公民仅占15%，其余均为外籍居民。坐拥巨大天然气田的小国卡塔尔，另辟蹊径，经过30年努力，成功把自身打造成全球"体育之都"，收获了远超自身体量的知名度和影响力。

【体育扩大影响】

20世纪90年代初，卡塔尔就已通过油气资源获得大量资金收入，但该国在国际社会的知名度和影响力非常欠缺。无论从历史底蕴而言，还是就国家体量来说，卡塔尔只是一个鲜为人知的"年轻"小国。于是，扩大国家的知名度及影响力，成为卡塔尔决策层的当务之急。

体育领域成为切入口。时任卡塔尔奥委会秘书长、执政王室成员谢赫·萨乌德·本·纳赛尔·阿勒萨尼公开表示："发展体育是国家政策，目的就是扩大卡塔尔的国际知名度。"

　　20 世纪 90 年代，卡塔尔首都多哈仅有 25 万人口，但已经修建了六座体育场，其中就包括可以容纳 4 万人的哈里发国际体育场，并且还在积极规划建设其他体育场馆，申办各类国际赛事。

　　如今回头来看，卡塔尔的体育发展战略一以贯之，收效甚佳。进入 21 世纪以来，卡塔尔相继成功举办 2006 年亚运会、2011 年男足亚洲杯、2019 年田径世锦赛，2022 年更是迎来最高光时刻——男足世界杯。世界杯的传统举办时间为 7—8 月，这一时间却是卡塔尔最炎热的季节，最高达到 50℃，举办室外赛事不现实，因而改至当年 11 月，卡塔尔世界杯由此成为第一次在北半球冬天举办的世界杯。

　　成功举办世界杯之后，2024 年年初，卡塔尔再度举办男足亚洲杯。卡塔尔亚洲杯组委会首席执行官贾西姆·阿卜杜勒阿齐兹·贾西姆在接受媒体采访时直言，卡塔尔已经成为世界"体育之都"，因为卡塔尔具备了丰富的大赛举办经验，也拥有一流的基础设施。卡塔尔官方公开表示，下一个办赛目标将是 2036 年奥运会。

【战略助推发展】

　　卡塔尔对体育的热情发端高层。现任埃米尔（国家元首）谢赫塔米姆·本·哈马德·阿勒萨尼的父亲、前埃米尔哈马德就是一位狂热的体育爱好者。从 20 世纪 90 年代开始，正是在哈马德的主导下，卡塔尔把大力发展体育作为国家长期战略，不惜重金投资打造基础设施。

　　为了让国民重视体育，卡塔尔从 2012 年开始，每年 2 月的第

2022 年 12 月 18 日，获得卡塔尔世界杯金球奖的阿根廷队球员梅西在颁奖仪式上亲吻大力神杯。（新华社记者曹灿摄）

二个星期二都举国欢庆"国家体育日"，如此重视体育的国家，放眼世界也不多见。或许是言传身教，谢赫塔米姆 2013 年继位后，也对举国发展体育情有独钟，继续贯彻这一重大战略，甚至亲身上阵宣传"国家体育日"，并现场观看各类赛事，与民同乐。

国家上下同心，再加上雄厚的财力支撑，卡塔尔的体育大道越走越宽阔，如愿收获了梦寐以求的国际知名度和影响力，特别是在 2022 年世界杯期间，全世界的目光聚焦卡塔尔，令其"曝光率"达到顶点。

卡塔尔大力发展体育有两个主要特点：一是举全国之力，政府主导及投资；二是目标明确、初心不改，持续致力扩大卡塔尔国际影响力，让世界了解卡塔尔，认可卡塔尔。

卡塔尔民众常对记者说的一句话是：因为体育出名，总比因为战争出名要好。正如卡塔尔旅游局主席萨阿德·本·阿里·哈尔吉所言，举办世界杯这样重量级赛事，改变了外界对中东海湾国家的认知，会让更多人尝试了解这里的文化。

事实的确如此，尽管中东局势长期紧张，近来更是冲突频频，但卡塔尔的旅游业却在世界杯之后蒸蒸日上。根据卡塔尔旅游局公布的数据，得益于世界杯效应，2023 年入境卡塔尔的游客人数突破 400 万人次，创近五年来新高，卡塔尔也一跃成为全球重要旅游目的地。

【布局全球产业】

卡塔尔并不止步于自身举办体育赛事，它还积极布局全球体育产业。比较突出的例子包括：2011 年，卡塔尔政府通过卡塔尔投资局旗下卡塔尔体育投资公司，豪掷 1.3 亿美元收购巴黎圣日尔曼足球俱乐部，并持续注入巨额现金，把"大巴黎"从中游球队打造成法甲霸主，吸引包括基利安·姆巴佩在内的众多巨星加盟。

近年来，卡塔尔在全球体育领域投资不断扩大，从欧洲到美国，从足球到篮球。据媒体报道，卡塔尔投资局投资数亿美元，购入美国男子职业篮球联赛（NBA）和美国国家冰球联盟（NHL）多家俱乐部股份，据信这是卡塔尔政府第一次投资美国职业体育。此外，卡塔尔也在积极寻求投资英格兰足球超级联赛豪门俱乐部，包括曼彻斯特联、利物浦和托特纳姆热刺等。

成立于 2005 年的卡塔尔投资局，当前资产规模高达 5000 亿美

已故卡塔尔国埃米尔哈马德·本·哈利法·阿勒萨尼像。（新华社发）

元，在全球主权财富基金中排名第九。在卡塔尔投资局首席执行官曼苏尔·伊布拉欣·马哈茂德看来，卡塔尔投资全球体育产业是商业决策，"因为人们对体育感兴趣"。

体育投资帮助卡塔尔实现资产多元化，更重要的是显著增强了这个海湾小国的国际影响力，这对宣传卡塔尔的国家形象大有裨益，堪称公共外交的有力手段。

【前路障碍犹存】

卡塔尔大力发展体育在该国国内也面临质疑甚至反对之声。例如，卡塔尔为举办世界杯重金打造的多座体育场，赛后基本长期闲置，日常并不对公众开放，造成资源浪费。大赛之后基础设施如何有效利用，是个国际难题，显然卡塔尔也没有做得更好。

卡塔尔的体育之路也受到政治因素干扰。例如，举办国际赛事，就无法拒绝以色列代表团入境，而卡塔尔与以色列并未建立外交关系，加之新一轮巴以冲突激化阿拉伯国家与以色列的矛盾，在这种背景下，卡塔尔办赛不可避免要承受政治压力。

　　由于卡塔尔本国人口较少，以及传统观念影响等种种原因，部分体育项目在卡塔尔群众基础非常薄弱，相关基础设施也不尽如人意。比如，卡塔尔 2024 年年初举办游泳世锦赛的主游泳馆是由其他项目场馆临时改建，标准不高，赛事期间上座率也低得可怜。由于卡塔尔和西方在国家制度、意识形态等方面差异巨大，一些西方国家对卡塔尔重金发展体育也心存警惕。要想举办奥运会，卡塔尔还要解决不少问题。

马来西亚华人文化传承现状

吉隆坡分社　汪艺　毛鹏飞

2024 年是中国与马来西亚建交 50 周年。在东南亚国家中，马来西亚华人并非绝对数量最多，却很好地保留了中文和中华传统文化，并在马来西亚经济中占有一席之地。一代代华人文化从业者既坚持传承又不断创新，推动中华文化与马来西亚多元文化融合发展，促进中马两国民心相通。

【华人族群：坚守文化传统】

19 世纪中叶开始，大批来自广东、福建、海南等地的中国人下南洋，在马来半岛等地形成聚居区。他们逐渐落地生根，成为马来西亚公民。目前，马来西亚华人大约 690 万，占全国总人口的 22.6%，为第二大族群。在首都吉隆坡、沙捞越州泗务、柔佛州新山、槟城州槟岛、霹雳州怡保等地，华人占有较高比例。

凭借吃苦耐劳，来到马来西亚的华人及其后代逐渐打拼出属于自己的天地。早期的中国移民很多在锡矿场或种植园做廉价劳工，之后来马的华人开始在木材、橡胶、棕油等行业中赚得人生第一桶金。近些年，华人一直占据着马来西亚富豪榜的大多数，涉及房地产、矿业、金融、食品饮料、医疗等各领域。

在马来西亚，华人与马来裔、印度裔友好相处，形成独具特色的多元融合文化环境。同时，华人也在一代代传承中坚守中华文化、维护族群利益。华人社团、华文教育和华文媒体是马来西亚华人传承文化、凝聚力量的"三大支柱"。

马来西亚华人社团类型多样，既有最初以移民血缘和地域划分的宗亲会、同乡会，也有适应环境变化发展的商会、校友会等。华文教育则覆盖小学、中学和大学，体系完整。《星洲日报》《南洋商报》《东方日报》等华文媒体是华人获取新闻资讯的重要渠道，马来西亚国家新闻社和马来西亚广播电视台也提供中文资讯。

不过，也要看到，马来西亚政府长期施行"马来裔优先"政策，令华人处境不可避免面临尴尬。比如，马来西亚政府20世纪70年

2016年1月16日，在马来西亚吉隆坡，演员在马来西亚中华大会堂总会大厦外表演舞狮。（新华社发　张纹综摄）

代开始实施"新经济政策",旨在提高马来裔在国家经济中的地位,一定程度上限制了华人在马来西亚的发展。尽管这一政策推行 20 年后已停止,马来西亚政府依然通过一些政策措施优先保障马来裔的权益。比如,政府很多大型项目现在还是要求马来裔控股。

此外,华人数量近年来大幅减少也在一定程度上"强化"了马来裔的优势地位。1957 年马来亚联合邦宣布独立时,华裔人口比例一度接近 40%,但几十年间华裔人口占比大幅下降,这与新加坡 1965 年脱离马来西亚联邦独立、不婚华裔人口增多、生育率下降及不少华人移居新加坡、澳大利亚等国有关。

马来西亚统计局 2023 年 10 月发布报告说,2011—2022 年,马来西亚各主要族群总和生育率都呈现下降趋势。2022 年,华裔总和生育率仅为 0.8,在马来西亚各主要族群中最低;马来裔总和生育率为 2.1,在各主要族群中最高。

【中华文化：传承创新融合】

到过马来西亚的中国人,常会赞叹当地华人能在中文、英语、马来语三种语言中自如切换。中文和中华文化在马来西亚传承发扬如此之好,与马来西亚从小学、中学到大学完整的华文教育体系密切相关。

马来西亚华文教育迄今已有 200 多年历史,之所以能够相对系统保留,离不开华人社团、华文媒体的坚守和积极推广。比如,华文独立中学(独中)是民办非营利教育机构,各级政府基本不给资助,学校运营经费除收自学生的学杂费,需要自行募捐筹款,资金主要来自华人团体和校友。

马来西亚华文教育非常注重传承中华文化，这在学校校名、班名、校训、社团活动中都有体现。比如，独中很多学校校名含有"华"字，以"礼义廉耻"作为校训，班名多含"忠""德""敬""勇"等字，许多社团关联中华文化，如华乐团、相声社、醒狮团、二十四节令鼓队、武术团等。

马来西亚现有三所华文大专院校：南方大学学院、韩江传媒大学学院、新纪元大学学院。马来西亚华校董事联合会总会执行长梁胜义告诉记者，由于马来西亚政府不承认独中统考成绩，学生如仅持这个成绩无法申请国内公立大学，创办华文大专院校为华人子弟接受高等教育提供了更多机会。

近年来，越来越多非华裔学生进入华文学校学习，成为马来西亚华文教育的新趋势。随着中国经济高速增长，中国在国际和地区事务中影响力扩大，越来越多马来西亚人认识到学习中文的重要价值，进入华文学校就读的非华裔学生明显增多。马来西亚教育部数据显示，2010年非华裔学生占华文小学学生人数比例为12%，2020年这一比例提高至近20%。

非华裔学生就读华文学校，为文化交流和融合创造了良好机遇，也扩大了中文和中华文化的影响力。吉隆坡中华独立中学行政主任伍汉荣告诉记者，现在看到非常多马来裔学生到中国留学，学中文，他们中文说得非常好。马来西亚有些独中的老师甚至是马来族，这是族群之间非常好的交流。

中华文化在马来西亚不仅得到传承，更获得创新和发展。马来西亚华人融合二十四节气、书法、广东狮鼓，创立了二十四节令鼓。这种全新的鼓乐表演形式2009年成为马来西亚国家非物质文化遗产，随后传到中国、新加坡、印度尼西亚、泰国、澳大利亚等多个国家和地区，近几年还被纳入杭州亚运会开幕式表演节目、登上中国中央电视台和地方电视台，为越来越多人所关注。二十四节令鼓的开创者陈再藩自豪地说，在没有春夏秋冬的马来西亚能产生二十四节令鼓，是因为中华文化"能够像蒲公英的种子一样飘到任何地方"。

此外，中华传统文化舞狮也在马来西亚得到光大。在舞狮基础上发展而来的高桩舞狮已成为马来西亚重要民俗活动，在 2007 年成为马来西亚国家非物质文化遗产。马来西亚"狮王"萧斐弘认为，舞狮除了传承技艺，更重要的意义在于传承中华文化的道德理念、历史文化和人文情怀。

在马来西亚，中华文化与其他两大族群文化相互融合借鉴，衍生出独具特色的文化习俗。从早期中国移民与当地人通婚形成峇峇娘惹文化，到受华人春节"送红包"习俗的影响，马来裔和印度裔分别在传统节日开斋节、屠妖节兴起"送绿包""送紫包"，再到近两年兰州拉面、霸王茶姬等中国品牌餐饮在非华裔消费群体中大受欢迎，中华文化正在马来西亚得到更广泛的了解和认可。

【中马关系的"压舱石"与"民心桥"】

2023 年，中马两国宣布共建中马命运共同体。多名马方人士接受记者采访时建议，马中双方共建命运共同体，应深化发展战略对接，拓展互利互惠合作，尤其应着重加强两国在经济和人文领域的交流合作。

自 1974 年建交以来，直接投资和经贸往来一直是中马两国经济合作的关键内容，为两国关系发展注入了强劲动力。官方数据显示，中马双边贸易额从建交时不足 2 亿美元攀升至 2023 年的 1902.4 亿美元。中国已经连续 15 年成为马来西亚的最大贸易伙伴，连续多年成为马来西亚的主要投资来源国。马来西亚则是中国在东盟的第二大贸易伙伴和第一大进口来源国。2024 年第一季度，中马贸易额 470.8 亿美元，同比增长 6.5%，中国对马来西亚非金融类直接投资 7.23 亿美元，同比增长 116%。

马来西亚政府致力于发展经济，希望赶上全球经济发展的数字化、绿色化浪潮，提高科技水平，推动产业升级，增加民众收入。在此背景下，马来西亚政府希望中国企业和投资可以带来先进经验和技术，帮助他们培养高科技人才，为马来西亚人民带来更多切实好处。马来西亚投资、贸易和工业部副部长刘镇东接受新华社记者采访时表示直言，一些中国企业出海马来西亚是出于避税或避险考虑，产品最终出口市场仍是美国。由于美国中产阶级在萎缩，中国企业可以调整思路，考虑如何帮助包括马来西亚在内的东南亚国家富起来，从而将东南亚地区作为长期市场。

如果说，对马中关系未来发展而言，经济合作是"压舱之石"，人文交流则是"民心之桥"。

中马两国建交 50 年来，已经结成 18 对友好城市；分别在中国西安、南宁、昆明、广州、上海及马来西亚槟城、古晋、哥打基纳巴卢设立总领馆；在北京外国语大学设立中国马来研究中心，在马来西亚开办厦门大学分校、设立七所孔子学院和一所孔子课堂；中国连续七年是马来西亚在东盟之外最大游客来源国……持续深化人

2019 年 3 月 6 日，在马来西亚吉隆坡，马来西亚学生在"2019 年留华高等教育展"上与中国高校代表交流。（新华社发　张纹综摄）

文领域交流合作，推动中马友好在两国不断深入人心。

马来西亚《星洲日报》总编辑郭清江认为，增进人文交流对于马中两国未来发展关系意义重大，特别是教育在促进两国人文交流和民心相通方面发挥着至关重要作用，希望看到中国给予更多马来西亚人留学机会，也可以探讨为华文学校老师提供培训。"不管是马来西亚的华人或者马来裔，他们到中国接触高等教育之后，回来基本上就可以协助推动两国关系。"郭清江说，由于一些历史方面的因素，马来西亚国内依然存在程度不一的"恐华症"，特别是一些马来裔，他们获取涉及中国特别是新疆的信息基本通过西方媒体。他认为，应该让更多马来裔到中国去看看，让他们接触中国、了解中国，进而接受中国、拥抱中国。

小林制药红曲事件
拷问日本食品安全管理制度

东京分社　钱铮

近年来，日本制造业爆出一系列重大数据造假事件，不断打破"日本制造"的质量神话。2024 年以来，老牌药企小林制药公司所产含红曲成分保健品疑似导致消费者死亡，引发日本社会震动，进一步打击了消费者对"日本制造"的信心。这一事件不仅暴露出小林制药存在的质量管理和企业文化问题，还激起日本国内对食品安全管理制度的拷问。批评人士指出，功能性标示食品这一制度设计因注重经济增长而过于减轻生产商的负担，却以牺牲消费者健康为代价。

【不产"药"的药企】

小林制药公司含红曲成分保健品事件中，已有五名服用过这些保健品的消费者死亡，另有 274 人住院，1400 多人到医疗机构就诊。

小林制药 2024 年 3 月 22 日宣布自主召回三款共五种包装的含红曲成分保健品。将近两个月来，已经公布的调查结果仍然较为有限。日本肾脏学会公布健康受损的消费者多半出现了范可尼综合征的症状，导致肾功能异常；小林制药在引发健康问题的产品中检测到软毛青霉酸；厚生劳动省和国立医药品食品卫生研究所对小林制药 2023 年 6—8 月生产的红曲原料样本进行分析后，发现除了软毛青霉酸至少还有两种"意想不到的物质"。

出问题的红曲原料均由小林制药大阪工厂生产。小林制药承认，这家工厂 2023 年曾发生生产事故。雇员当时忘记关闭原材料混合机的机器盖，导致 30 多公斤粉末状原材料撒到地板上。雇员之后回收部分原材料，仍然用于生产红曲原料。

除此之外，此次事件诸多环节依然笼罩在一片迷雾中。

日本内阁府食品安全委员会委员、科学记者松永和纪说，就小林制药红曲保健品问题，原因尚未查明，还不知道明确的因果关系。消费者死亡与其基础疾病可能有一定关系，也有可能碰巧摄入了别

这是 2024 年 3 月 29 日在日本大阪拍摄的小林制药公司总部。（新华社记者张笑宇摄）

的物质。

其他专家对判断软毛青霉酸是否为引发消费者健康受损的问题成分同样持谨慎态度，因为这种物质迄今未被报告是"污染食品的霉菌毒素"。虽然软毛青霉酸对人体培养细胞有毒性，并且直接给小鼠皮下注射时显示出毒性，但目前不能肯定人在经口摄入情况下这种物质的毒性很大或者对肾脏有毒性。

相关调查可能要很长时间才能发布结论，但不论毒性物质是什么、如何混入，小林制药的企业伦理无疑要受到质疑，因为小林制药的红曲保健品从有效成分来说和药品差不多，然而却被按照食品来管理。

根据小林制药中央研究所的资料，红曲中的红曲聚酮具有降低血液中低密度脂蛋白胆固醇（俗称坏胆固醇）的功效。而红曲聚酮中发挥作用的药理活性物质主要是莫纳可林 K，这种物质和常用降血脂药洛伐他汀具有相同的结构，能阻碍体内胆固醇的合成，从而能改善高胆固醇血症。小林制药还声称，其红曲中所含莫纳可林 K 的吸收性比单独摄取莫纳可林 K 更好，约是后者的几倍。

美国国家卫生研究院就红曲中的药理活性物质莫纳可林 K 发出过警告，这种成分和他汀类药物一样具有引发肌肉、肝脏、肾脏损伤的潜在可能性。

美国国家卫生研究院会在其网站公开保健品的安全性和有效性，厚生劳动省的网站原本也有这样的内容。然而，据日本《周刊POST》2024 年 4 月 26 日报道，厚生劳动省网站的安全性信息 2023 年突然被删除了，只留下有效性信息。

洛伐他汀被世界卫生组织定义为药品，在美国、加拿大、奥地利等国作为药品销售，而在日本，洛伐他汀尚未被批准作为药品使用。

可以看出，小林制药的红曲保健品虽然名义上被归入食品范畴，但其中作为有效成分的物质其实是药品。作为药品申报未获批的物质，用红曲聚酮的名称作为功能性标示食品上市销售，这让一些医药行业专业人士怀疑小林制药存在恶意。小林制药应该非常清楚药品审批的难度，却用这样的方法来销售保健品，从而规避药品审批。

小林制药是拥有百年历史的日本老牌企业，知名度甚高。企业1919年设立时名为小林大药房，主要业务是药品批发。现任董事长小林一雅接手公司后，将经营路线切换为"创意经营"模式，许多产品都拥有独特名称。依靠这些"创意产品"，小林制药获得了高额收益。

小林制药从2016年开始生产和销售用于食品生产的红曲原料。这次出问题的产品之一、红曲胆固醇颗粒2021年上市，到2024年2月已售出100多万袋。

据相关人士透露，小林制药虽然公司名称中带"制药"二字，但其实并不生产处方药，其产品都是药妆店里可以买到的非处方药、补充剂等健康食品及厕所芳香剂等卫生杂货。这些人士说，处方药要进行临床试验等，耗时长，必须投入高额研发费用，小林制药不愿涉足这一领域。

日本无限合同会社首席经济学家田代秀敏接受新华社记者书面采访时说，小林制药是典型的家族企业，即使在上市后，其经营依然由创始人家族掌控，因此该公司在做经营决策时往往存在家族利益优先于顾客利益的倾向。

从最初接到消费者健康受损的报告到小林制药宣布自主召回产品，间隔两个多月时间，且小林制药在公开发布消息前夕才向政府和公司外部董事报告，导致了危害扩大。

【危险的"绿灯"】

日本舆论认为，此次事件背后不仅有小林制药本身的生产管理和企业伦理问题，更有日本食品安全管理制度的缺陷，必须纠正。

日本保健功能食品分为特定保健食品、营养功能食品和功能性标示食品三类。其中，功能性标示食品是 2015 年新设的一类。这类食品可以在产品包装上标示保健功能，却无须政府监管部门审批，而是由生产商根据政府制定的一些规则评估产品的安全性和功能性，并在上市 60 天前向日本内阁府下属的消费者厅备案。

松永和纪认为，消费者厅制定的《功能性标示食品备案指南》安全性和品质管理相关规定不足。比如，指南在"收集健康受损信息相关事项"中提出，一旦发生消费者健康受损情况，"合适的做法是迅速报告"，但并没有明确"迅速"具体应是多长时间。另外，由于是"指南"，所以只能提出"合适的做法"，而不是做出强制性规定。

松永和纪认为，目前制度下，依靠生产商进行安全性和品质管理，可能出现标准不严情况。此外，功能性标示食品制度从根本上来说是备案制，并非国家审批许可制，因此给生产商设定采取各种对策的义务，从法律角度来说非常难。

她指出，功能性标示食品首先是食品，在安全性方面首先要遵守《食品卫生法》，所以有必要修订《食品卫生法》等相关法律。另外，功能性标示食品制度必须要采取由第三方专家评估安全性和品质管理的机制。

《日经商贸》指出，生产商向消费者厅备案某种功能性标示食品时，只需表示试验结果显示"这样的成分起到了这样的效果"，政府方面不会审查内容。如果试验结果造假，看上去如同政府"鼓励"作假。

功能性标示食品制度始于 2015 年，是日本时任首相安倍晋三旨在推动经济增长采取的一项措施。当年，日本备案的功能性标示食品只有 270 多款，市场规模不足 500 亿日元。随着健康食品功能性标示的"松绑"，加上社会老龄化程度日益加深和消费者健康意识增强，日本国内功能性标示食品市场不断扩大。消费者厅的资料显示，目前已备案的功能性标示食品有近 6800 款，涉及约 1700 家生产商。市场研究公司富士经济 2024 年 2 月发布的报告说，功能性标示食品 2023 年在日本国内市场规模达 6865 亿日元，较 2022年增长近 20%，是 2018 年的 3 倍。

受小林制药红曲保健品事件影响，消费者厅对所有已备案的功能性标示食品做了整体排查。截至 2024 年 4 月 18 日，消费者厅共收到生产商就 6530 款功能性标示食品的回复。消费者厅当天公布的统计结果显示，共有 22 家厂商从医疗从业者处获知 147 例消费者健康受损案例，涉及 35 款产品。这 147 例健康受损案例中没有死亡案例，多数是腹泻、湿疹等轻症，有几例因病情较重需要住院

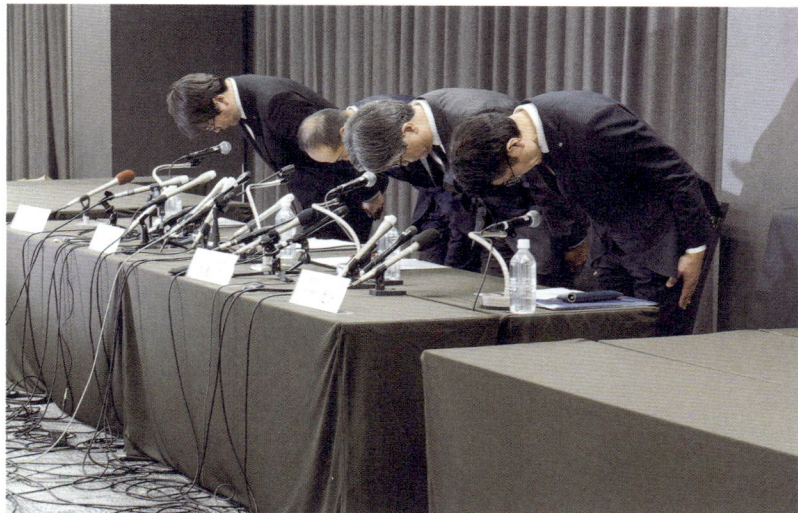

2024 年 3 月 29 日，小林制药公司社长小林章浩（左二）及相关负责人在日本大阪举行的新闻发布会上鞠躬。（新华社记者张笑宇摄）

的案例。不过，尚未证实相关产品与消费者健康受损的因果关系。

《西日本新闻》在社论中说，功能性标示食品这一制度设计因注重经济增长而过于减轻生产商的负担，却以牺牲消费者健康为代价。为了消除日本民众对健康食品的不安和不信任，必须对相关制度进行根本性改革。

【褪色的"光环"】

整体上来看，日本食品的安全性较高，但并非没有发生过重大食品安全事件。

日本"二战"后发生的食品安全事件中，最严重、影响最深远的要数 1955 年的森永砷奶粉中毒事件。乳业巨头森永乳业在用于奶粉的稳定剂磷酸氢二钠中混入大量砷，导致饮用相关批次奶粉的1.3 万名婴幼儿砷中毒，超过 130 人因砷中毒死亡。

日本当时以经济增长为最优先任务，政府、法院等都站在森永乳业一边，试图平息事态。森永乳业相关人员一审全部无罪。围绕这一事件的刑事审判一直持续到 1973 年，由于是过失导致奶粉出问题，最终实际被判刑的只有生产问题奶粉的德岛工厂原生产科长一人。

2000 年，日本另一老牌乳业巨头雪印公司生产的奶粉遭细菌毒素污染，导致上万人中毒。雪印公司因这一事件及其迟缓应对名誉扫地，总经理被迫引咎辞职，旗下 20 多家工厂被勒令停产整顿。

近年来，日本制造业爆出一系列重大数据造假事件，不断打破"日本制造"的质量神话。此次小林制药红曲保健品事件打击了消费者信心，"日本制造"的光环进一步褪色。《西日本新闻》在社论中提到，红曲事件曝光后，日本功能性标示食品市场相比前一年同期缩减大约一成。小林制药称，企业损失超过 38 亿日元。

一些专家及与小林制药有过合作关系的知情人士指出，这一事件与小林制药的不良企业作风不无关系。

2010—2011 年间，小林制药开展了企业第一个临床试验，却发生篡改试验数据丑闻。企业当时为了改善减肥药的效果，打算添加新成分，于是开始着手准备临床试验。那时受委托进行试验的是一家名为 Site Support Institute（SSI）的临床试验现场管理组织。据SSI 公司知情人士透露，小林制药当时没有可称得上制药专家的人才，没有与厚生劳动省及医药机构协调沟通的渠道，甚至没有人懂得药品获得许可的基本流程，因此把临床试验全部交给了 SSI 公司。

试验非常简单，就是让志愿者摄入减肥药，比较身体质量指数（BMI）有多大变化。但是小林制药设定的条件是招募大量原本 BMI 就很高的志愿者，也就是肥胖程度比较严重的志愿者。按照这一条件，SSI 公司难以在小林制药限定的时间内完成招募。小林制药多次向 SSI 公司的临床试验协调员施压，后者最终在志愿者的身高数据造假，从而伪造出更高的 BMI。

2013 年，篡改数据丑闻被曝光，但小林制药不仅没有自我反省，还以受害者姿态向 SSI 公司索赔。

除了篡改数据，小林制药在这项临床试验中还涉嫌向负责试验的医生提供超过 2000 万日元的过高酬金，以换取医生默许 SSI 公司的临床试验协调员篡改数据。另外，试验对象还包括实施试验的医院职员，这也违反了医疗伦理，因为医院职员属于利害相关者，而利害相关者被认为不能提供客观数据。

此外，日本媒体还爆出，该国健康食品广告中有超过 70% 存在对相关临床试验结果解释和引用不规范、容易误导消费者的问题，包括只强调对生产商有利的试验结果，对矛盾的数据视而不见等。

国际学术期刊《临床流行病学杂志》刊发的一项抽样调查显示，由医院和大学等机构人员组成的团队调查了日本五家大型医药研发合同外包服务机构受企业委托进行的与食品有关的 76 个试验。这些试验中，有 32 个试验发表了论文。而调查显示，26 个试验的论文摘要部分和试验结果不一致；11 个试验的结果被用于食品广告和新闻公报，其中 8 个试验结果的解释不规范，表述容易给消费者带来误解，不规范比例高达 73%。调查团队举例说，某款补充剂宣称能维持认知能力，明明多个试验项目未能确认其效果，论文却选用片面结果便称"提示认知能力改善"，还在广告中宣称有"维持认知能力"的功效。

肯尼亚积极推进绿色转型

内罗毕分社　林晶　黎华玲　李卓群

联合国数据显示，尽管整体碳排放量仅占世界碳排放总量2%—3%，非洲却是受气候变化影响最大的大陆。2024年雨季期间，东非国家肯尼亚损失严重，让肯尼亚社会各界再次认识到向绿色转型从而增强应对气候变化的韧性迫在眉睫。

作为新兴发展中国家，肯尼亚义无反顾选择绿色工业化发展。据世界经济论坛2023年能源转型指数，肯尼亚在非洲国家中排名第一，全球排名第46。近年来，肯尼亚加大与多国政府、企业合作力度，致力于实现绿色转型和可持续发展。

【应对气变能力依然脆弱】

几十年来，非洲大陆气温上升速度加快，与天气和气候相关的自然灾害日趋严重。世界气象组织报告显示，2022年非洲大陆有超过1.1亿人直接受到气候灾害影响，造成的经济损失超过85亿美元。受气候变化影响，非洲农业生产率增长自1961年以来下降34%，预计到2025年非洲国家每年粮食进口量将增加约3倍，财政负担加剧。

　　肯尼亚总统威廉·萨莫伊·鲁托指出，2022—2030 年，非洲国家每年因气候变化遭受的损失估计占到国内生产总值的 5%—10%。肯尼亚 2024 年雨季就遭受了严重损失。超常的降雨量引发洪灾，摧毁了房屋，冲垮了桥梁和水坝，带走超过 200 人的生命，十多万人流离失所。不少国际游客一度被洪水围困在世界知名的动物保护区马塞马拉。

　　肯尼亚国民议会议长摩西·马西卡·韦坦古拉接受新华社记者采访时也表示，放眼全球，非洲大陆是应对气候变化能力最脆弱的地区之一，高耗能的粗放式发展方式对环境伤害极大，绿色发展方式是非洲实现可持续发展的必然选择。

　　一些经济学家认为，非洲国家实现可持续发展，关键在于能否用好自身重要发展优势——"蛙跳"能力，即利用其后发优势，直

这是 2024 年 9 月 10 日在肯尼亚基安布县拍摄的东非大裂谷一景（无人机照片）。（新华社记者韩旭摄）

接获取最新的市场技术，跳过技术发展的中间阶段。如能利用好这一优势，实现转型与发展并非遥不可及。

早在 2016 年 8 月，肯尼亚政府就发布《绿色经济战略与实施计划》，旨在进行低碳、资源节约、公平和包容的经济社会转型。2020 年 12 月，肯尼亚政府向联合国气候雄心峰会提交国家自主贡献预案，提出将 2030 年肯尼亚温室气体排放由正常发展模式下的 1.43 亿吨二氧化碳当量减少 32%。

尽管肯尼亚拥有丰富的地热、太阳能等可再生资源，但目前开发比例较低。为加大开发力度，肯尼亚因地制宜采取了一系列政策。例如，发展地热能、太阳能、风能、沼气能源生产等，并将之列为2030 年成为新兴经济体的重要举措。此外，根据《肯尼亚 2030 愿景》，未来肯尼亚将把氢能作为清洁工业原料，不断提升工业环保水平，并计划搭建无碳平台，以吸引全球新型能源工业前来投资。

解决气候融资问题是包括肯尼亚在内广大非洲国家绿色转型的当务之急。这也是 2023 年 9 月在内罗毕举行的首届非洲气候峰会的重要议题。非洲开发银行数据显示，非洲在 2020—2030 年的气候融资需求预估达 2.8 万亿美元，每年另需 1.3 万亿美元实现可持续发展目标。然而，目前非洲仅能获得全球气候融资的 3%，这个比例为世界最低。非洲国家领导人在峰会通过的《内罗毕宣言》中呼吁发展中国家和发达国家携手降低温室气体排放，敦促发达国家兑现相关的出资和技术援助承诺。联合国秘书长古特雷斯也在峰会上强调，发达国家"必须兑现其承诺"。

【借助外力推动绿色转型】

肯尼亚首都内罗毕是联合国环境署和联合国人类住区规划署总部所在地。或许在一定程度上有此因素驱动，肯尼亚政府近年来为使国家经济发展向绿色低碳转型付出巨大努力，其中重要举措包括积极借助国际合作伙伴力量，积极推动可再生能源发展。目前，欧美多国、日本及中国在肯尼亚绿色低碳转型产业领域都在进行布局且各具优势。

2023年12月在第28届联合国气候变化大会期间，肯尼亚总统鲁托同相关与会国家签署了七项绿色项目协议，总价值6800亿肯尼亚先令（约合44.8亿美元），包括地热发电厂、化肥生产和由可再生能源驱动的数据中心等项目。投资方来自澳大利亚、英国、印度尼西亚、阿联酋、巴西和印度等多国。鲁托2024年5月访问美国期间重申肯尼亚致力于发展绿色能源的决心，并与美国签订一系列合作协议。

"我们有机会成为全球绿色能源产业的领导者，这不仅是为了应对气候变化，也是为了经济发展。"谈及肯尼亚在绿色转型和可持续工业化进程中寻求与多方合作，鲁托说，"肯尼亚既不向东看，也不向西看，而是坚定地向前看。"

向绿色经济转型也是肯尼亚破解发展瓶颈的迫切需求。肯尼亚当前经济发展面临缺电的尴尬局面。该国至今未实现全民用电，其主要发电手段水力发电提供了总发电量的47.8%。但肯尼亚气候分雨季和旱季，水电供应极不稳定，地热能发电不受天气影响，可缓解电力短缺问题。

肯尼亚地热资源丰富，潜力预计超过 1 万兆瓦，然而开发相对不足，装机容量仅有 950 兆瓦。目前肯尼亚地热产业领域外国市场主体大多来自日本和欧美国家，代表企业有日本富士、东芝、三菱，美国奥玛特，冰岛绿色能源地热公司等。2023 年，中国浙江开山集团承建的肯尼亚索西安地热电站投产送电，在业界引起不小震动。虽然只有 35 兆瓦的装机容量，但它是肯尼亚乃至非洲大陆首个从项目设计、产品生产、建设、调试完全由中国企业独立完成的地热发电站。

肯尼亚地热开发公司项目工程师摩西·卡丘莫接受新华社记者采访时说："索西安地热电站极具示范意义，将加速推进肯尼亚地热开发。中国企业灵活的财务安排可以缓解肯方资金压力，他们极

2024 年 10 月 24 日，在肯尼亚纳库鲁郡，肯尼亚总统威廉·鲁托（右二）出席开工仪式。（新华社记者韩旭摄）

具性价比的施工和设备也将大大降低了成本。"他认为，如果设备和施工质量在运营阶段表现稳定，中国企业未来将获得更多订单，肯尼亚地热领域也将会应用更多的中国工程技术和金融模式，从而加速推进能源转型。

【期待深化绿色经济合作】

肯尼亚是中国在东非最大的贸易伙伴，中国是肯尼亚最大贸易伙伴和最大进口来源国。肯尼亚国民议会议长韦坦古拉对记者表示，肯方热切期待肯中双方在即将举行的中非合作论坛峰会期间达成更多共识，推动肯中合作走向新高度。

近年来，中肯绿色经济领域合作主要以新能源项目为主，具体方式通常为工程总承包和投资，涉及地热、风电、光伏等领域，包括奥卡瑞发电站地热钻井项目、加里萨光伏电站项目和图尔卡纳湖风电项目等。在中国大力支持下，肯尼亚已经建成了东非最大的并网太阳能发电厂。由中国企业建造的加里萨光伏电站每年供应的电力超过肯尼亚全国总用电量的 2%。

中国与包括肯尼亚在内的非洲共同发布应对气候变化合作宣言，积极推动非洲国家建设低碳和适应气候变化示范区，支持实施"绿色长城"计划，与 15 个非洲国家签署应对气候变化合作备忘录。中国还计划开发实施应对气候变化南南合作"非洲光带"项目，援助非洲相关国家开发利用太阳能资源，帮助解决用电困难问题，助力实现绿色低碳发展。

肯尼亚国际关系问题专家卡文斯·阿德希尔对新华社记者说，

新冠疫情后的绿色经济复苏，将极大推动非洲大陆扩大可再生能源领域投资，通过"一带一路"倡议下的绿色项目，非洲大陆有更多机会与中国开展合作，用绿色能源推动其工业化发展。中国不仅在推动自身能源领域的"绿色革命"，而且始终与非洲各国并肩合作，成为非洲大陆开发太阳能和风能的主要合作伙伴。

中国除了在绿色能源转型方面与非洲展开深入而广泛的合作，还已成为非洲在数字互联互通方面的主要合作伙伴。作为世界上最强大的制造业中心和最先进的价值链所在地，中国已经跨入了一个新的工业生产领域，这将推动世界其他地区的发展，中国和同为南方国家的非洲各国将迎来广阔的合作前景。

对于中国提出发展新质生产力、激发高质量发展新动能，肯尼亚专家指出，中国作为140多个联合国会员国的最大贸易伙伴和"全球南方"发展的领跑者，发展新质生产力不仅潜力巨大，还将提升中国与包括肯尼亚在内非洲国家等众多合作伙伴的互动升级，共同推动全球普惠包容、绿色健康发展的新浪潮。

世界第四大岛努力进入大众旅游视野

塔那那利佛分社　凌馨

世界第四大岛在哪里？或许这个问题多数人答不上来。

坐落于非洲大陆东南印度洋面的马达加斯加，正是仅次于格陵兰岛、新几内亚岛和加里曼丹岛的世界第四大岛，面积约59万平方千米，与乌克兰接近，也是非洲第一大岛。

马达加斯加南北跨度约1500千米，拥有蔚蓝海滩、热带雨林、石林、草原等令人赞叹的自然景观，以及狐猴、变色龙等丰富动植物物种，许多物种乃马达加斯加岛所独有。

经过逾千年人口流动和语言、文化交融，马达加斯加形成亚洲、非洲和欧洲元素融合的特点，虽为非洲国家，却有着很多迥异于非洲大陆的习俗，号称世界"第八大洲"。

然而，就是这样一个旅游资源极其丰富的地方，却受限于多种因素，数十年来一直是非常小众的旅游目的地。近年来，该国政府采取了一系列措施，希望吸引更多国际游客，把旅游业打造为更强大的国民经济支柱产业。

【包罗万象的动植物王国】

马达加斯加地处西南印度洋，面积 59.2 万平方千米，隔莫桑比克海峡与非洲大陆相望。该岛曾是非洲古大陆的一部分，在与非洲大陆断裂后，一些古老的动植物种群仍在这个与世隔绝的岛上繁衍进化，而它们在非洲大陆的同类却逐渐消失了。因此，马达加斯加动植物种群的多样性和唯一性在全球都属罕见。

不同于非洲大陆，马达加斯加没有大型野生动物，而是小动物的天堂。狐猴、变色龙、猴面包树可能算得上岛上最有名的三样动植物。狐猴数量达上百种，并且全部为岛内独有。知名动画电影《马达加斯加》中的朱利安国王是一只环尾狐猴。此外，还有会侧着身

这是 2023 年 11 月 26 日在马达加斯加安达西贝私人保护区拍摄的环尾狐猴。（新华社记者董江辉摄）

子、跳跃行走的维氏冕狐猴，俗称"跳舞狐猴"，以及和大熊猫一样、只以竹子为食的竹狐猴，等等。

马达加斯加的变色龙、蛙类和鸟类颜色多彩，种类繁多，让人感叹大自然的神奇。据统计，包括变色龙在内的 300 多种爬行动物、包括蛙类在内的 200 多种两栖动物及 100 多种鸟类和鱼类、30 多种蝙蝠等都为马达加斯加独有。

马达加斯加地形、地质、气候、植被都具多样性，岛上有热带高原、草原、雨林和戈壁，植物中的 80% 在其他地方见不到。岛的西部有世界上最大的石林，壮观险峻，其中大片区域至今无人涉足。

儿童文学作品《小王子》中出现的"猴面包树"是马达加斯加岛上最著名的树种。这是地球上的一种古老树种，属大型落叶乔木，树冠巨大，远观像是根部朝上、向着地面生长般奇异。

尽管其他地方也有猴面包树，但只有马达加斯加还保存有成片猴面包树林。全球现存的八种猴面包树在这里都能见到，并且以高大粗壮、造型奇特出名。在该岛西海岸穆龙塔瓦市郊，几十株高大挺拔的猴面包树排列成行，形成令人啧啧称奇的猴面包树大道景观，常年吸引着各国游客到此观赏。

马达加斯加还有逾 1000 种兰花，种类远远超过非洲大陆。其中 90% 为岛上独有，包括许多珍贵品种。旅人蕉则被人们誉为马达加斯加的"国树"。它具有强大蓄水功能，用小刀在叶柄底部划开一个小口子，就会涌出清水，为口渴的旅人提供宝贵的淡水。

在马达加斯加延绵数千千米的海岸线上，保留着亿万年前的原始地貌和全球最美的纯净海滩之一，这里还有美丽的珊瑚礁、古老

2023 年 11 月 25 日，在马达加斯加穆龙塔瓦猴面包树大道，热气球旅行爱好者准备升空热气球。（新华社记者董江辉摄）

的海龟和绝佳的海钓、观鲸地点。每年 7—9 月，圣玛丽岛的鲸鱼巡游都会吸引各地游客前来观赏。

此外，马达加斯加还是芳香植物天堂，常年出口香草、丁香等香料作物。2010 年，马达加斯加、塞舌尔、毛里求斯、科摩罗、马约特岛、留尼汪等六个印度洋香草产地成立"香草岛国"组织，以此协同推进本地区旅游业发展。

【 文化多元并包的"第八大洲" 】

马达加斯加不仅动植物资源丰富独特，同时是人类历史长河中少有的亚太文明与非洲文明相遇、融合之地，文化独具一格。因此，马达加斯加又有着世界"第八大洲"之称。

马达加斯加岛居民统称为马尔加什人，他们由漂洋过海而来、说南岛语系语言的人和来自东非大陆说班图语族语言的人融合而来，形成约 18 个民族。

马达加斯加全国人口约 3000 万人，伊麦利那人占总人口的超过四分之一，为黄种人；其次三大民族属黄种人和黑人混血。此外，还有印巴人和华裔定居至此。所以，在这个非洲大岛上，亚洲面孔非常多见。

伊麦利那人的祖先在中部高原定居，在那里修建水利设施、梯田，继续精耕细作，种植水稻，历史上曾建成马达加斯加岛上粮食产量最高、人口规模最大的国家，并于 19 世纪初统一全岛，建立马达加斯加王国。1896 年，马达加斯加岛沦为法国殖民地。1960 年，马达加斯加重获独立。

马达加斯加语正是以伊麦利那语为核心形成的，是岛上的通用语言。与这一语言关系最近的语言分布在今天加里曼丹岛南部巴里托河流域。可以推想，伊麦利那人的祖先当年从位于东南亚的世界第三大岛加里曼丹岛一带乘船驶向六七千千米外的马达加斯加。

经过上千年的人口流动和语言、文化交融，如今的马达加斯加人保有一些不同于非洲大陆的习俗。例如，马达加斯加人一日三餐食用大米。在马达加斯加发行的新版货币上，最大面额纸钞的正面就印有水稻。2006 年，"杂交水稻之父"袁隆平及其团队来到马达加斯加，指导发展杂交水稻，帮助马达加斯加成为杂交水稻种植面积最大、产量最高的非洲国家及第一个实现杂交水稻全产业链发展的非洲国家。

马达加斯加人崇拜和尊重牛，认为它是勤劳和财富的标志。广大农民日常生活离不开牛。牛是耕田、拉货工具，也是婚丧仪式上宴客的食物来源，是衡量各家各户财力的标志。

【小众游目的地渴望进阶】

尽管拥有丰富的动植物资源和储量居非洲首位的石墨等矿产资源，马达加斯加仍是世界上最贫困的国家之一。长期以来，只有少数旅行达人和动植物爱好者会前往这片贫困的土地"探险"。

世界银行数据显示， 2022 年马达加斯加贫困人口占比 75%。2021 年，其人均国内生产总值为 500.5 美元。该国基础设施落后。全国可用公路里程从法国殖民时期的逾 5 万千米降至 2019 年年末的约 1.3 万千米。双向车道已属奢侈，大部分公路是颠簸土路，车辆龟速行驶。城乡普遍缺电。2021 年，马达加斯加城市 72.6% 居民实现用电，农村仅 10.9% 的居民实现用电。

过去五年，受极端天气频发和新冠疫情影响，马达加斯加发展更为困难。年均通胀率超过 6%，消费品价格至少上涨 30%，南部和东南部地区长期遭受饥荒，本国消费的大米 20% 需要进口，停水停电情况加剧。在环境领域，五年间森林面积减少 50 万公顷，超过该国森林覆盖总面积的 6%。

相对隔绝的地理位置，令马达加斯加成为动植物天堂，却也成为该国经济社会发展的一种负面因素。南回归线穿过该岛南部，东南信风和赤道暖流同时带来飓风、洪水和干旱，影响农林渔业。本已破败的路桥也在每年雨季期间持续遭到损坏。20 世纪 70 年代起长达近 30 年的社会动荡和政权更替，加上 2009 年再次发生政治危机，令马达加斯加经济每况愈下。政府治理不善，腐败屡禁不止，也都阻碍国家发展。

现任总统安德里·尼里纳·拉乔利纳 2019 年 1 月上台后致力于推动能源、农业、住房、卫生、基础设施等重点领域建设。一批中资企业与马达加斯加政府达成一系列公路、水电站、数据中心等基建合作项目。中国政府还和马达加斯加政府签署了哈努马法纳水电站项目优惠贷款框架协议，为该国解决供电难题提供帮助。

在经济支柱农业越发脆弱的情况下，马达加斯加 20 世纪 90 年代起便将旅游业列为重点发展行业。为发展旅游业采取了一系列措施，包括鼓励外商投资、建立旅游学校、成立旅游开发机构、推进国内和地区航运自由化、改革游客签证制度等。数据显示，前往该国的国际游客里近半数为独行客，平均逗留时长约 20 天。这说明来此旅行的主流人群是进行深度游的背包客。这与其他海岛国家以家庭、情侣游客为主的中短期休闲度假游截然不同。客源地主要为欧美国家。

在现代化设施缺失、旅行耗时较长的同时，马达加斯加又确实具有许多"只此一家，别无分号"的旅游资源，与其他海岛目的地形成鲜明错位。因此，马达加斯加扬长避短，对目标人群和潜在市场开展大力宣介。2023 年，马达加斯加旅游部在 20 家国际杂志介绍本国旅游特色，并作为布达佩斯国际旅游博览会的主宾国和波兰波兹南旅游博览会的伙伴国在会上亮相。马达加斯加旅游部 2023 年还组织了 93 家旅行社参加旅游交流活动，以加强与业内人士联系，探索与外界合作开发多样化旅游产品。

　　2023 年，该国接待外国游客近 26 万人次。尽管比 2022 年几乎翻倍，但距其 35 万人次的接待目标仍有差距。在 2024 年 6 月举行的马达加斯加国际旅游展销会上，总统拉乔利纳表示，未来计划在全国新建 15 家五星级酒店，以满足更多游客需要。《悦游》杂志把马达加斯加列为 2024 年必去旅游目的地之一。报道说，多家豪华邮轮公司已将马达加斯加列为 2024 年航程停靠点，马达加斯加国内航空公司也在推出连接偏远但热门目的地的航线，以增加旅游的便利性。

　　马达加斯加旅游联合会表示，交通设施薄弱限制了该国旅游业发展。当务之急是增加国内航线和航班数量，以及修复国内主要公路和通往主要旅游景点的道路，尽力为游客提供更好的出行体验。

西非"堵城"拉各斯发展现状扫描

阿布贾分社　杨喆　侯鸣

尼日利亚是非洲人口最多的国家，国内生产总值常年位居非洲前两位。按照尼日利亚政府统计，该国经济中心拉各斯人口已经超过 2000 万，与非洲最大城市埃及首都开罗比肩。尼日利亚 1991 年将首都从拉各斯迁至新城阿布贾，部分原因就是拉各斯人满为患，拥堵不堪，城市治理问题非常突出。

而拉各斯的问题也折射出非洲国家城市化困境，反映出非洲国家在统筹规划全国协同发展方面面临的挑战。要治愈拉各斯的"城市病"，令其更好地释放人口红利、发挥引领全国经济作用，还有很长的路要走……

【从潟湖渔村到大都会】

许多人这样形容拉各斯的重要性："拉各斯之于尼日利亚人民，就像头之于一个人的身体。"

尼日利亚是非洲文明古国。考古证据显示，当地有人类居住的历史可追溯到至少公元前 9100 年。公元 8 世纪，扎格哈瓦游牧部落在乍得湖周围建立起卡奈姆 – 博尔努王国。10—11 世纪，约鲁巴族、豪萨族分别在尼日尔河下游和尼北部地区建立多个王国。15世纪以后，尼日利亚先后被葡萄牙和英国入侵，20世纪初沦为英国殖民地，1960年独立。

15世纪初，葡萄牙奴隶贩子来到几内亚湾一个名为Eko的渔村，将其重新命名为Lagos并在此定居。这两个词皆是对拉各斯地貌的描述：前者为约鲁巴语，意为沼泽；后者为葡萄牙语，意为潟湖，即被沙嘴、沙坝或珊瑚分割而与外海相分离开来的局部海水水域。

1914年，拉各斯即因其优越的海港条件被英国定为殖民地首都。1960年尼日利亚独立后，拉各斯继续作为首都。20世纪70年代，为缓解拉各斯的"城市病"及民族矛盾等问题，并兼顾其他地区发展，尼日利亚政府决定迁都，选定位于国家地理中心地带的阿布贾。1991年，新首都建成，尼日利亚迁都阿布贾。

时至今日，不少当地人依然使用Eko来称呼拉各斯，而这里早已不是当年那个小渔村：三个繁忙的海港、充满活力的市场和夜生活……商业、科技、娱乐和教育水平均明显领先全国。在娱乐、时尚、旅游和艺术方面，拉各斯在整个非洲都颇具影响力。

作为尼日利亚金融、工业、航运中心，拉各斯至少有29个工业区和四个中央商务区，包括银行总部和证券交易所在内的200多家金融机构坐落于此。从经济数据上看，拉各斯生产总值约占全国经济总量的30%，对外贸易量占全国80%以上，港口收入占50%以上。尼日利亚全国约七成工业投资和65%的商业活动发生在拉各斯所在的拉各斯州。

拉各斯的定位随着发展不断变化。有人这样比喻：19世纪80年代起，它因海上贸易港而闻名，是"西非的利物浦"；如今它作为金融枢纽，堪称尼日利亚乃至"西非的伦敦或纽约"；着眼未来，拉各斯对于非洲大陆的重要性不断提升，正在进化为"非洲的迪拜或新加坡"。

【 "城市病"久治难愈 】

尼日利亚全国人口约 2.2 亿人，为世界第六人口大国；2023 年总和生育率、即平均每名育龄妇女生育子女数高达 5.1，人口年龄中位数 17 岁，城镇人口比例达 54%。

拉各斯所在的拉各斯州是尼日利亚面积最小但人口最多的州。拉各斯究竟有多少人口？尼日利亚政府网站显示，拉各斯人口 1995 年突破 1000 万，不到 20 年时间，人口即已增长到 2000 万人。而按照媒体报道说法，如今至少有 2400 万人生活在拉各斯大都会区。经济学人智库发布的 2023 年"全球宜居指数"显示，拉各斯在报告提及的 173 个全球主要城市中排名倒数第四，仅优于叙利亚首都大马士革、利比亚首都的黎波里和阿尔及利亚首都阿尔及尔。

虽然尼日利亚政府早就有意识地通过迁都等手段缓解拉各斯的"城市病"，但治了几十年未见起色。事实上，非洲国家普遍经济基础薄弱、人口增长较快，城市提供居住、医疗、受教育及就业机会的能力远远落后于农村人口向城镇迁移的速度。城市化质量与城市化速度严重不同步。久而久之，非洲国家城市化进程中遭遇的难题显得更加复杂难解。

拉各斯别称"堵城"，最为人诟病的"城市病"之一就是拥堵。一个故事在这里广为流传：一名商人乘坐出租车出行，被堵在半路

这是 2024 年 2 月 16 日在尼日利亚拉各斯拍摄的一个市场。（新华社／美联社）

上，他看到附近有家餐厅，便下去吃饭喝茶，茶足饭饱后走出餐厅，发现出租车还堵在原地等他。

记者在拉各斯街头看到：从奔驰、宝马等豪华轿车到不见车标、残破不堪的破旧汽车，再到标志性载客面包"小黄车"，马路上挤满各种车辆，鸣笛声不绝于耳。大部分载客公交车在行驶中不关门，一名男子站在门口，一手扶着车厢上沿，另一只手挥舞着提醒来往车辆让行。

贫富差距也是突出问题。拉各斯分为岛和陆地两部分，中间靠几座大桥连接。如今，拉各斯岛西北端是街道狭窄、住房简陋、人满为患的贫民区。主要商业区则位于拉各斯岛西南海岸，各种高楼不断拔地而起。一些贫民住在城市中心的"非正规居住区"，也有很多人住在城市不停延展的边缘。

在拉各斯，最为外界所知的不是豪华别墅，而是位于潟湖上的马科科水上贫民窟。据信大约 10 万人蜗居在那里。记者在拉各斯海滨大桥第三大陆桥行车时，能够清晰地俯瞰这座著名的水上贫民窟，但见低矮破旧的临时搭建房屋连绵不绝数千米，水面上漂浮着各类垃圾，一些居民撑船游走在房屋之间。"我十几岁时住在这里，从小目睹人们只能靠找到的残羹寒食勉强度日。这不应是生活的方式，但人们还有什么选择呢？"曾生活在马科科水上贫民窟的法蒂玛·易卜拉欣对记者说。

与此同时，在拉各斯的富裕社区，比如被称为富翁天堂的人造小岛香蕉岛，则是另一番景象：精致别墅、路边豪车、高级餐厅和娱乐场所，人们远离贫困喧嚣，尽享宁静祥和。

贫富差距悬殊，叠加失业高企等因素，导致拉各斯帮派暴力、偷盗抢劫及毒品相关犯罪频发。如前所述，尼日利亚全国人口十分年轻，许多青年或是寻找机会、或是逃离地方冲突战乱，涌入拉各斯这样的大城市。但受制于多种因素，相当一部分青年靠捡垃圾、偷盗度日。

同时，环境污染的影响也不容忽视。据媒体报道，拉各斯每天产生约 1.5 万吨垃圾，比有 3000 多万人口的西非国家加纳全国一天的垃圾量还要多。2024 年 3 月，拉各斯政府驱逐了伊乔拉大桥下的所谓非法占地者，拉各斯废弃物管理局环境专员托昆博·瓦哈卜说，这些非法定居点造成公共场所垃圾泛滥和污损，带来严重健康和安全风险。

对于拉各斯的"城市病"，批评者认为，尼日利亚现有治理体制难以支持城市长远规划的持续实施，政府部门效率低下，贪腐问题突出……这些主观因素也制约了拉各斯破解城市化难题。

【 包容的追梦之城 】

尼日利亚各地、城乡之间在基础设施、就业机会、教育、安全形势等方面发展差距较大。对许多人来讲，拉各斯仍是实现梦想最好的地方。

"拉各斯是尼日利亚所有城市中最有包容性的。你带着你的包裹——宗教的、部落的、文化的——来到这里，拉各斯将为你让路。"尼日利亚知名媒体人穆伊瓦·阿德蒂巴说，拉各斯会给有梦想的人一个"熊抱"并相应奖励这些人，哪怕其中一些梦想并不合法。"拉各斯会提供做各种生意的空间。你可以只穿一件衬衫就来，一年之内成为商店老板，五年甚至更短时间内成为土地所有者。"

站在拉各斯的海岸边，只见许多渔民撑着传统的小船漂在海面上，另一边是密集的高楼和川流不息的车辆。从草根到精英，各种人在这里找寻想要的生活。

20 年前，埃梅卡·奥卡福尔离开位于埃努古州的故乡，来到拉各斯寻梦。"离开家人和家乡并不是一个容易的决定，但我知道，如果我想成功，我必须到拉各斯冒险。"奥卡福尔对记者说。在拉各斯国际贸易展览中心，奥卡福尔的美发产品和化妆品生意兴隆。他有五家商店，第六家正准备开业。

"拉各斯人才济济，创意产业蓬勃发展，创造力无限。"女演员托拉尼·阿巴斯说。非洲人自己的影视产业中心"诺来坞"就位于拉各斯，近几年发展迅速。"拉各斯的生活就像一场舞蹈——你要学会随着节奏摆动，优雅而坚定地驾驭曲折。正是这种坚韧精神和不屈不挠的意志定义了拉各斯。梦想在这里启航，命运在喧嚣的城市生活中锻造。"她说。

【基建提速效果初现】

近几年，尼日利亚国内生产总值增速疲软，货币贬值，通胀严重，贫困率上升，经济社会发展面临一系列严峻挑战。不过，在曾任拉各斯州州长的现任总统博拉·提努布主导下，拉各斯基建项目全面提速。拉伊铁路、拉各斯机场新航站楼、莱基深水港、拉各斯轻轨红蓝线……这些基础设施建设正在改变着拉各斯的面貌。

拉各斯航运代理楚克乌迪·奥孔吉说，拉各斯仍是尼日利亚经济振兴的支点，莱基深水港证明了这个沿海城市在推动创新和发展方面的关键作用。

在这其中，中资企业扮演了重要角色。由中国港湾工程公司以

2024年2月28日，在尼日利亚拉各斯，人们乘坐轻轨蓝线列车。（新华社记者韩旭摄）

"投建营"模式开发的莱基港是尼日利亚首个现代化深水港，年设计通过能力可达120万标箱。据估算，作为尼经济发展新引擎和西非"明星港"，莱基港在45年特许经营期间，可拉动约3600亿美元的国内生产总值增长，创造17万个就业岗位，带来直接、间接商业收入约1580亿美元。"莱基港改变了游戏规则，不仅为拉各斯，而且为整个国家开辟了新的贸易和商业途径。"奥孔吉说。

改善交通拥堵方面，早在2002年，时任拉各斯州州长提努布就提出了城市交通的总体规划，但批评者认为这些计划难以全面转化落地。如今，提努布已经成为尼日利亚总统，拉各斯交通基建在过去几年进入快车道。

由中国土木工程集团承建的拉各斯轻轨红线于2024年2月举行了通车典礼。2023年9月，同样由这家公司承建的拉各斯轻轨蓝线已投入运营。这两条贯穿拉各斯繁华地带的轻轨，给饱受拥堵之苦的拉各斯人提供了出行新选择。拉各斯保险经纪人塔伊沃·阿德昆莱说，轻轨为普通人的生活带来便利，对那些依赖公共交通的人来说，这是"某种意义上的生命线"。

未来，拉各斯在基建上的投入仍会持续。拉各斯州政府发布的消息显示，2024财年拉各斯基础设施方面的预算占到全州预算总额的四分之一，除用于继续建设和维护交通基础设施，还将用于经济适用房建设及城市公共设施更新。

从马科科水上贫民窟走出来的易卜拉欣已经结婚，住在新启动的轻轨红线沿线人口密集的阿盖盖地区。她对拉各斯的发展前景怀有信心。"这是一个充满机遇的城市，一个梦想成真的地方。"

重新认识非洲老朋友坦桑尼亚

达累斯萨拉姆分社　华洪立

2024年是坦桑尼亚成立60周年，同时也是中坦建交60周年。作为中国在非洲的老朋友、好朋友，坦桑尼亚其实相当"低调"，以至于很多国人提起坦桑尼亚只知道象征中非友谊的坦赞铁路和"乞力马扎罗的雪"。事实上，坦桑尼亚是一个矿产资源、淡水资源、旅游资源极其丰富的"宝藏"国家。近年来，坦桑尼亚经济发展迅速，取得多项成就，已经步入中等收入国家行列。如今，坦桑尼亚正积极与中国加强基础设施、农业、医疗、旅游、蓝色经济等各领域交流合作，推动坦中全面战略合作伙伴关系取得更多新成果。

【政局稳定　发展提速】

1964年4月26日，坦噶尼喀与桑给巴尔合并组成坦桑尼亚联合共和国，国土面积94.5万平方千米，目前人口6100多万，2022年国内生产总值757亿美元。原首都达累斯萨拉姆，在斯瓦希里语中意为"平安之港"。目前，坦桑尼亚迁都至多多马的计划正在推进，达累斯萨拉姆依旧为大部分政府机关和外国使馆所在地。

坦桑尼亚曾是著名的前线国家。前线国家指南非周边的安哥拉、博茨瓦纳、莫桑比克、坦桑尼亚、赞比亚、津巴布韦六国，因地处反对南非种族主义、争取民族独立和解放斗争的前线而得名。历史上，坦桑尼亚为非洲大陆的政治解放做出过重大贡献。近年来，坦桑尼亚外交政策务实性增强，全力促进区域经济合作，积极参与调解与其利益相关的地区问题。坦桑尼亚国内政局稳定，顺利完成六次权力交接。

桑给巴尔岛地小人少，却在坦桑尼亚联合政府中拥有高度自治地位。该岛地理位置优越，是印度洋贸易航线上的重要站点，通达阿拉伯半岛、南亚和非洲大陆。波斯人、阿拉伯人曾前来贸易、定居，16 世纪被葡萄牙人征服，17 世纪成为阿曼海外领土，1832 年被阿曼苏丹定为首都，1890 年落入大英帝国手中，直至岛上黑人政党起义才于 20 世纪 60 年代取得独立。桑岛面积 0.25 万平方千米，目前人口约 150 万人，种植园时代的香料作物丁香至今仍是重要收入来源。

20 世纪 60 年代初美苏全球争霸，桑给巴尔曾被《纽约时报》称为"非洲古巴"。坦噶尼喀、桑给巴尔在西方国家可能干预的压力下抱团取暖，合并为新的国家。在宗教信仰上，坦噶尼喀 32% 的民众信奉天主教和基督教，30% 信奉伊斯兰教，而桑给巴尔几乎全民信奉伊斯兰教。1992 年，桑给巴尔政府擅自加入伊斯兰会议组织，遭联合政府强烈反对后退出。2001 年以来，联合政府继续巩固统一局面，维护联合政体，争取温和力量，打击桑给巴尔分裂势力。

坦桑尼亚经济以农业为主，逾七成人口务农或在农村居住。近年来，该国制造业、矿业和旅游业发展较快，外国直接投资存量持续增长，政府致力于改善教育、医疗等公共服务，取得令人瞩目的成就。据坦桑尼亚银行数据，2014—2018 财年，坦桑尼亚每年经济增速都维持在 7% 左右。

达累斯萨拉姆大学中国研究中心主任汉弗莱·莫西教授告诉记者，坦桑尼亚政府通过实施稳健的宏观经济政策，保持了通货膨胀率和汇率相对稳定。政府重视基础设施建设投入，为经济发展提供坚实支撑，并致力于推动农业现代化进程，采取一系列措施促进农业生产提高、农民增收。

【资源丰富　得天独厚】

虽然和许多非洲国家面临着类似的发展掣肘，幸运的是，坦桑尼亚资源丰富，有着得天独厚的发展资本，已探明主要矿产包括黄金、金刚石、铁、镍、铀、磷酸盐、煤及各类宝石等，天然气储量巨大。此外，坦桑尼亚可耕地面积约 4400 万公顷，得到开发利用的不足三分之一。

坦桑尼亚淡水资源丰富，拥有巨大的水力发电潜力。非洲最大的三个湖泊维多利亚湖、坦噶尼喀湖和尼亚萨湖（马拉维湖）分别位于该国北、西、南部，淡水湖总面积达 5.8 万平方千米。其中，维多利亚湖是非洲最大湖泊、世界第二大淡水湖，渔业资源丰富；坦噶尼喀湖最深处可达 1470 米，是仅次于贝加尔湖的世界第二深湖；马拉维湖周边地势很高，湖岸多是悬崖峭壁，形成许多瀑布，吸引众多游客。

　　坦桑尼亚旅游资源丰富。三分之一国土为国家公园、动物和森林保护区。非洲第一高峰乞力马扎罗山即在该国境内。每年在肯尼亚马赛马拉和坦桑尼亚塞伦盖蒂之间逐水草而迁徙的大型动物，创造了世界十大自然旅游奇观之一。曾写下《乞力马扎罗的雪》的美国著名作家欧内斯特·海明威说，在这块土地上，你可以感受到生命的节奏，那是一种让人迷醉的旋律。

　　随着新冠疫情消退，坦桑尼亚旅游业迅速恢复，2023 年入境游客超过 180 万人次，最大客源地为欧洲，其次为亚太地区。据坦桑尼亚自然资源与旅游部估算，中国游客人数从 2019 年的 33541 人次增加到 2023 年的 44438 人次，增幅达 32.4%。坦桑尼亚旅游局局长达马斯·姆富加莱表示，坦桑尼亚已将中国、俄罗斯和印度确定为坦桑尼亚新的战略旅游市场，以期实现到 2025 年吸引国际游客 500 万人次、旅游业收入占到国内生产总值 19.5% 的目标。

　　2020 年 7 月，坦桑尼亚成为继肯尼亚之后第二个步入中等收入国家行列的东非国家。虽只是刚刚跨进门槛，属于中等偏下收入一档，但提前五年实现既定经济发展目标。不过，莫西指出，坦桑尼亚经济过度依赖农业和矿产资源，抵御外部环境波动风险能力欠缺；基础设施不足、质量不高，制约经济发展效率；需要加大对教育和科技创新的投入，提升人力资源质量；此外，地区局势动荡也给发展带来不利影响。

【 南南合作　开创典范 】

　　中国 1961 年 12 月 9 日与坦噶尼喀建交，1963 年 12 月 11 日与桑给巴尔建交。坦桑联合后，中国自然延续与二者外交关系，将1964年4月26日坦噶尼喀、桑给巴尔联合之日定为中坦建交日。坦桑尼亚在中国外交史中占有特殊重要地位。毛泽东主席、周恩来总理和朱利叶斯·坎巴拉吉·尼雷尔总统以诚相交，亲手缔造中坦全天候友谊。周恩来总理不远万里访坦、尼雷尔总统一生13次访华，铸就了中坦友好的历史篇章。

1976年7月建成移交的坦赞铁路至今仍是中国最大的援外成套项目之一。尼雷尔总统曾这样评价："历史上外国人在非洲修建铁路，都是为掠夺非洲的财富，而中国人相反，是为了帮助我们发展民族经济。"坦赞铁路打开了中坦合作的大门，两国合作此后一路生花，成为中非合作、南南合作的典范。中国已连续八年保持坦桑尼亚最大贸易伙伴国地位，2023年中坦贸易额达87.8亿美元，是2013年的3.7倍。中国还是坦桑尼亚第一大外资来源国和第一大工程承包方国家。

坦桑尼亚与中国友谊深厚，但在约翰·蓬贝·约瑟夫·马古富力总统任期（2015年11月至2021年3月）内，两国间因为一项工程有过些许不愉快。回溯2013年，习近平主席访坦桑尼亚，并签署《巴加莫约港口综合开发项目合作备忘录》。该项目不仅着眼于港口建设，更意在经济特区建设，坦方意将巴加莫约塑造为坦国版"深圳"。巴加莫约是印度洋明珠，毗邻桑给巴尔海峡，紧挨鲁夫河口，港口建成后，将为坦桑矿产资源出海打开新通道。项目预计耗资100亿美元，原本计划在2020—2021年间投入使用。为确保投资回报，中坦达成协定，中方享有99年租赁权。

马古富力2015年11月就任后，巴加莫约港口建设已经动工。

这是 2022 年 9 月 28 日在坦桑尼亚拍摄的达累斯萨拉姆港（无人机照片）。（新华社发）

然而，出于对前任政府的不信任，马古富力下令全面清查前任留下的工程项目，巴加莫约港口项目遂成为其关注焦点。坦桑尼亚总统府一名退休官员告诉新华社记者，马古富力认定巴加莫约港口项目必定隐藏严重的贪腐丑闻，中国从中获取的收益远超坦桑尼亚。最终，在马古富力对该项目的审查下，港口建设进程几乎停滞不前。此后，中方竞标其他一些项目也面临困难。相关事态给两国关系带来些许波动，加上新冠疫情暴发，在坦华人从高峰期的几万人锐减到不足 1 万。

2021 年 3 月，马古富力因病辞世，副总统萨米娅·苏卢胡·哈桑继任，中坦关系上面那段小插曲就此翻篇。在哈桑政府积极推动下，中坦关系明显回暖。虽然港口项目依然停滞，但是中企积极参与投标坦方项目，在坦华人逐年增多。

　　哈桑是坦桑尼亚历史上首位女总统，也是东非地区首位女总统。在坦桑尼亚，哈桑被广大民众亲切称为"萨米娅妈妈"，足见其有着过人的亲和力。她性情温和，善于听取各方意见、寻求共识与和解，也有强力应对挑战的魄力和能力。

　　2022 年 11 月，哈桑对中国进行国事访问，是中共二十大后中方接待的首位非洲国家元首。两国元首宣布将双方关系提升为全面战略合作伙伴关系。

　　近年来，中资企业深度参与坦桑尼亚中央标轨铁路、尼雷尔水电站、东非原油管道等战略工程项目，已高标准建成交付坦桑尼亚天然气管道、达累斯萨拉姆港升级扩建、桑给巴尔国际机场航站楼、国家光缆骨干网等重大工程，显著改善了坦桑尼亚基础设施条件，创造了大量就业机会。马文尼水泥厂等投资项目陆续投产，助力坦桑尼亚加快工业化进程。

　　农业合作是目前中坦合作重点之一。据中国驻坦桑尼亚大使陈明健介绍，2021 年，坦桑大豆对华出口仅 1161 吨。2022 年年底，她访问坦桑尼亚南部农业大省鲁伏马省捐赠大豆良种，当地妇女在中方农业专家指导下开始种植，豆农收入增加，走上脱贫之路。2023 年，坦桑尼亚对华出口大豆达到 6.9 万吨。中方目前给予坦方98% 税目输华产品零关税待遇，批准牛油果、野生水产品等一批坦桑尼亚优质特色农产品输华，并不断丰富输华产品种类。在"援助＋投资＋贸易"模式下，中坦农业合作将为坦创造就业、减贫致富、实现农业现代化做出更多贡献。

"音乐大国"底蕴何以如此深厚

亚欧总分社　吴刚

俄罗斯是一个在艺术领域有着悠久历史的国家。受古典音乐文化熏陶，俄罗斯音乐氛围非常浓厚，堪称"音乐大国"。柴可夫斯基、格林卡、穆索尔斯基、拉赫玛尼诺夫、肖斯塔科维奇……俄罗斯历史上，享誉世界的音乐大师不断涌现。

俄罗斯"音乐大国"的底蕴不仅体现在为世界音乐发展做出的重要贡献，还体现在当代俄罗斯音乐在世界音乐舞台具有的较强竞争力和活跃度，更体现在得益于"从娃娃抓起"的音乐教育体系，普通俄罗斯民众有着较高的音乐素养。

【"从娃娃抓起"】

俄罗斯音乐教育体系形成于苏联时期，发展至今已经相当完备，分为三个层次：以培养儿童音乐修养为目的的儿童音乐学校、提供中等专业音乐教育的音乐专科学校、以培养高级专业音乐人才为目标的高等音乐学校。

俄罗斯音乐教育体系中最具特色的当数儿童音乐学校。这些学校运营均由国家财政支持，一般为七年制，开设钢琴、小提琴、大提琴、笛子等各类乐器演奏和声乐教育，在培养和提升民众音乐素养方面发挥着重要作用。

在俄罗斯，小学生通常只上半天课，放学后和周末会去儿童音乐学校学习乐器或声乐，每周上两到三次课。老师会根据学生在普通学校课程来安排他们在音乐学校的上课时间，学生基本会在七年内系统学习一至两种乐器及视唱练耳、合唱和音乐史课程等。

俄罗斯现有儿童音乐学校逾 3000 所。儿童音乐学校选拔机制严格，老师会通过每个孩子的个人情况因材施教。此外，学校特别注重培养学生理解音乐、掌握音乐、表现音乐的能力，以此促进学生对其他科目的学习。

经过七年系统学习，一批又一批具有扎实音乐功底和较高音乐素养的孩子走出学校。对他们而言，音乐已成为生活的一部分。正

2023 年 6 月 22 日，演奏者在俄罗斯莫斯科举行的爵士音乐节上表演。（新华社发　亚历山大摄）

是因为从小受到高雅音乐熏陶，不少孩子展现出了一种发自内心的自信和对生活的乐观。

奥莉格是莫斯科一所儿童音乐学校的小提琴老师，在这所学校已经工作 32 年。她和学生上课均为一对一形式，因此对每个学生的性格、兴趣和演奏能力了如指掌，会根据学生的个性和兴趣安排课程。她说，她和学生的关系就像师傅带徒弟，"俄罗斯悠久的音乐流派正是这样培养形成的"。

在莫斯科从事中俄音乐交流的诣洋文化公司负责人银丽娟向记者介绍，儿童音乐学校的老师们在教学过程中特别注重培养孩子感知音乐之美的能力，让孩子通过音乐学习，培养耐心、严谨和专注等品质。"俄罗斯老师不是机械地教学生演奏或歌唱，而是让孩子真正去理解和表现音乐。"

【完备的教育体系】

在俄罗斯，儿童音乐学校的孩子们每年会获得很多演出和比赛机会。比如，在每个重要节日前，儿童音乐学校都会举办音乐会，让学生有机会展示自己平时所学。而对那些在音乐学习方面展露出天赋的孩子，音乐学校的老师们会予以"加餐"培养，为孩子们日后参加各种重要比赛乃至毕业后升入专业音乐院校进行准备。

记者曾经听过莫斯科一所儿童音乐学校的校庆音乐会。音乐会上，孩子们各显其能，有乐器独奏、合奏，有童声独唱、合唱。最令记者印象深刻的节目是童声合唱。孩子们穿着整齐的演出服，在老师的指挥下连唱三首不同风格的歌曲，整座演奏厅内回荡着孩子们稚嫩却优美的歌声，他们的精彩表现赢得全场热烈掌声。

奥莉格为培养出升入专业音乐院校的学生感到高兴，更为孩子们提升音乐素养感到欣慰。在她看来，音乐学习能让孩子们相信自己、感知情感，也能在欣赏歌剧、芭蕾舞剧和交响乐等较为复杂的音乐体裁时更好地理解和思考音乐，终身受益。奥莉格认为自己实现了从事音乐教育的目的，这样的工作既有价值又有意义。

在俄罗斯，音乐教育体系完善与国民音乐素养提升相辅相成、相互促进，使得该国中等和高等音乐教育处于世界级水平。在高等音乐教育方面，俄罗斯国内有莫斯科国立柴可夫斯基音乐学院、格涅辛音乐学院等十余所专业音乐学院培养专门音乐人才。俄罗斯高等音乐教育最突出的特点是高校学生除完成学校任务和作业外，还要提高专业实践性。

正在柴可夫斯基音乐学院攻读声乐博士的中国留学生邵鹏介绍，俄罗斯的音乐学院为学生提供音乐会、小型汇报演出、比赛等各种实践形式，让学生在舞台上积累专业表演经验，通过演出来提升专业实力和应变能力。

在柴可夫斯基音乐学院读钢琴博士的中国留学生赵婉贞说，俄罗斯钢琴学派的教学系统非常严谨，注重培养学生的个人天赋，让学生打下良好的技术基础。同时，在莫斯科学习期间还能接触到非常多的俄罗斯音乐大师演出，对学生未来发展非常有利。

【大众的艺术形式】

在俄罗斯社会，音乐无处不在。音乐不是少数人的专利，而是大众都能欣赏的艺术形式。高水平的音乐演奏不仅出现在音乐厅、剧院、博物馆、图书馆的演奏厅，甚至出现在地铁站，公园、广场、街头路口。

以莫斯科为例，市内有不同档次类别的演奏厅，既有 100 多年历史的柴可夫斯基音乐学院演奏厅，也有 20 年前建成的国际音乐厅。此外，一些博物馆、教堂也有演奏厅，常年举办音乐会和比赛。演出安排和曲目信息可提前一个月在演奏厅的网站或是海报看到，票价非常亲民，通常为几十元人民币到二三百元人民币。每逢节假日，市政府还会在各大公园和广场举办免费的大型音乐会，供市民欣赏。

记者曾在斯克里亚宾博物馆体验过一场柴可夫斯基音乐学院钢琴系大四学生的独奏音乐会。这位学生向听众介绍作曲家生平和作品创作背景，然后演奏曲目。对演奏者而言，她得到了锻炼。对听众而言，大家收获了古典音乐知识和内心的平静。音乐会票价折合人民币不到 10 元。

在俄罗斯，地铁站内也时常有专业人士或团体的演出。"莫斯科地铁里的音乐"是莫斯科市政府自 2016 年发起的项目，邀请高水平音乐家或乐团在地铁站里演出，后者也乐于为民众近距离演奏音乐。活动举办期间，每天都会发布三组音乐家的演出时间和具体地铁站等信息。此外，街头音乐也是城市一景。记者在莫斯科街头常看到有人以小提琴、萨克斯、吉他等乐器演奏。每奏完一曲，驻足的聆听者都会报以掌声和欢呼声，打赏多少随意。

从国内来俄罗斯举办个人作品音乐会的中央音乐学院博士后臧婷曾向记者感叹俄罗斯社会音乐氛围的浓厚。她坦言，自己没有想到莫斯科诸多音乐厅的使用率有如此之高，也没有想到俄罗斯民众对音乐有如此热情。"俄罗斯音乐会现场的氛围充满热情和欢乐，观众们会热烈鼓掌和欢呼，与音乐家共同分享这美妙的时刻。"

【 "听众说了算" 】

得益于从小的熏陶及浓厚的氛围，许多俄罗斯人对音乐演出水平有较好的鉴赏能力，这一点可以从他们的掌声中体现。如果音乐家演奏水平高，听众会用潮水般的掌声让演奏者一次次返场，后者也会一再演奏曲目回报听众的掌声和认可。演出水平高的音乐会，经常出现一票难求的情况。

2023 年 6 月 22 日，观众在俄罗斯莫斯科爵士音乐节上观看演出。（新华社发　亚历山大摄）

俄罗斯人非常尊重和崇拜高水平音乐家，认为这些音乐家不仅天赋高，更靠日复一日刻苦练习才会出类拔萃。所以俄罗斯人无论去音乐厅或是剧院，都很注重衣着打扮，女士们通常会扮以精致的妆容。在演出过程中，听众非常注意保持安静，不打扰演奏者，以示对音乐家和艺术的尊重。

同时，俄罗斯人对水平一般的音乐人士并不买账。在一场四重奏音乐会后，邻座一位老太太忍不住向记者吐槽，认为演奏者的音乐表现力不够，其中一位小提琴手演奏中甚至出现节奏错误。老太太的一番话让记者大吃一惊。俄罗斯普通民众的音乐鉴赏力可见一斑。

听众买不买账也直接推动着俄罗斯音乐行业的优胜劣汰。听众不愿意为水平不高的音乐人掏腰包，在一定程度上倒逼音乐人必须提升专业水准——若想在行业存活，就必须不断提升专业水平和音乐造诣，否则就会被市场否定。

俄罗斯之所以成为"音乐大国"，其地位奠定并非朝夕之功。银丽娟认为，俄罗斯音乐学派在世界范围内作为独特的存在，有太多值得中国学习之处，吸引着越来越多中国学生来俄学习，音乐已经成为中俄人文交流的重要领域。

文明交汇的十字路口
色彩斑斓的节庆之岛

瓦莱塔分社　　陈文仙

地中海中部岛国马耳他，国土面积仅 316 平方千米，人口约 54 万，素有"地中海心脏""欧洲后花园"美誉，其吸引世人流连之美，不仅在于深蓝幽邃的海水与绵延不绝的岩石海岸，更在于几千年岁月沉淀而成的多元文化底蕴，这种特质已经烙印在社会方方面面，融入马耳他人的日常，构成其独有的风情。

【古城悠悠　文明碰撞】

正午时分，当你站在马耳他首都瓦莱塔的上巴拉卡花园，眺望天然良港瓦莱塔大港，听到礼炮台鸣放响彻云霄的礼炮，一幅历史画卷仿佛在眼前徐徐展开。

1565 年，奥斯曼帝国攻打马耳他岛，马耳他骑士团苦苦奋战，最终在援军帮助下取得胜利，这就是欧洲史著名战役之一"马耳他之围"。因位于地中海战略要冲，马耳他自古乃兵家必争之地。

历史上，还有许多族群曾定居和统治过马耳他岛：腓尼基人、

2023 年 11 月 11 日，在马耳他瓦莱塔，马耳他武装部队士兵参加纪念"一战"结束的活动。（新华社发　乔纳森·博格摄）

迦太基人、罗马人、拜占庭人、阿拉伯人、诺曼人、安茹人、阿拉贡人、西班牙人、法国人和英国人等，这个地中海小岛上因此留下了不同的文明印记。

步行或驾车穿越马耳他，人们可欣赏到不同风格的建筑，既有史前时期的巨石建筑，也有阿拉伯人统治时期建造的低矮石屋。圣约翰大教堂和大团长宫等标志性建筑的恢宏气势，则让人想起马耳他骑士团的统治时代。

瓦莱塔古城被又高又厚的防御墙所围绕，城内遍布历史建筑和遗迹，整座城市被联合国教科文组织列为世界文化遗产，又因浓郁的巴洛克艺术风格气息得名"巴洛克之城"。欧盟 2018 年将"欧洲文化之都"称号赋予瓦莱塔，认可其保存发扬文化遗产的努力并对其修复古建、推广文化活动给予资金支持。

位于马耳他本岛中部的古城姆迪纳被称为"寂静之城"，历史上曾是马耳他的首都。行走在姆迪纳悠长而狭窄的古老街道上，犹如穿越到了中世纪，又让人感受到几分阿拉伯风情。"姆迪纳"一词就源于阿拉伯语"城市"。

马耳他 2024 年举办了为期两个多月的首届双年展。展馆均设在马耳他著名的文化遗迹，汇集了来自 20 多个国家约 80 名艺术家不同风格的作品，演绎了一场马耳他文化遗产与国际当代艺术的"完美对话"。

马耳他遗产委员会主席、双年展主席马里奥·丘塔亚尔说，马耳他是不同文明交汇的"十字路口"，数世纪以来，本土民族结构、社区习惯与价值观不断受到外来文化的影响和塑造，构成马耳他的多元文化底色——犹如色彩斑斓的马赛克。

【人均"多语" 生活"多味"】

多元文化特质深刻烙印在马耳他人的美食、语言、生活方式中。记者住所楼下街道是一条 200 米左右的单向单车道，街道两侧餐馆汇聚了本地及意大利、印度、希腊、墨西哥、泰国、土耳其等国美食，在这里，可以听到餐馆工作人员和食客用不同语言交流，仿佛置身"迷你联合国"。

马耳他本土美食属地中海风味，初尝像意大利菜，又融合了北非和中东元素。

马耳他官方语言为马耳他语和英语。马耳他大学历史系教师斯蒂芬·卡奇亚告诉记者："马耳他语源自阿拉伯语，但使用拉丁字母书写，我们的另一种官方语言英语则将我们与更广阔的世界联系起来。"

马耳他语不仅是欧盟范围内唯一源于闪米特语的语言，也是世界上唯一以闪语为基础、却用拉丁字母书写的语言，可以说是阿拉伯语的拉丁化后裔。至今马耳他还有一些姓氏源自阿拉伯语，显示阿拉伯人统治时期对马耳他文化的深刻影响。

根据马耳他国家统计局2024年5月公布的一项技能调查报告，73%以上的马耳他居民能说至少三门语言，受访者所掌握语言合计达30多种。大部分马耳他人会讲意大利语，一些人还掌握法语、阿拉伯语或德语等。

2024年7月12日，在马耳他锡杰维，当地老年人参加中医养生讲座。（新华社发 乔纳森·博格摄）

马耳他政府认为，对文化多样性保持开放态度，有利于培养青少年的创造力和创新力，以适应人员流动加强趋势、提升就业能力。教育部门把鼓励校园开展多元文化活动、培养学生多语言和跨文化能力当作重要任务。孩子们一入学，就会接受马耳他语和英语的双语教育；通常到了初中，便可选择学习意大利语、法语、西班牙语、德语、中文等多种外语。

2008 年，精通西班牙语的卡奇亚为西班牙萨拉戈萨世博会工作时，萌发了 2010 年参加上海世博会的想法，决心学习中文，后来如愿进入上海世博会马耳他国家馆工作团队，其间收获中文名"史小龙"。2012—2018 年，卡奇亚在马耳他中国文化中心担任中文老师，擅长结合生动有趣的中国历史故事讲课，深受学生喜爱。

卡奇亚多次到中国观光，用心记录中国的变化，无论授课或开讲座，他总会鼓励听众去中国走走，"亲眼看看真实的中国"。

【节庆之岛　兼容并蓄】

马耳他人爱过节，节日名目繁多。马耳他政府 2017 年成立马耳他节庆局，主管十多个全国性重大文化节庆活动，旨在保护当地传统，培养和提升公众创造力、艺术鉴赏力。节庆局和其他机构、企业举办的大大小小节庆活动贯穿全年，包括传统礼拜仪式、大型展览庆典、室内外音乐会和演出等，上下协力打造"节庆之岛"的文化和旅游形象。

马耳他乡村节 2023 年入选联合国非物质文化遗产名录，这是一项在本岛和戈佐岛举行的乡村社区年度庆祝活动；节日持续数周，其间音乐会、乐队游行、烟花秀、敲钟等活动轮番上演。国际艺术节、爵士音乐节、瓦莱塔电影节、国际烟花节、狂欢节等则融合了国际和现代流行元素，同样深受本国民众和世界游客喜爱。

2024年3月，马耳他圣托马斯·莫尔学校举办多元文化节，马耳他中国文化中心积极参与。出席活动的时任总统乔治·维拉在讲话中说，这所学校学生来自40多个国家，希望学生们能够更深入地理解不同文化的魅力和价值。

他说，马耳他已经发展成为一个拥抱和融合外国文化的多元化国家，多元文化拓宽了马耳他人的视野，最终推动了马耳他的发展。

或许出于这种开放心态，马耳他人对中医的接受程度领先于欧洲大部分地区，"到马耳他学针灸"成为欧洲国家中医爱好者的新潮流。1994年，中国和马耳他政府合作成立了地中海地区中医中心，由江苏省派遣医疗队赴马开展诊疗工作，截至目前累计治疗患者约25万人次。

德国人安克·劳特博恩年近60岁，约10年前患有严重的下肢神经疾病，坐立、行走都艰难。中医帮她消除了病痛，她从此迷上中医，并在2022年慕名来到马耳他中医中心学习。在这里，她发现："中国医生非常友好、非常能干，拥有很多临床经验，让我感到惊奇。这是我学习的好机会。"

西班牙足球：青训撑起的国民运动

马德里分社　谢宇智

　　世界体育版图上，国土面积不过 51 万平方千米、人口不足 5000 万人的南欧国家西班牙是个不折不扣的"大国"，凭借完善的公共体育设施、发达的人才培养系统和全民的积极参与，西班牙在多个体育项目中都取得了令世界瞩目的成绩。近年来，西班牙国家队在欧洲足坛乃至世界足坛成为超级劲旅，目前男足、女足在国际足球联合会最新排名中均位列第三。足球如何成为西班牙人引以为傲的国民运动？简而言之，仍是那句老话——"从娃娃抓起"。

【新星辈出】

　　2024 年是西班牙足球再创辉煌的一年。在德国举行的欧洲足球锦标赛上，西班牙男足国家队一路过关斩将，时隔 12 年再次加冕欧洲之王，并以四次捧杯的纪录成为欧锦赛历史上夺冠次数最多的球队。在一个月后举行的巴黎奥运会上，西班牙国奥队在男足赛场拿到金牌，在女足赛场夺得铜牌。

　　国家队和国奥队代表了西班牙足球的当下和未来。16 岁的小将拉明·亚马尔、17 岁的保·库巴尔西、21 岁的费尔明·洛佩斯、22 岁的尼科·威廉姆斯，这些青春面孔在大赛上的英姿飒爽，代表着西班牙足球人才迎来了又一次"井喷"。这种现象的背后，不得不提到西班牙足球的青训体系。其中，荷兰足球巨星约翰·克鲁伊夫 30 多年前主持建立的巴塞罗那足球俱乐部拉玛西亚足球青训营（La Masia）功不可没，仅 2024 年夏天就为西班牙各级国字号球队贡献了多名才俊。十几年前凭借"Tiki-Taka"（一种以突出短传、控球和跑动作用为特点的打法）战术统治世界足坛的那支西班牙队中，便有哈维·克雷乌斯、安德雷斯·伊涅斯塔、塞尔吉奥·布斯克茨等多名核心球员出自拉玛西亚青训营。最为知名的是，当今世界足坛的"梅球王"阿根廷人利昂内尔·梅西也是"拉玛西亚出品"。

欧洲足坛"金字塔式"青训体系意味着每一名成功的球员，都出自由成百上千足球少年组成的"群众基础"。记者在拉玛西亚青训营采访时了解到，目前基地共有 20 支涵盖不同年龄段和性别的足球队，包括 17 支业余球队和 3 支职业队，受训球员有 343 人。除了拉玛西亚青训营，巴塞罗那足球俱乐部还在全球其他地区开设 34 家"巴萨学院"（Barca Academy），为俱乐部网罗了来自不同国家和地区的上千名 6—18 岁的足球儿童及青少年，极大丰富了俱乐部人才储备。

进入拉玛西亚青训营的年轻球员已是同龄足球运动员中的佼佼者，但也不是所有人都能就此走上职业足球道路。为了确保这些小球员未来就业拥有"更多可能性"，巴塞罗那足球俱乐部在拉玛西亚青训营提供文化教育、心理辅导、社交及个人技能培训、职业运动员退役后指导等服务，甚至给予小球员所在家庭以相关支持，使家长们能够全力支持孩子选择踢球而无后顾之忧。

拉玛西亚青训营是西班牙足球的骄傲和希望，但西班牙不止有拉玛西亚。皇家马德里足球俱乐部拉法布里卡青训营近年来向西班牙各级国字号球队输送的年轻球员，从数量和质量上来说并不逊色于拉玛西亚青训营。2015—2021 年，皇家马德里足球俱乐部出售的青训球员为俱乐部带来 3.3 亿欧元收入。国际足联支持的国际体育研究中心（CIES）发布的数据显示，皇家马德里足球俱乐部是为欧洲培养青训球员数量最多的俱乐部，目前在全球 58 项主要足球联赛中，67 名球员出自皇家马德里足球俱乐部青训体系。

【全民育球】

除巴塞罗那、皇家马德里这两大豪门外，西班牙不少中小型足球俱乐部同样拥有成熟的人才培养体系。驰名欧洲的毕尔巴鄂竞技足球俱乐部下属莱萨马青训中心便是其中之一。他们为 2024 年夏欧洲杯四强球队贡献了 5 名球员，仅次于各自贡献了 6 名球员的巴塞罗那足球俱乐部拉玛西亚青训营和法国巴黎圣日尔曼足球俱乐部青训学院。

一些经济相对拮据的小球队甚至将青训视为解决俱乐部经费问题的有效方案。他们通过青训系统发现和培养青年球员，既可充实本队阵容、减少购买球员开销；同时靠出售青训球员创造收入，再把部分所得重新投入到青训球员培养当中，形成良性循环。在西班牙足球甲级联赛和乙级联赛之间徘徊的莱万特足球俱乐部便是一个不错的例子，他们在 2024 年夏天出售了 11 名球员，其中有 8 人出

2024 年 10 月 20 日，巴塞罗那队球员亚马尔（左）与塞维利亚队球员佩德罗萨（中）和佩克拼抢。（新华社发 胡安·戈萨摄）

自其青训体系，为球队创造收入 1000 万欧元以上。

西班牙足球青训体系培养出的球员以技术能力和战术素养闻名欧洲，在各大联赛中如鱼得水。这一方面得益于西班牙足球联赛的繁荣。西甲联赛作为全球最具竞争力和吸引力的足球联赛之一，为本土球员提供了宝贵的成长平台，不断吸引大量优秀青年人才和教练员的加入。另一方面，足球在西班牙社会中的受欢迎程度及普及程度也为青训的发展打下了良好的群众基础。

在西班牙的街头巷尾，随处可见踢球的孩子。遍布全国的球场为这些足球少年提供了便利。数据显示，西班牙全国共有足球场 9773 个，包括 7077 个标准足球场、1254 个七人制足球场，以及 1442 座拥有足球场的体育中心。这为足球运动在西班牙成为"国民运动"打下了坚实的基础。

根据 2024 年西班牙文化和体育部出版的《西班牙体育统计年鉴》发布的数据，西班牙官方注册足球运动员数量在 2023 年达到了 125 万人，稳居全国各体育项目中注册人数最多的运动；注册足球俱乐部数量也达到 30188 家。

【包容纳才】

大量移民涌入，特别是以移民后代为代表的少数族裔球员逐渐在各级足球赛场站稳脚跟，让西班牙的足球文化变得更为多元。父母为加纳移民的尼科·威廉姆斯和他的哥哥伊尼亚基·威廉姆斯都效力于毕尔巴鄂竞技足球俱乐部，而这支球队从前以只接纳巴斯克球员著称。伊尼亚基·威廉姆斯成为球队第一位进球的黑人球员。他的榜样给弟弟尼科及更多心怀足球梦想的少数族裔少年开辟了一条通向成功的道路。眼下毕尔巴鄂足球俱乐部青训营已有许多拉丁裔、摩洛哥裔或几内亚裔的孩子。他们在足球场上实现了文化的碰撞与融合。

欧盟委员会移民专家组成员阿卜杜拉耶·法尔指出，与 15 年前相比，生活在欧洲的少数族裔正在努力获得更为重要的社会影响力，这种现象在体育领域尤其突出。社会学家塞巴斯蒂安·林肯说："这是欧洲人口变化带来的又一个现象。由于足球是最具社会接受度和媒体意义的运动，这种改变将能产生非常积极的影响。"

更加包容的足球环境帮助西班牙留住了不少人才。伊尼亚基·威廉姆斯决定加入加纳国家队，但弟弟尼科却选择了为西班牙效力。

2024 年 7 月 15 日，西班牙队球迷在马德里街头庆祝。（新华社／欧新社）

在本届欧锦赛上大放异彩的超级新星亚马尔本可替祖国摩纳哥出战，但最终在西班牙国家队主帅路易斯·德拉富恩特劝说下决定披上西班牙战袍。代表西班牙出战欧锦赛的队员中，还有出生于法国的罗宾·勒诺芒、艾默里克·拉波尔特及出生于德国的路易斯·何塞卢。

据西班牙足球协会统计，在该国注册的 1996—2010 年出生的年轻球员中，有 125 人可"两国选其一"征战赛场，其中 107 人最终选择为西班牙效力。这些球员的加入也为西班牙的青年后备役培养提供了更广阔的可能性。

总在不停吸纳各方人才的西班牙足球甲级联赛俱乐部还瞄向了转会市场中的中国球员。2015 年夏天，马德里的小球队巴列卡诺闪电开了先河，从北京国安租借来了后卫张呈栋，使其成为中国征战西甲联赛第一人。这次"试水"的四年后，中国上海上港球员武磊加盟西班牙人俱乐部，在中国球迷中引发了一场"西甲热"，也让西班牙人力压皇马巴萨，一跃成为中国球迷最关注的西班牙球队。武磊在 2019 年 2 月的西甲首秀吸引了逾千万中国观众在线观看。为拓展中国市场，西甲方面特意将西班牙人俱乐部比赛悉数安排在符合亚洲作息时间进行。在武磊加盟的首个赛季，西班牙人俱乐部在广告和商业运作方面的收入便增长了 37%，纪念品和球衣销量增加了 19.7%，果然是"养人才与养球队两不误"。

第四篇

中外关系探究

聆听世界的风声

新华社记者的区域国别纪事

沙特人爱上学中文

利雅得分社　王海洲

　　"你好""欢迎"……当你走在沙特阿拉伯城市商圈，总会遇到热情的年轻人用中文向你问好；当你乘机抵达利雅得哈立德国王机场，会惊喜地看到机场内竟然设有"首次入境""行李提取""落地签证"等清晰醒目的中文提示；当你乘车从机场前往利雅得市区的路上，巨幅广告牌上印着醒目的大字"欢迎来到利雅得"……今天，伴随中文成为沙特社会、经济、文化生活中的新元素，中文教学也逐渐成为沙特未来人才培养的重要课程。

【高校政企合力培养中文人才】

　　2019 年 2 月，沙特王储穆罕默德·本·萨勒曼访华期间宣布把中文教学列入沙特中小学和高校教学大纲，旨在加强沙中两国在共建"一带一路"背景下的交流与合作。2022 年 12 月，习近平主席对沙特进行国事访问期间，两国签署《中华人民共和国和沙特阿拉伯王国全面战略伙伴关系协议》及共建"一带一路"、能源、投资、司法、教育、新闻等多领域合作文件。随着两国合作项目日益增多，中文教学在沙特的发展迎来良好的政策环境。

新华社记者在沙特观察发现，2023 年以来，沙特与中国在政治、经济、文化等方面交往密切、合作频繁，沙特已成为中国企业"出海"的热点国家，这也对沙特高质量中文人才提出了需求，沙特的中文教学迎来了快速发展的新机遇。目前，中文教学已在沙特覆盖从中小学到高等教育的各个层次。中小学层面，沙特教育部计划在 746 所学校开设中文课程，但受师资不足、统编教材缺乏等限制，目前仅有少量中小学开设中文课程。为加快推动这一计划，沙特政府 2024 年年初已委托中国教育部中外语言交流合作中心帮助招聘高素质的中文教师。高校方面，沙特国王大学、阿卜杜勒 – 阿齐兹国王大学、努拉·阿卜杜勒 – 拉赫曼公主大学、苏尔坦亲王大学四所高校均已开设中文专业。这些学校的中文专业课程涵盖语言技能、

2024 年 9 月 5 日，在沙特阿拉伯首都利雅得，中文老师史肖（右一）在一所中学内为学生们上中文课。（新华社记者王海洲摄）

中国文学、历史文化等方面内容。此外，还有一些高校开设了中国经济、法律等相关课程，以满足学生多样化需求。

位于利雅得的沙特国王大学分为男校和女校，来自中国教育部中外语言交流合作中心派出的中文教师在该校任教。国王大学中文专业开设四年制本科，学生数量超过 200 人。

位于吉达的阿卜杜勒－阿齐兹国王大学也分为男校和女校，师资为其自主招聘的中国籍教师，目前男女教师各有三名。该校中文教师李攀介绍说，2019 年学校文学院正式设立中文系和中文专业文凭班，开设四年制本科，本科学生约 50 人在读，非学历语言文凭班 2024 年上半年只有女生开班，有 20 多名学员。

位于利雅得的努拉·阿卜杜勒－拉赫曼公主大学只招收女学生。其中文系开设四年制本科，学生数量总计约有 200 人。师资力量部分来源于掌握阿拉伯语的中国籍女教师，部分来源于埃及等中文教学较早开展的国家所培养出来的女博士生。该校还开设面向社会的"努拉公主大学－北京语言大学商务汉语专科合作项目"，学制为两年制专科。

位于利雅得的苏尔坦亲王大学与深圳大学合作建立的孔子学院于 2023 年 6 月 4 日揭牌，成为沙特国内第一所正式挂牌的孔子学院，为沙中教育和人文交流合作提供了重要平台。苏尔坦亲王大学校长艾哈迈德·亚马尼感谢中方对学校开展中文教学给予的支持，希望培养更多中文人才，促进沙中友好关系发展。

此外，记者调研了解到，沙特政府和重点企业高度重视中文教学及中文人才定向培养，主要由于两国在经贸合作和共建"一带一路"背景下的紧密联系，沙特政府和重点企业需要大量精通中文的专业人才。沙特知名国际企业，如阿美石油、基础工业公司等内部均设有中文学习培训项目，为企业培养既懂业务又懂中文的高质量人才。

【 专业学术队伍建设效果初显 】

在专业学术队伍建设方面，优质师资和优质教材应该是沙特发展中文教学取得成功的关键。然而，在上述两方面，沙特还有短板待补。

目前，沙特国内中文教学的师资力量主要来自中国，其余则来自沙特本地或其他阿拉伯国家接受过中文教学、有中国留学经历的

2024 年 9 月 7 日，在沙特阿拉伯首都利雅得，学生在沙特苏尔坦亲王大学孔子学院学习拼音。（新华社记者王海洲摄）

教师。虽然这些教师普遍具有较高的教学水平和丰富的教学经验，但从整体上看优质师资存在缺口较大且地区分布不均匀问题。

教材选用领域，目前沙特高校主要采用自编教材并结合中国出版教材的模式，为了适应沙特特殊的宗教文化背景及学生的学习需求，各高校正在逐步进行本地化教材设计及与中国高校、出版社的合作。然而，由于沙特教育部和各高校教材引进审批手续非常烦琐、政治审查极其严格，尚未有中方提供的统编教材投入使用。

专业技能培养方面，专科学习优势则较为明显。据曾在努拉·阿卜杜勒－拉赫曼公主大学任教的邵杨介绍，2020年"努拉公主大学－北京语言大学商务汉语专科合作项目"开始招生，这是北京语言大学在中东地区建立的首个境外学历教育合作项目。项目开设第一年，授课方式以网上教学进行。2021年9月，中方教师到岗后，授课方式由网课过渡到线下面授。目前，项目已培养四届约70名学生，毕业生或选择继续提升学历，或选择中资企业开始工作，就业优势明显。

孔子学院揭牌后，承担的合作交流文化桥梁作用越发凸显。据苏尔坦亲王大学孔子学院中方院长张新颖介绍，自2023年成立以来，孔院秉承"以文化之名，增进友谊之情"宗旨，努力搭建中沙文化交流桥梁，让更多沙特人了解中国。2024年以来，孔院已举办春节文化节、"汉语桥"比赛等多项中文教学和文化推广活动，增进了当地人对中国文化的了解。

阿卜杜勒－阿齐兹国王大学中文专业学生杜若夺得2024年"汉语桥"沙特赛区冠军。杜若说："我在2023年'汉语桥'比赛中学到很多关于中国文学及文化的知识。我的比赛经历丰富且充满挑战。几个月前，我开始为比赛做准备，花了大量时间进行练习，我遇到了一些挑战，比如时间管理和压力纾解。当他们宣布我是冠军时，我感到无比喜悦，这是对我付出的最好回报，赢得这次比赛为我打开了新的大门。"

杜若的指导老师李攀表示，该校不少中文专业学生都没有去过中国，但他们都愿意连续两年报名参加"汉语桥"比赛，为的就是检验自己真实的学习成果。"每次比赛学生都能学到新东西，中文水平都会提高。学生们发自内心地感谢比赛组织方并希望有更多的机会锻炼自己的中文技能。"

同样来自该校的毕业生张云飞曾在 2022 年夺得沙特首届"汉语桥"比赛冠军。他说："沙特和中国都是光辉灿烂的文明古国，古老的丝绸之路书写着两国友好交往和文明互鉴的历史。学习中文给我打开了了解中国的大门，不仅让我有机会了解到中国悠久的历史文化，也改变了我的命运。我最喜欢中国的诗歌，不仅能陶冶我的情操，还能丰富我的知识。中文诗歌赋予我力量，带给我很好的感觉。"

在赢得赛区冠军后，张云飞代表沙特赴华参加"汉语桥"全球总决赛，并在后来多次赴中国旅游。"我深深地爱上了中国。"目前，张云飞在吉达一家中资机构工作，成为沙中青年友好交流的使者。

沙特国王大学中文专业第一届毕业生阿龙与张云飞同年参加"汉语桥"比赛。如今，阿龙成为沙特国家银行职员，他曾担任志愿者和沙特旅游部一起在上海推介沙特旅游，2024 年还随沙特国家银行代表团赴厦门参加中沙投资经贸论坛；阿龙的同班同学阿里则在毕业后进入沙特通讯社中文编辑部工作，负责中文新闻编写翻译。他对记者说："欢迎中国朋友、中国媒体同行到访沙特通讯社。"

记者观察发现，中文教学的推广不仅提升了沙特学生的语言能力，还加深了他们对中国文化的理解，沙特高校中文专业学生语言能力逐年提升，许多学生以优异成绩通过了汉语水平考试。在就业方面，中文专业毕业生就业前景广阔，尤其在中沙合作企业中，他们的语言能力和文化背景使其成为抢手人才。

与此同时，中沙关系的健康发展也给两国青年带来更多交流机会。2024年4月，深圳大学作为中方合作院校，依托沙特孔院召集了20余名对中国语言、文化、科技充满兴趣的沙特学生组成为期一周的春令营团到访中国。参与活动的沙特青年学生在深圳大学国际交流学院深入学习了中文课程，并参观了深圳大学、南方科技大学，以及华为、迈瑞医疗、腾讯等知名企业，体验了一次全方位沉浸式的中国文化之旅。

苏尔坦亲王大学孔子学院中方院长张新颖向记者介绍说，参访学生在返回沙特后纷纷感叹中国的高速发展和深圳的繁华美丽，他们的中国之行收获满满。"学生们发自肺腑地向我们表达感谢，春令营活动既让沙特青年看到了真实立体的中国，也坚定了他们未来学好中文的信心，他们更愿意在未来的工作中为中沙政治文化经贸往来贡献力量。"

【紧抓机遇加强教育全面合作】

记者调研走访发现，尽管沙特中文教学取得了显著进展，但仍面临一些挑战。例如，专业师资力量不足、教材本地化不够、学生长期学习兴趣不足等问题。受访人士建议，中文教学在沙特的发展潜力巨大，可持续加强中沙教育合作，扩大中文课程覆盖面，提升师资力量，为中沙两国的合作与交流提供坚实的人才基础。

努拉•阿卜杜勒－拉赫曼公主大学原中文老师邵杨认为，沙特中文学习者大多有很高的动机，学习中文可以带来未来的就业机会，还有一些学习者的高动机来自强烈的自我满足感，学生认为自己正在挑战全世界最难的语言。"随着中沙两国高层互访的增多，可抓住机遇期增加国家层面对于中文教学的官方政策支持和市场化项目的运营支持，推动国际中文教学在沙特的长期规范发展。"

阿卜杜勒－阿齐兹国王大学中文教师李攀建议，沙特中文教学模式探索可借鉴我国在其他国家孔子学院的成功经验，打通中文教学国际化脉络，还可组建沙特境内中文教师委员会或组织，开展评课、公开课等活动，增强教师间交流沟通与专业指导。

作为最早派驻沙特国王大学的中文教师之一，陈明老师帮助沙特国王大学建立了中文专业。他建议利用好中沙历史机遇期，不仅发展中文教学，更可密切中沙高等教育交流合作，可从以下几个方面加强中沙教育合作。

一是试点开展中沙合作办学，推动双方留学生互派，与中国友好院校联合培养中文系学生，并增设奖学金项目。

二是利用沙特在石油、化工等优势领域与中国高校开展中外合作办学项目或与中国政府合作设立科研机构，逐步探讨在人工智能、云计算等高新技术领域的广泛合作。

三是鼓励和支持沙特中国相关高校和科研机构组织召开国际学

术讨论会，增加教师访学和学生交流交换机会，推动提高科研水平和教学质量。

四是加强职业培训领域的合作，推动中沙联合职业培训。沙特教育部正在寻求与中国高等职业学校的合作，以期推进沙特职业教育的快速发展。沙特院校可根据沙特"2030愿景"有关人力资源的规划和沙特社会经济发展的需要，培养沙特急需的各类人才。

相知无远近，万里尚为邻。受访教师和学生都相信，在未来，通过持续的努力和创新，中文教学必将成为沙特人才培养的重要组成部分，必将为两国在政治经济文化等多领域的合作提供重要支持，沙特中文人才也必将成为连接"一带一路"倡议和沙特"2030愿景"的重要桥梁。

四十余载沉淀　汉语在突尼斯"生根开花"

突尼斯分社　王一盛

早在 20 世纪 70 年代，突尼斯就是全球少数将汉语课程引入国民教育体系的国家之一。如今，40 多年过去，从开设汉语本科专业，到举办"汉语桥"比赛，再到设立孔子学院，汉语教学为中国和突尼斯语言文化交流搭建起重要桥梁。近年来，随着中突两国在政治、经济、文化等方面交往日益紧密，突尼斯对汉语人才的需求快速增长。

【汉语教学"先驱"谢比勒】

设立于 1964 年的迦太基大学高等语言学院是突尼斯国内一所具有汉语本科和硕士研究生培养资格的公立高校。学院前身为布尔吉巴现代语言学院，1998 年改为现名。1977 年，布尔吉巴现代语言学院开设汉语本科专业，学制四年，当年招收六名本土学生，并聘请一名中国公派教师任教，由此开启了突尼斯的汉语教学。

1988 年，洛特菲·谢比勒成为布尔吉巴现代语言学院第一位本土汉语教师。1976 年，谢比勒获得奖学金赴中国留学，进入当时北京语言学院学习。四年后，他获得汉语语言学学士学位。留学期间，谢比勒遍游北京并到访上海、广州、西安、桂林等地。留学经历让他确立了在突尼斯大学开设汉语专业、在突尼斯高中开设汉语课程的两个奋斗目标。

1980 年，谢比勒毕业后离开北京，去了当时汉语教学水平较高的法国攻读汉语博士学位。1984 年，谢比勒博士论文顺利通过答辩，成为突尼斯首位专门研究汉语的博士。毕业后，他被法国一家信息技术公司聘用，从事汉字输入技术开发等工作。1988 年，他回到突尼斯，就职布尔吉巴现代语言学院教授中文。1992 年，他担任学院语言系主任。

在谢比勒和相关各方积极努力下，突尼斯高等教育部于 1998 年批准将汉语从高校选修课程提升为本科专业。2003 年，突尼斯主管中小学事务的教育部批准在部分高中开设汉语课程，将汉语作为第三外语选修课，并从突尼斯高校汉语专业毕业生中择优安排到高中任教。突尼斯教育部批准在部分高中开设汉语课程与谢比勒积极奔走努力密不可分。他一直建议教育部在高中开设汉语课程，认为这样既可以扩大高中学生选修外语范围，又可为一部分突尼斯高校汉语专业毕业生解决就业问题。

【 连通文化交流"汉语桥" 】

为弘扬中华文化，增进各国人民对中国的认识和了解，推动中外交流与合作，中国自 2002 年起举办"汉语桥"世界大学生中文比赛，首届"汉语桥"比赛覆盖突尼斯等 20 多个国家。如今，"汉语桥"已在突尼斯连续举办 23 届。

2024 年 5 月 21 日，选手在突尼斯首都突尼斯市参加第 23 届"汉语桥"世界大学生中文比赛突尼斯赛区决赛。（新华社发　阿代尔摄）

　　据中国驻突尼斯大使馆文化处负责人李文婕介绍，自 2002 年首届"汉语桥"比赛开始，突尼斯高校汉语专业本科学生和突尼斯汉语学习爱好者便积极参加历届比赛。一些选手通过"汉语桥"比赛获得前往中国进一步学习汉语的机会，并由此走上汉学研究、阿汉翻译、汉语教学等职业道路。今天，在突尼斯高校汉语专业本土教师中，有不少人都曾在学生时代参加过"汉语桥"比赛并取得了优异成绩。

　　2007 年，时年 23 岁的哈立德·哈吉·艾哈迈德就读本科四年级期间参加了在突尼斯举办的"汉语桥"比赛。因在比赛中的优异表现，中国政府为他提供前往北京语言大学进修汉语的机会。哈立德原计划像多数其他同学一样，本科毕业之后争取去法国攻读硕士学位。不过，在中国进修一个月以后，他就改变了原计划，选择在成都西南财经大学再进修六个月。2007年，哈立德以优异成绩从迦太基大学高等语言学院毕业，获得突尼斯高等教育部公派去中国留学的名额以及中国政府提供的全额奖学金。2008年，哈立德再赴中国，在北京语言大学攻读硕士学位。此后六年，他一直在北京学习和生活，2011年获得硕士学位后，他又继续获得奖学金，在北京语言大学攻读博士学位。

在北京学习和生活期间，哈立德与中文名"芙蓉"的埃及在华留学生相恋并结婚。芙蓉和哈立德一样，在北京语言大学攻读中文应用语言学博士学位。2014年，哈立德夫妇回到突尼斯，在迦太基大学高等语言学院教授中文。2020年，哈立德开始担任该校东方语言系主任，负责汉语和俄文专业教学。除了在母校从事汉语教学，哈立德还积极帮助突尼斯其他大学开设汉语选修课。他带着自己的毕业生分赴玛努巴大学人文学院、迦太基大学旅游研究学院、迦太基大学经贸学院等院校教授汉语，推动汉语教学在更多高校落地。

李文婕表示："'汉语桥'比赛不仅为热爱中国文化的突尼斯民众提供了交流学习成果的平台，也为有志于传播中国文化的突尼斯优秀学子提供了学业精进、事业起步的宝贵机会，让他们坚定了自己的职业选择，做中突文化的使者。"

迦太基大学高等语言学院院长兼孔子学院外方院长胡达·本·哈马迪说，参加"汉语桥"比赛已成为突尼斯学生学习中文的动力，越来越多的人对中国文化表现出浓厚兴趣。

【孔子学院促进汉语传播】

2019 年，由大连外国语大学与迦太基大学合作共办的突尼斯第一所孔子学院正式开始运营，学院致力于中文教学、中文师资培训及文化活动，是目前突尼斯唯一一个汉语水平考试（HSK）考点。

迦太基大学孔子学院中方院长茹昕介绍，学院自运营以来，已累计有 2000 多名突尼斯学生在此学习过汉语，数量总体呈上升趋势。"迦太基大学孔子学院 2021 年 3 月开设汉语水平考试考点以来，共有 130 余名突尼斯学生在该考点参加考试。"茹昕说，HSK 考试共分六级，通过四级及以上的学生能够具备独立使用汉语开展工作的能力，这也是去中国留学的门槛。2024 年 3 月，迦太基大学孔子学院中文名为"良玉"的学员通过了 HSK 五级考试，获得中国政府奖学金，于 2024 年 9 月赴中国中央民族大学攻读国际中文教育硕士学位。

除了针对突尼斯学生组织汉语教学和汉语水平考试以外，迦太基大学孔子学院还积极开展针对突尼斯大学和中学的本土汉语教师培训，以点带面推动突尼斯整体汉语教学事业。据茹昕介绍，孔子学院每年定期举办突尼斯高中本土汉语教师培训、汉语教学工作坊等活动，旨在提升本土汉语教师的汉语专业知识水平和教学技能，帮助他们更好地开展好日常教学工作。

哈马迪表示，随着迦太基大学孔子学院的成立，突尼斯汉语教育进入快速发展时期。孔子学院开展的卓有成效的汉语教学和丰富多彩的文化活动，为突尼斯汉语学习者提供了越来越多的学习机会。

【密切交往　提升就业机会】

近年来，随着中国和突尼斯在政治、经济、文化等方面交往日益紧密，突尼斯对汉语人才的需求与日俱增。

纪伯伦是迦太基大学孔子学院学员，在突尼斯当地一家旅行社从事中文导游工作，负责接待和陪同赴突旅游的中国旅行团。他告诉记者，在突尼斯做中文导游，一天收入可达 250 突尼斯第纳尔（约合 577 元人民币），在当地绝对算得上是高收入职业。

北京塞尚国旅突尼斯代表蔡飞飞向记者介绍，新冠疫情后，突尼斯旅游业的中国市场逐步恢复，她所在的旅行社业务量和员工工作量上升势头明显，目前一名中文导游平均每个月的工作时间在 15—20 天。

2024 年 4 月 24 日，突尼斯高中生在首都突尼斯市举办的突尼斯国际书展上表演汉语节目。（新华社发　阿代尔摄）

2022 年 12 月，习近平主席赴沙特阿拉伯出席首届中国—阿拉伯国家峰会、中国—海湾阿拉伯国家合作委员会峰会并对沙特进行国事访问期间，在利雅得会见突尼斯总统凯斯·赛义德。赛义德在会见中表示，越来越多突尼斯青年开始学习汉语，他们相信中国将在国际上发挥更加重要作用。

21 岁的突尼斯女青年"小光"正是赛义德总统所言"他们"中的一员。她目前在迦太基大学高等语言学院读本科三年级，是汉语专业学生。"我在 18 岁时开始对中国文化和中国电视剧感兴趣，一有空就看中国电视剧或者听中国音乐。因为喜欢中国的文艺作品，所以在大学选择了汉语专业。"

小光告诉记者，在选择学习汉语之前，她常听别人说这是一门难学的专业。开始学习后，她发现的确不易，特别是声调和汉字。但她相信，如果喜欢做一件事，就应该尽力而为，克服学习过程中的艰难。2023 年 9 月，小光作为交流生赴北京语言大学学习和生活了五个月。在此期间，她不仅提高了汉语水平，还结交了朋友。随着对中国的进一步了解，小光进一步坚定了继续学好汉语的信心。

谈到研究生阶段学习计划，小光说她想去复旦大学学习新闻专业，去采访各种各样的人，发现别国文化。"汉语是一门有前途的语言，我觉得以后汉语会跟英语一样是很重要的语言，通过学习汉语，我将获得更多工作机会。"小光说，因为中国和阿拉伯国家关系友好，往来密切，这会创造很多跟汉语有关的工作机会。"我是阿拉伯人，母语是阿拉伯语，同时还会汉语、法语和英语，希望以后有机会在中国或海湾阿拉伯国家找到一份工作，成为一名著名记者。"

广交会让科威特人爱上"中国制造"

科威特分社　尹炯

在海湾国家科威特，中国广州有着极高知名度。很大程度上，这要缘于中国进出口商品交易会（广交会）在这个国家的影响力。早在 1972 年，就开始有科威特客商赴广州参加广交会。科威特人通过广交会了解"中国制造"，进而了解中国。近年来，"中国制造"在科威特名声越来越好，两国经贸往来在促进中科关系方面也发挥着越发重要的作用。

【科威特人已经离不开广交会】

在科威特西北部杰赫拉省的沙漠腹地，有一座占地 5 万多平方米的庄园，内设游泳池、花园、玉米地、足球场、别墅、马场、人工湖及小动物园，庄园内所有植物都配有滴灌设施。庄主穆巴拉克·拉希迪是家族企业莫比克公司的董事长兼首席执行官。他说，离开"中国制造"，这座庄园"啥也不是"。

"因为庄园里能够供汽车行驶的道路有限，我从中国进一批小型电瓶车，这种车特别适合在庄园内活动，非常方便。"拉希迪告诉记者，他非常信任"中国制造"，莫比克公司还计划引进中国光伏设备和农业大棚设备。

像拉希迪这样的科威特企业家，为何对中国产品如此了解？又如此信任"中国制造"？一个很重要的原因就是广交会。得益于广交会，广州成为在科威特知名度最高的中国城市。广州也是目前科威特人前往中国的唯一直航抵达城市。科威特航空公司 2020 年 8 月 13 日起开通每周一班的科威特—广州客运航班。新冠疫情期间航班中断。科航 2023 年 6 月 19 日起宣布恢复这条航线运营，航班现已增至每周三班。

企业家阿卜杜勒·萨拉姆已参加过 20 多届广交会。他对记者说，他喜欢参加广交会，从流花展馆到琶洲展馆，每次参会都能见到老朋友，结识新伙伴。按照阿卜杜勒的说法，"科威特市场上所需的各种商品均能在广交会上找到"。

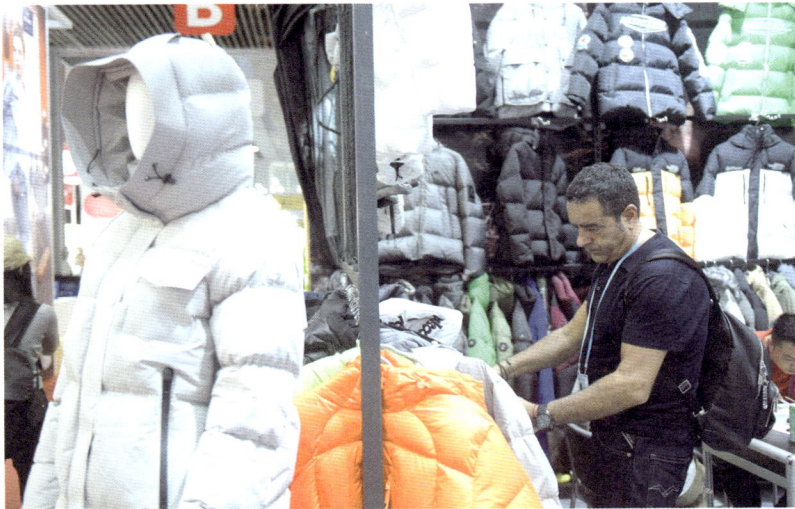

2024 年 11 月 4 日，客商在广交会上参观选购羽绒服。（新华社记者卢汉欣摄）

企业家里达·纳基曾 60 多次前往中国，他告诉记者，在到访过的 80 多个国家中，中国是他的最爱。他与中国的缘分结于 1984 年首次作为科威特企业代表参加广交会。从那时起，他对前往中国就"上瘾"了，直到现在也未停止。

科威特第七维公司市场经理阿德尔·沙提在动身前往广州参加第 135 届广交会前接受了记者采访。他说，第七维公司从中国进口电子产品起家，专门从事经营电子产品贸易，目前已发展到在中东多国设有分公司。该公司在中国与安克创新、金领马科技等企业合作，从中国进口 130 多个品牌产品。

沙提说，得益于广交会提供的平台，该公司的业务实现快速发展。在他看来，广交会展示了丰富多样的产品种类，涵盖了从日用消费品到工业设备等各个领域。更重要的是，广交会不仅是一个展示产品的平台，更是商业洽谈和交流的重要场所。通过参与广交会，有机会与来自全球的企业家和专业人士交流经验、分享资源，拓展业务网络，获取更多商业机会。"科威特不能没有中国产品，科威特人也离不开广交会。"沙提说。

【汽车市场占有率超过德系车】

近年来，出口到海外的中国产品逐步摘掉"廉价货"帽子，正进军很多国家和地区的中高端市场。在科威特，中国品牌汽车已然成为一张亮眼的"中国制造"名片。作为全球十大产油国之一，科威特是燃油汽车的理想市场。目前，科威特汽车市场聚集 78 个国际汽车品牌，其中国品牌有 22 个，市场占有率已超过韩系、德系车，位列日系、美系车后。

广汽集团是较早打入科威特市场的中国车企。在 2012 年 10 月举行的广交会期间，科威特汽车销售集团穆塔瓦·卡齐公司董事长奥马尔·苏莱曼·卡齐看中了广汽集团的参展汽车。双方合作就此启动。2013 年，穆塔瓦·卡齐公司成为广汽集团首个境外授权经销商。2013 年年底，科威特首家广汽集团专营店开业。

不可否认，极具竞争力的价格是中国品牌汽车立足科威特市场的重要优势，但是也要看到，近年来中国品牌汽车不断提升的品质和性能也日益被消费者认可。科威特金融公司首席执行官阿卜杜勒·拉舒德接受记者采访时说："中国汽车除了在品质和价格方面具有优势以外，正凭借在科技、安全和设计方面拥有创新优势而受到越来越多客户喜爱。"

2024 年 9 月 23 日，在科威特哈瓦利省，一名模特在车展上展示比亚迪汽车。（新华社发　阿萨德摄）

代理奇瑞和吉利汽车销售的科威特加尼姆公司销售总监穆罕默德·马吉德告诉记者："中国汽车在保护司机、乘客和儿童方面获得了多个国际奖项，最初我们只计划每年销售约 1000 辆车，但由于越来越多客户的认可，市场对此需求不断增长，我们已将这个目标提高到每年 3000 辆。"

马吉德说，中国汽车在科威特销售量逐年显著增长，市场受欢迎程度越来越高，"中国汽车尚未运抵科威特，往往还在海上的时候，就已经（提前）售出了"。在他看来，中国汽车的时尚设计以及电子科技应用带来的驾驶体验是最受科威特人喜爱的因素，"比如女性客户更倾向购买拥有时尚设计外形的车型，而车内触摸屏、全景雷达等技术运用，也是相较于其他汽车品牌的一个重要竞争优势"。

【两国经贸关系保持高位运行】

科威特 1938 年因发现石油资源而迅速发展，20 世纪 50 年代开始陆续建成石油化工、化肥、食品加工等工业，石油、天然气工业一直以来是国民经济主要支柱，产值占国内生产总值的 54%，占出口收入的 90%。然而，该国的轻工业及除石油以外的重工业极度匮乏，相关产品严重依赖进口，包括机械、运输设备、工业制品、食品、粮食等。在这个意义上，中科两国经济具有较强互补性，经贸合作也便成为两国关系中堪称"压舱石"的重要组成部分。

科威特是第一个与新中国建交的海湾阿拉伯国家。1971 年 3 月建交以来，两国经贸关系稳步发展，特别是近年来在贸易、投资、承包工程、能源、通信、基础设施、金融等领域合作发展势头良好，充分发挥了"压舱石"作用。2023 年，中国连续九年保持科威特第一大贸易伙伴地位，两国贸易总额达到 223.9 亿美元。科威特从中国进口货物 49.3 亿美元，同比增长 7.6%，机械产品、汽车进口同比增长 98% 和 9.4%。同时，中国继续保持科威特第二大原油出口目的地国和第二大直接投资来源国地位。

科威特美国商会会员赫芭·阿巴斯日前接受记者采访时表示，在俄乌冲突、巴以冲突导致地缘政治局势紧张，贸易和供应链受到明显影响的大背景下，科威特尤需与中国保持良好贸易关系，以确保其经济稳定和供应可靠。中国拥有完整的工业体系和庞大的制造业基础，能够生产几乎所有种类商品，质量、价格的竞争力十足，在国际市场上拥有较大优势，完全可以满足科威特的需求。

科威特是最早同中国签署共建"一带一路"合作文件的中东国家。科方高度认同并积极响应"一带一路"倡议，认为该倡议与致力于将科威特打造成世界金融贸易中心的"2035 国家愿景"高度契合，并将"丝绸城和五岛"作为主要对接项目。

"我希望'丝绸城和五岛'项目在借鉴中国丰富经验的基础上取得成功，助力科威特人民实现对美好生活的追求。"在企业家纳基看来，包括科威特在内的阿拉伯国家可以从与中国的合作中获得实实在在的好处，因为"中国有能力使用自身的劳动力、技术等，从事全产业链的任何项目"。

【项目推进受到"欧美标准"影响】

近年来，中国企业在科威特经济社会发展中日益发挥重要作用，涉及油气、基建、住房、交通、通信、环保、电子商务等多个领域，为增进科威特民生福祉做出积极贡献。仅 2023 年，50 多家中国企业参与了包括科威特国际机场、科威特大学城等多个"2035 国家愿景"重点项目。

然而，也要看到，中科合作的推进也因科方府院矛盾及"欧美标准"等因素而受到影响。长期以来，科威特内阁和议会矛盾尖锐、关系紧张，议会常被提前解散，而不少政府官员懒政怠政，不担当、不作为，行政效率低下。一个突出的例子，就是将早已滞后于时代发展的所谓"欧美标准"奉为圭臬，拒绝变通修正。比如，在中企承建的科威特大学城项目现场，按照科方要求，普通石质垃圾桶必须使用"意大利制造"的垃圾桶，哪怕这个垃圾桶要数千元人民币，远远高出"中国制造"的同款产品。

中国建筑股份有限公司中东公司科威特代表处总代表杨春森对记者说，在基建领域，根据"欧美标准"制定的合同，所有企业不得不去购买欧美国家生产的建筑材料、五金材料、工程机械，必须按照过时的"欧美标准"施工方案施工，等等，这极大增加了成本，延误了工期，非常不利于项目执行，也在一定程度上影响了科威特经济社会民生的发展。

中国电动自行车
缘何在产油大国伊拉克受青睐

巴格达分社　　段敏夫　李军

伊拉克是石油输出国组织（欧佩克）中的第二大产油国，已探明原油储量约为 1450 亿桶。因油价低廉、公共交通网络发展滞后等原因，燃油车长期是伊拉克民众出行的主要交通工具，人口 800 多万的首都巴格达的汽车保有量就超过 300 万辆。

然而，新华社记者在伊拉克采访时发现，在这样一个汽油比水便宜的产油大国，越来越多民众放弃汽车、选择购买中国产电动自行车作为首选通勤工具。记者调研发现，政府鼓励、设计时尚、售后保障等方面的优势让中国电动自行车在伊拉克得以快速普及。

【 "绿色环保" ——政府鼓励 】

伊拉克污染较为严重。2023 年，瑞士企业的一项全球空气质量监测数据显示，巴格达在 "全球空气污染最严重城市排行" 中位列第 13 位，为阿拉伯国家中空气污染最严重的城市，空气污染指数超出世界卫生组织相关标准 10 倍之多。究其原因，燃油车辆保有量及使用率高、缺乏车辆强制报废年限规定等因素是导致伊拉克空气污染的主要因素。

近年来，伊拉克政府大力推动清洁能源代替石油，电动自行车迎来大好发展机遇。

2023年5月，伊拉克宣布禁止进口包括突突车、货运三轮车在内的燃油动力摩托车品类，但同类电动车辆进口不受影响。伊拉克交通部表示，伊拉克道路承载力严重不足，突突车、货运三轮车等摩托车数量已达饱和，且私自改装现象严重，尾气排放不合格率高，危险驾驶行为屡禁不止，成为危害道路安全的一大隐患，希望通过普及电动自行车减少污染，同时缓解交通拥堵、减少交通事故。

巴格达交通警察艾哈迈德·纳赛尔告诉新华社记者，美军入侵后，伊拉克道路基础设施建设破坏严重，不少道路年久失修且缺乏指示

这是2024年4月16日在伊拉克首都巴格达拍摄的一家中国电动自行车专营店。（新华社发 哈利勒·达伍德摄）

标志，导致交通事故频发。据交通部门统计，仅 2023 年伊拉克全境就发生超过 7000 起交通事故。其中很多涉及摩托车，因为摩托车速度快但安全防护较差，驾驶者往往在交通事故中容易受到伤害。

"执勤过程中我能感受到越来越多巴格达市民开始使用电动自行车出行，而且它们几乎都产自中国。电动自行车的设计最高时速比摩托车低很多，但已能满足大多数通勤需求，更重要的是更加安全"，在纳赛尔看来，"后摩托车"时代，电动自行车有望成为日常通勤新潮流。

伊拉克政府已明确表示，电动自行车普及符合政府倡导的"绿色出行"理念。伊拉克环境部官员卡泽姆·马哈茂德认为："我们鼓励使用清洁能源交通工具代步出行，它不会排放尾气，使用过程中也不会产生任何有害环境和民众健康的物质。中国在锂电池开发和电动车设计上处于领先地位，相关产品既能满足民众出行需求，也符合伊拉克环境部门对能源转型的指导原则。"

【 "设计时新"——民众青睐 】

即将年满 20 岁的贾莱勒·拉迪在父亲陪伴下走进巴格达一家电动自行车专营店，为自己挑选生日礼物。进店时，拉迪显得并不情愿，目光在一辆辆电动自行车间游离："我其实更喜欢摩托车，不是电动自行车不好，但是摩托车造型更酷！但爸爸出于安全考虑，只允许我买电动自行车。"拉迪说出了不少伊拉克青年的心声。

但是很快，专营店里一款设计时新的电动自行车就让拉迪眼前一亮，裸露的车架、圆形大车灯、宽大的轮胎、独特的车身流线、高把手设计——正是拉迪心目中的"完美车型"。"原来电动车也有如此新潮的设计"，试驾后的拉迪非常满意。

据专营店老板萨利姆·穆萨介绍，传统款式的电动自行车在初期推广时确实难获青年人群青睐，但中国供应商很快根据伊拉克受众群体的不同喜好开发出不同车型，既有简约实用的传统款，也有"新潮拉风"的时尚款，酷似哈雷摩托的高把手设计更是备受伊拉克青年追捧。

相比于燃油汽车和摩托车，"经济实惠"是国产电动自行车的另一优势。据穆萨介绍，电动自行车售价在400—700美元之间，作为代步工具相比于燃油摩托车有较大价格优势，购车成本可降低约30%—60%。"消费者花费约500美元就可入手一辆续航里程70千米左右的代步电动车，完全可以满足市内通勤需求。"

记者在走访调查中发现，规避日常通勤中的交通拥堵是伊拉克民众由传统"油车"转向电动自行车的另一主要原因。

正在专营店为电动自行车做电池保养的胡赛姆·沙克尔告诉新华社记者，他是一名政府工作人员，上班的单程通勤距离约10千米，因单位位于市区核心地段，交通拥堵严重，早晚高峰开燃油车单程通勤时间需要40分钟以上。"冬天还好，如酷热的夏天被堵在路上，即便开着空调也是煎熬。"沙克尔说。

"现在我骑电动自行车上下班，半小时内就能完成通勤，方便又快捷，能节约不少时间。我的电动车续航里程超过70千米，充一次电足够满足三天的通勤需求。充电也很方便，无论是在单位还是下班回家，6小时即可充满，出行有保障。现在越来越多的同事和我一样选择电动自行车通勤。中国电动自行车质量好，性能佳，为我们提供了不同的出行选择！"沙克尔说着竖起了大拇指。

【"保障完备"——商家看好】

在巴格达市区的萨德里亚街区，仅一条街上就分布着大大小小近 10 家电动自行车专营店，主营产自中国的电动四轮代步车、电动三轮货运车和电动自行车等。

阿拉·哈桑从事电动车经营已超过 10 年。10 年来，哈桑 25 次到访中国，调研中国电动车市场发展近况，并从中国进口电动车及零部件。"每次去中国都让我眼前一亮，无论是外观设计还是电池技术，中国电动车企业都在不断突破创新，作为海外进口商，我们也有了更多、更优的选择，为伊拉克民众引进适合不同受众人群的

这是 2024 年 4 月 16 日在伊拉克首都巴格达拍摄的一家中国电动自行车专营店。（新华社发　哈利勒·达伍德摄）

产品。"哈桑说。

据哈桑介绍，电动四轮代步车在伊拉克受到中老年人群欢迎——驾驶简便，设计最高时速 35 千米，兼顾中老年人群出行对便捷性和安全性的需求；电动三轮货运车备受个体户商家和商铺店主青睐——电池容量更大，续航里程更长，动力更强劲，拖斗载货空间大，便于运输货物；两轮的电动自行车则是上班族的首选——充电便捷，不惧拥堵，能极大节约消耗在通勤上的时间成本。

伊拉克进口商在进行整车和零配件进口的同时还引进了整套售后维护体系，为客户提供电池、核心控制器等重要部件的保修和养护。维修技师阿里·加兹万告诉记者，中国电动车质量过硬，性能可靠，很少出现因质量问题导致的技术故障。中国供应商还为伊拉克进口商提供了全套售后维护培训，因此，伊拉克电动自行车专营店不仅是销售终端，也是售后和养护终端，保障本地客户"用车无忧"。"提供全面、便捷的售后服务也是中国产电动车相比于燃油汽车及摩托车的一大优势。"加兹万说。

谈及国产电动车产业在伊拉克的市场前景，电动车经营商哈桑坦言，现阶段，甚至在未来的很长一段时间里，燃油汽车在伊拉克交通体系中的主导地位仍然不可撼动，但刚刚赴中国参加了第 135 届广交会的哈桑相信，使用清洁能源一定是未来交通出行的发展方向。

"在广交会上，我再一次感受到中国在新能源领域的迅猛发展，多年来，我们和中国生产商保持着高度互信和紧密联系，电动自行车的引进只是为伊拉克民众提供多元化出行选择的第一步，相信不远的将来也会有大量中国产的电动汽车'驶进'伊拉克市场。"哈桑说。

当选印度尼西亚总统后首访即选择中国普拉博沃不简单

雅加达分社　　叶平凡

印度尼西亚当选总统、大印度尼西亚行动党总主席普拉博沃·苏比延多2024年3月31日至4月2日访问中国。这是普拉博沃在印度尼西亚自2024年2月14日举行总统选举后首次出国访问。普拉博沃胜选后首次出国访问选择中国表明他高度重视对华关系，象征意义巨大。普拉博沃预计利用此访与中国最高领导人建立良好的工作和私人关系，共同规划双边关系未来五年发展方向。

【梦想成为"印度尼西亚的邓小平"】

普拉博沃有强烈的民族主义倾向和提升印度尼西亚国际地位的意愿，又具鲜明的务实风格和丰富的外交和政党斗争经验。他一方面作风强势、脾气急躁，另一方面身段柔软，不尚蛮干。

普拉博沃在军队服役近30年，对包括华裔在内的少数族裔和反对派人士曾有过不太光彩的历史。他在2019年与现任总统佐科·维多多竞争总统大位时也曾拿中国"说事"。

不过，普拉博沃在国防部长任上加强与中国的防务合作，同时与我驻印度尼西亚使馆和当地华人频繁互动。普拉博沃表示很喜欢中国，喜欢研究中国历史，中国历史上灿烂的文明给他留下了深刻印象，让他学到了很多关于领导力的知识。

普拉博沃表示，中国哲学要求领袖修身，要以身作则，要为万民谋福利。他在出席印度尼西亚华裔总会活动时说，邓小平是中国富强和进步的先驱，他的梦想就是成为"印度尼西亚的邓小平"。他还表示，相比"华盛顿共识"，他更欣赏"北京共识"，中国的发展模式更加适合印度尼西亚。他领导的大印度尼西亚行动党派出多名干部到中国学习。

在国际场合，普拉博沃也曾仗义执言。在 2022 年 6 月第 19 届

2024 年 2 月 14 日，在印度尼西亚雅加达，时任国防部长普拉博沃·苏比延多（左）与竞选搭档总统佐科的长子、梭罗市时任市长吉布兰·拉卡布明·拉卡出席宣布获胜的集会。（新华社发　阿贡摄）

香格里拉对话会上，普拉博沃发言时说：中国几千年来一直是大国，"我们的社会、文化深受中国和印度的影响"。中国是"反帝运动的先锋，一直是印度尼西亚的好朋友"，"相信中国会以他们的智慧和仁爱担当责任"，呼吁各国"尊重中国复兴，回到伟大文明的地位"，而印度尼西亚将以"亚洲方式"解决国与国之间的分歧。

印度尼西亚政治分析人士班邦·苏尔约诺说，佐科对华友好，执政近十年来，双边关系取得长足发展，为两国长期友好打下坚实基础，保持同中国的良好关系已经成为印度尼西亚各界的共识。普拉博沃也概莫能外，多年的交往让他对中国有比较客观和清醒的认知，上任后料将延续佐科的对华友好政策，进一步深化和发展同中国的关系。

【精英出身　经历极其丰富】

普拉博沃个性鲜明，经历颇丰。他 1951 年出身于政治精英家庭。祖父是印度尼西亚独立运动重要成员，参与组建 1945 年成立的印度尼西亚独立筹备委员会，印度尼西亚独立后出任印度尼西亚总统咨询机构印度尼西亚最高评议院主席，还是印度尼西亚第一家国有银行印度尼西亚国家银行的创办人。

普拉博沃的父亲是印度尼西亚著名经济学家，先后在苏加诺和苏哈托执政时出任工业与贸易部长、财政部长等职，后因政见不同远赴海外。他的母亲来自北苏拉威西省首府万鸦老市，是当地米纳哈萨族和德国人的混血儿，虔诚的基督教徒。

普拉博沃在家中四个兄弟姐妹中排行老二，小学和中学生活都在欧洲度过，19 岁考取印度尼西亚军事学院才回到国内，开启了戎马生涯，不久即参加印度尼西亚对东帝汶的军事行动，在军中晋升很快，26 岁时便成为驻东帝汶特种部队司令。

1983 年，普拉博沃同时任总统苏哈托的第二个女儿西蒂·赫迪亚蒂·哈里娅迪结婚，育有一子。在岳父的加持下，普拉博沃在军界平步青云：1995 年升任印度尼西亚特种部队总司令，三年之后转任印度尼西亚最精锐部队陆军战略后备部队总司令。

普拉博沃在军队任职期间，印度尼西亚发生了一些严重侵犯人权事件，普拉博沃被指控参与其中，但他本人从未受过审判。美国以人权纪录恶劣为由一度将普拉博沃列入黑名单，长期拒绝其入境。1998 年 5 月，在苏哈托下台前几天，印度尼西亚全国发生了针对华裔的骚乱，官方数据显示骚乱共造成 1250 名华人死亡，普拉博沃被指与骚乱脱不了干系。

苏哈托的继任者巴哈尔丁·优素福·哈比比拒绝了普拉博沃要求担任军队首脑的请求，反而将他降职。不久之后，普拉博沃因"误解命令"遭解职。他自愿流亡约旦，28 年的军旅生涯似乎就此结束。同年，普拉博沃同西蒂离婚，此后一直没有再婚。

移居国外数年后，普拉博沃回国加入胞弟哈希姆·佐约哈迪库苏莫的商业集团，两兄弟致力于在油气、纸浆、棕榈油等行业发展。普拉博沃在商界重获成功，印度尼西亚肃贪委员会公布的印度尼西亚总统候选人财产显示，普拉博沃拥有超过 1.3 亿美元净资产。

商业上的成功和雄厚的财力让普拉博沃产生了从政改变国家现状的意愿。2008 年，普拉博沃创立大印度尼西亚行动党，高举民族主义大旗，以中下层普通百姓利益的捍卫者自居，力图重振印度尼西亚的声望和荣耀，迅速赢得草根阶层支持。

在 2009 年 4 月的议会选举中，成立仅一年的大印度尼西亚行动党斩获国会 560 个席位中的 26 席，也鼓舞了普拉博沃的信心。普拉博沃当年 7 月作为民主斗争党总主席梅加瓦蒂·苏加诺的副手参与总统选举，无奈梅加瓦蒂人气低迷，不敌时任总统苏西洛·班邦·尤多约诺。

首次参选总统失利，普拉博沃并没有灰心。积累竞选经验后，他开始利用普通百姓对苏西洛过于优柔寡断的不满来打造强势领导人的形象和雷厉风行的风格，声望不断提升。

2014 年年初，民主斗争党放弃支持普拉博沃，突然宣布提名时任雅加达特区行政长官、政治明星佐科代表该党参选总统，打乱了普拉博沃的布局。普拉博沃和国民使命党总主席、印度尼西亚前经济统筹部长哈达·拉查萨搭档，以民族主义"强人"身份竞选，但以不到 6% 的差距惜败。

2019 年，普拉博沃和雅加达特区前任行政长官桑迪亚加·乌诺搭档参加总统选举，以 10% 的得票差距再次败于佐科。但是，在佐科的召唤下，普拉博沃出人意料地与其达成和解，出任防长。

2022 年 8 月，普拉博沃被大印度尼西亚行动党提名为 2024 年总统候选人。2023 年 10 月，佐科长子、中爪哇省梭罗市市长吉布兰·拉卡布明·拉卡宣布成为其搭档。在佐科半公开支持下，普拉博沃支持率不断上升。在 2024 年 2 月 14 日的投票中，普拉博沃和吉布兰组合获得约 58.6% 的选票，以压倒性优势一轮胜出，问鼎正副总统宝座。快速计票结果显示，大印度尼西亚行动党的得票数仅次于民主斗争党和专业集团党，成为名副其实的印度尼西亚三大政党之一。

【自我定位"佐科的接班人"】

普拉博沃组合一轮胜选受到印度尼西亚工商界广泛欢迎。印度尼西亚经济学家拉登·帕尔代德认为，如果 6 月还要举行二轮总统选举，将给资本市场、商界带来 4 个月的观望等待期，而一轮选举就出结果给投资者带来更多确定性。另外，还可以节省大量选举经费，这些经费可用于其他国家项目。

普拉博沃把自己定位为"佐科的接班人"，在竞选时表示将会继承佐科的事业，对内将延续"佐科经济学"，即继续国家主导的发展主义模式，加强政府在经济和国家建设中的作用，包括继续大规模基础设施建设、推动以矿业为代表的工业化和下游化措施、扩大社会福利、能源转型，继续建设耗资 320 亿美元的新首都项目等，推动印度尼西亚在 2045 年建国百年时进入高收入国家行列。

在选举投票前，普拉博沃团队在其竞选网站和印度尼西亚主流媒体阐释胜选后的施政纲领，包括 8 个"最优速效项目"和重点关注的 17 个优先项目。

"最优速效项目"包含：在普通学校和伊斯兰寄宿学校提供免费午餐和牛奶，并为 5 岁以下儿童和孕妇提供营养援助；提供免费体检，旨在根除肺结核，并在县里建立设施完善的优质医院；建立村级、地区级和国家级粮仓，提高农业生产力；在每个县建设综合性优质学校，修缮需要改造升级的学校；继续并增加社会福利卡和创业援助卡计划，以消除绝对贫困；提高公职人员（尤其是教师、大学老师、卫生和宣传工作者）、军警和国家官员的工资；继续建设农村和乡镇基础设施，继续发放现金援助，并保证为有需要的人，特别是千禧一代、Z世代和低收入人群提供廉价且卫生条件良好的住房；成立国家收入署，将国家收入占国内生产总值的比例提高至23%。

普拉博沃关于改善民众福利的一系列计划预期受到欢迎，将巩固其执政基础。但同时这些政策会增加政府财政负担，如何在促进经济增长和提升民众福利之间找到平衡，将是普拉博沃执政后面临的一大挑战。

【外交老手　奉行睦邻友好】

普拉博沃出身多元文化家庭，少年时期辗转多国生活和学习，从小建立了国际化视野，青年时选择回国从军报国，对国家高度忠诚。

军队服役期间，普拉博沃曾被派往美国、德国受训，与约旦国王阿卜杜拉二世是同学。在本届政府担任防长的4年多时间里，国防外交也搞得有声有色。相比刚执政时的佐科，普拉博沃外交经验要丰富得多。普拉博沃承诺，他将继续奉行印度尼西亚一直以来的不结盟、独立自主外交政策。

总统选举投票前，普拉博沃接受卡塔尔半岛电视台专访时说，印度尼西亚国父们给印度尼西亚留下最好的外交遗产就是不结盟。印度尼西亚尊重所有国家，希望与每个国家建立良好关系，不想加入一个集团来对抗另一个集团。印度尼西亚和每个国家都是朋友，在任何冲突和竞争中，印度尼西亚的立场都能够被各方接受。

普拉博沃也曾公开提出睦邻友好政策，用他的话来说就是"一千个朋友太少，一个敌人太多"。

分析人士认为，普拉博沃上台后将延续对华友好政策，因为他的外交政策明显还是以经济外交为核心，一切服务于印度尼西亚经济发展。普拉博沃领导的大印度尼西亚行动党支持者主要来自草根阶层，他本人也曾担任印度尼西亚农民协会主席，对贫苦大众有一定感情，普拉博沃上台后会重点解决印度尼西亚国内的减贫问题，为中国政府和民间下一阶段与印度尼西亚在减贫、农业合作、粮食自给自足等方面的合作提供了较大空间。

可以预见，普拉博沃上台后将深化和发展佐科近十年的政策，并寻求建立自己的政治遗产。中印尼在矿产加工业、数字经济、绿色经济等有助提升印度尼西亚工业化、下游化能力，提高在全球产业分工地位的领域都将继续得到普拉博沃政府支持。

2024 年 3 月 20 日，在印度尼西亚雅加达，普拉博沃（中）在媒体记者和支持者到场的集会上讲话。（新华社发 阿贡摄）

德国汽车电动化转型放缓
中企出海欧洲面临多重挑战

法兰克福分社　刘向　单玮怡

一度高歌猛进的汽车电动化转型势头 2024 年在德国遭遇逆风，电动汽车销量明显放缓，促使梅赛德斯－奔驰等老牌车企对汽车电动化计划做出调整。

对于中国电动汽车以其高性价比日益在欧洲市场显示出很强竞争力，欧洲联盟 2024 年夏宣布对中国进口电动汽车征收临时反补贴税。对此，部分德国车企和研究机构认为，欧盟此举将损害中德两国车企合作与共同利益。也有业界人士认为，不可否认中国电动汽车有自己的优势和特点，但现阶段尚不足以对德国本土品牌构成实质性威胁。

【德国电动汽车市场降温】

根据德国商业数据平台 Statista 发布的数据，德国 2024 年 1—4 月新登记注册 11.1 万辆电动汽车，年化后注册量为 30 余万辆，明显低于 2023 年的 52 万辆。电动汽车显著降温的直接原因一是定价高，均价已接近 7 万欧元；二是德国联邦政府 2023 年 12 月取消了电动汽车购车补贴——此前，消费者购买电动汽车可获最高 4500 欧元购车补贴。根据欧洲汽车制造商协会最近所做的市场调查，仅不足 30% 的欧洲消费者计划购买电动汽车，其中超过半数的消费者明确不会购买价格超过 3.5 万欧元的电动汽车。

而伴随市场和消费者热情渐冷，企业的汽车电动化转型意愿也不再如前些年那般坚定。2024 年 2 月，梅赛德斯－奔驰集团在 2023 年年度财报发布会上宣布，鉴于新能源汽车普及速度未达预期，不再坚持 2030 年全电动化计划，同时保证继续改进其燃油车。这一表态引发业界热议，有人推测，这意味着梅赛德斯－奔驰"全面放弃电动化"。而同为豪华汽车品牌代表的宝马、奥迪均表示未放弃燃油车。

数据显示，2023 年德国电动汽车产量为 127 万辆，是欧洲电动汽车产量最高的国家。2023 年上半年，大众、梅赛德斯－奔驰和宝马三家车企的电动汽车销售额在各自总销售额中占比分别为 7.4%、10% 和 12.6%。大众集团首席财务官兼首席运营官阿尔诺·安特利茨预测，大众旗下部分电动汽车车型的利润率或到 2025 年才能达到燃油汽车车型水平。

德国汽车工业协会副主席托马斯·佩克龙指出，汽车市场需求呈现放缓趋势，电动汽车研发投入大，相较燃油汽车生产成本更高，发展电动汽车对企业盈利能力是很大挑战。因此，许多跨国车企基于对自身发展现状、市场需求和维护盈利水平的多重考量，选择调整"电动化"策略、维持燃油汽车与电动汽车"双线并行"做法。

政策层面上，欧盟 2023 年推出汽车转型战略，宣布自 2035 年起禁售会导致碳排放的新的燃油汽车，而使用碳中性燃料的燃油汽车有望在此后继续销售。尽管这一燃油汽车禁售令在欧盟内部存在不小反对声，但总体来看，欧盟推动新能源车转型大方向并未改变。

然而，欧盟决定自 2024 年 7 月 4 日起对中国电动汽车加征临时关税。面对欧盟政策"逆风"，一些德国车企和研究机构认为，在中国投资设厂的德国车企可能遭受"附带伤害"。

宝马集团董事长齐普策说，对从中国进口的电动汽车征收临时反补贴税是错误的决策，因为加税将会阻碍欧洲汽车制造商的发展，无法帮助企业提升全球竞争力，最终也会损害欧洲自身利益。

事实上，自中国出口到欧洲市场的电动汽车中，既有中国国产品牌，也有大量在中国生产的欧美品牌，如特斯拉、宝马等。美国荣鼎咨询公司就在一份报告中警告，欧盟对中国电动汽车加征15%—30% 临时反补贴税也将损害将中国作为出口基地的欧美车企的利益，且无益于解决欧洲市场对电动汽车的疲软需求。

【中企积极布局欧洲市场】

在 2023 年 9 月的德国慕尼黑汽车展上，中国电动汽车闪亮登场，向欧洲业内人士和消费者展示了进军欧洲市场的决心和实力。欧洲是中国最大的电动汽车出口市场和全球新能源汽车的重要增量市场。中国出口到欧洲市场的新能源汽车迅速增长，对欧洲市场的出口量远远领先于全球其他市场。根据中国全国乘用车市场信息联席会数据，2023 年中国出口的 120.3 万辆新能源汽车中，欧洲占比达 38%，远超其他地区。

从毕马威相关分析报告和新华社记者实地采访情况来看，中国

2023 年 9 月 5 日，人们在德国慕尼黑国际车展的城市公共展示区参观比亚迪汽车。（新华社记者任鹏飞摄）

汽车企业在欧洲投资已基本覆盖全产业链，分布国家主要集中在匈牙利、瑞典和德国。对于中国电动汽车加紧拓展欧洲市场的势头，德国《明镜周刊》近期一篇报道指出："中国已经迅速转型为电动汽车超级大国，甚至已经在欧洲本土对老牌汽车制造商构成威胁。"

在德国业内人士看来，中国电动汽车相比德国品牌有其优势和特点，具有很强竞争力。汉诺威中小企业应用科学大学汽车专家弗兰克·施沃佩认为，对于大众或者欧宝等品牌汽车制造商来说，来自中国的竞争"肯定是个危险"。在电动汽车质量和数字化方面，中国企业如今至少与欧洲大众品牌制造商势均力敌。"软件和电池掌握在中国企业手中，他们在技术上受到了很大信任。"

大众集团汽车乘用车品牌首席执行官托马斯·舍费尔（施文韬）

指出，特斯拉和中国车企正在酝酿一场新的风暴，"现在是艰难时期，我们的屋顶着火了，如今最为紧迫的任务是如何自救及灭火"。

【 "中国制造"面临多重挑战 】

随着越来越多中国新能源汽车产业链企业加快在欧洲布局和设厂生产，投资额逐年增加，欧洲也在加紧应对中国电动汽车企业的"冲击"。德国、法国等传统汽车生产大国纷纷宣布为本国车企提供产业补贴和扶持政策。在此形势下，中国电动汽车企业进入欧洲市场面临诸多困难和挑战。

首先，需要对可能面临的贸易壁垒和政策风险做好充分准备。欧盟委员会 2024 年 3 月发布条例，要求海关对来自中国的电动汽车进行进口登记，认为 2023 年对华发起反补贴调查后进口量大幅增加，将损害欧盟市场。车企作为直接利益相关方，更应该时刻关注欧盟贸易政策动向，在加快出海步伐的同时，企业内部也要有相应的部门采取风险预警和应对预案。

此外，欧盟在贸易领域利益构成十分复杂，"多层治理"现象突出，中国车企可借鉴汽车零部件企业应对反倾销和反补贴调查经验，积极寻找"同盟"，通过行业协会、海外合作伙伴、媒体和智库等力量更好地予以应对。

面对欧盟出台反补贴政策，中国电动汽车企业或将加速海外建厂步伐。然而，地缘政治、逆全球化趋势及供应链和产业链等多个非技术层面的障碍也有可能成为中国车企海外扩张的主要风险因素。蔚来欧洲业务发展负责人陈晨等业内人士认为，中国新能源汽车企业未来面临的海外政策挑战大概率不是来自关税壁垒，而是来自碳关税、本地供应链、当地经营和数据保护法律条例等。中企投资欧洲难度大、受关注度高，一旦呈现强有力的竞争优势或出现地缘政治形势变化，应注意规避当地政策转型或针对性法规的影响。

其次，需要从仅输出产品到输出技术和服务转变，做好本土化建设。奔驰、宝马等豪华汽车领域的车企面对中国品牌攻势，对自身实力较有自信。宝马集团董事长齐普策认为，在欧洲市场上，中国品牌不会对宝马构成实质性威胁。他说："中国企业能否在数字化、物流、服务等多个方面满足欧洲客户的要求和品位还是未知数。"持有这个观点的欧洲车企高管不在少数。

最后，既要提升品牌认知度，又要加强成本控制和盈利能力。小鹏汽车副董事长兼联席总裁顾宏地 2023 年在慕尼黑车展上对记

2023 年 1 月 31 日，新华社记者专访大众汽车集团管理董事会主席奥博穆。（新华社记者司晓帅摄）

者说，从科研能力等方面来说，中国品牌已具备和国际品牌同台竞技的实力。然而，目前中国车企表现较好的海外市场以发展中国家市场为主，要进入欧美这样竞争异常激烈的市场，中国车企还需努力。希望中国车企共同发力，逐步建立起在海外的运营能力及人才、品牌和组织架构，在企业国际化方面取得更多进展。

业内人士指出，中国出口到欧洲的电动汽车缺乏补贴优势、运费和进口税支出不菲、欧盟审批认证费用高昂，在欧洲品牌建设和劳动力成本也反映在销售价格上。如果将现在所有相关成本考虑在内，汽车制造商或进口商在欧洲销售汽车的利润极低。据记者观察，除比亚迪和上汽名爵外，其他在欧洲发展的中国汽车厂商面临着较大的扭亏压力。

俄罗斯实质性"向东转"
中俄远东合作迎机遇

符拉迪沃斯托克分社　　陈畅

　　俄罗斯远东联邦区位于俄罗斯领土东部，与中国接壤。受气候、基础设施建设、国家战略等因素影响，该地区经济发展水平始终落后于俄罗斯的欧洲部分。不过，西方 2014 年以来因克里米亚并入俄罗斯后对俄制裁，俄罗斯迫于形势开始实质性"向东转"；2022 年俄乌冲突全面升级后，西方加大对俄制裁，更成为俄方决心开发远东的"助推器"。

　　对俄罗斯而言，开发远东需要资金、人力和技术，近邻中国无疑是理想合作伙伴。在经历西方持续打压和孤立后，俄罗斯已认清这一点。然而，关于开发远东，俄方一方面希望借助外部投资助力开发进程，另一方面却也为外部投资设置了许多限制性措施。因此，虽然中俄远东合作前景被两国各界人士看好，仍需看到其中的困难和可能遇到的问题。

【自然资源的"聚宝盆"】

　　俄罗斯远东联邦区（以下简称"远东"）位于俄罗斯东部，与中国的黑龙江省、吉林省以及朝鲜接壤，下辖 11 个联邦主体（相当于中国省级行政单位），总面积 695 万平方千米，占全俄领土的 40%。不过，该联邦区总人口不足 800 万，占全俄人口的 5.56%，经济体量也仅占全俄经济总量的 5.3%（2022 年统计数据）。

远东地广人稀，沙俄时代曾是流放囚犯之地。当地居民以俄罗斯族为主，少数民族包括乌克兰族、蒙古族、鞑靼族、乌兹别克族、吉尔吉斯族，宗教信仰包括东正教、伊斯兰教、萨满教、佛教等。民族多、移民多、文化多样、历史复杂等都是这一地区的鲜明特征。

这片土地上，还包括 150 多年前被清政府割让给沙俄的部分领土。那些曾属于中国的领土如今分别位于阿穆尔州、滨海边疆区、犹太自治州、哈巴罗夫斯克边疆区与中国东北省区的交界地带及萨

2024 年 4 月 27 日，在俄罗斯远东城市乌苏里斯克，一名工人展示从筛选机上挑选好的水稻种子。（新华社发　郭飞洲摄）

哈林岛（中国原称"库页岛"），面积超过 100 万平方千米。其中，阿穆尔州首府布拉戈维申斯克（海兰泡）、滨海边疆区首府符拉迪沃斯托克（海参崴）、哈巴罗夫斯克边疆区首府哈巴罗夫斯克（伯力）是远东最重要、经济也相对发达的城市。符拉迪沃斯托克还是俄罗斯远东联邦区的行政中心。

远东自然资源极为丰富，海量的战略资源为俄罗斯提供了在任何不利条件下都能保障经济持续发展、维持社会稳定的底气，这是俄罗斯联邦政府重视远东的重要因素。

在远东，最具竞争优势的资源为石油、天然气、黄金、白银及其他有色金属。石油勘探储量为 13 亿吨，天然气勘探储量为 43 亿立方米，油气资源主要分布在萨哈（雅库特）共和国、萨哈林岛、北鄂霍茨克海和堪察加半岛西部。目前萨哈（雅库特）共和国和萨哈林岛的油气开发利用程度相对较高。著名的萨哈林 1 号石油项目和萨哈林 2 号天然气项目就位于萨哈林岛。

同时，远东黄金、白银、钨、铜和锡矿储量均居俄罗斯国内地区第一位。2023 年俄罗斯黄金开采总量 361.7 吨，其中 209.1 吨来自远东矿区。远东铜矿储量达到 3000 万吨，占全俄储量的四分之一，其中位于外贝加尔边疆区的乌多坎铜矿储量达到 2450 万吨。远东锡矿资源占全俄储量 80%；煤炭探明储量 200 亿吨；汞储量 3.08 万吨，占全俄储量的 64.8%。

萨哈（雅库特）共和国堪称远东资源宝库，不仅盛产油气、各种有色金属，其西北部有全世界最大的"和平"钻石矿床，南部铁矿石储量超过 4 亿吨（约占远东储量的 80%），煤炭储量则接近远东总储量的 50%。

另外，远东森林资源总储量约 110 亿立方米，占全俄森林资源总量的 35% 以上。

【战略要地的十年布局】

从地缘政治看，远东地处东北亚，濒临太平洋，是俄罗斯东部出海口，地理位置十分重要，也是百年来兵家必争之地。俄罗斯太平洋舰队司令部就位于符拉迪沃斯托克，维柳钦斯克潜艇基地位于堪察加半岛彼得罗巴甫洛夫斯克。

尽管远东与俄罗斯的欧洲部分相去甚远（莫斯科与符拉迪沃斯托克直线距离大约 7000 千米），人口较为稀少，但其战略位置促使俄罗斯联邦政府在很长一段时期赋予远东的首要定位是"保障国家安全"，而将"经济发展"摆在次要位置。这一定位在苏联解体后 30 多年来表现尤为明显。

不过，2014 年克里米亚脱离乌克兰与俄罗斯合并后，西方开始对俄罗斯实施制裁，被"雪藏"多年的远东迎来发展转机。在总统弗拉基米尔·普京的支持下，联邦政府开始"向东看"，采取诸多措施以推动远东开发，应对西方制裁。

谈到俄罗斯联邦政府在远东布局，不能不提到一个联邦级平台——"东方经济论坛"。在普京倡议下，首届东方经济论坛 2015 年 9 月在符拉迪沃斯托克举行。东方经济论坛每年举办一次，旨在扩大远东开放程度，吸引外国投资。截至 2023 年，普京参加了全部八次论坛，通过主旨讲话、会见外国政要、启动合作项目等向全世界展示俄罗斯联邦政府开发远东的决心。

2023 年 9 月 10 日，人们在俄罗斯符拉迪沃斯托克举行的第八届东方经济论坛的展厅参观。（新华社发 郭飞洲摄）

　　"一公顷土地"政策则是俄罗斯联邦政府为普通公民量身定制的影响较大措施。为吸引公民到远东落户及参与开发，普京 2016 年 5 月签署《远东一公顷土地法》。根据该法案，从 2017 年 2 月 1 日起，所有俄罗斯公民都有权在远东一次性无偿获得一公顷土地的五年使用权，土地可用于个人住宅、农业开发、创业、旅游或其他目的，五年后在土地得到开发利用的情况下可继续租用或获得土地产权。据统计，截至 2023 年 11 月，共有 12.2 万来自俄罗斯全国各地的公民成功在远东免费获得地块。目前"一公顷土地"项目仍在继续，参与的人数逐年增多。

　　此外，俄罗斯联邦政府还推出"超前发展区"政策和"符拉迪沃斯托克自由港"项目，招商引资效果明显。

超前发展区政策 2015 年推出，类似经济特区，旨在为远东开发招商引资，几年后俄罗斯联邦政府将超前发展区政策推广至全国。投资入驻区内的国内外企业在税收和土地使用等方面享有优惠政策。据俄方最新统计，目前远东各联邦主体已建立 18 个超前发展区，吸引 760 家国内外企业入驻，涉及物流、运输、建筑、旅游业、农业、基础设施建设、油气、采矿、冶金、机械、水产等领域。根据俄罗斯远东和北极发展部数据，截至 2023 年，远东超前发展区入驻企业投资额达 5.8 万亿卢布（约合 4489.2 亿元人民币），创造 15.75 万工作岗位。

符拉迪沃斯托克自由港项目 2015 年年底启动。与超前发展区政策不同，该项目旨在扩大跨境贸易，发展运输基础设施，将远东地区纳入全球运输路线，建立物流网络便于货物运输、储存和加工，提高产品附加值等。入驻自由港的企业享有海关、税收、投资方面的优惠条件。远东五个沿海联邦主体的 22 个城市及其辖区港口和水域被列入自由港项目覆盖范围，其中包括大型国际运输走廊"滨海 1 号"和"滨海 2 号"。截至 2024 年 4 月，已有 2038 个国内外企业入驻符拉迪沃斯托克自由港，创造近 11 万个工作岗位，吸引投资 1.746 万亿卢布（约合 1351.4 亿元人民币）。

【开发远东的机会成本】

2022 年 2 月 24 日，俄罗斯对乌克兰发动的特别军事行动打破了俄联邦政府原本平稳的远东开发节奏。在西方全方位制裁的压力下，远东成为俄罗斯发展经济的突破口。一时间，远东公路和铁路运输、港口货运周转量迅猛增长、口岸过货负荷远超以往，这让远东经济水平落后、基础设施老旧等陈年积弊暴露无遗。

为满足经济发展现实需求，俄罗斯联邦政府被迫加快对远东扶持，两年来推出多项重要决策，包括大力推动经北冰洋海域连接俄罗斯欧洲部分与远东的北方航道沿岸基础设施建设、制定远东城市发展规划、启用外贝加尔斯克粮食转运码头、着手实施扩建西伯利亚大铁路项目等。俄罗斯联邦政府总理米哈伊尔·米舒斯京称，2023 年中央财政向远东拨款 3 万亿卢布（约合 2331 亿元人民币），在远东投资实施约 3000 个社会经济项目，其中四分之一已于当年完成。

在上述背景下，推动中俄远东合作对于中方来说"天时、地利、人和"各项因素均已具备，扩大两国远东合作迎来了难得的历史机遇。

俄罗斯联邦政府层面对俄中远东合作的支持对远东地区政府有直接影响。目前，远东 11 个联邦主体都在积极挖掘合适的项目与中方对接：哈巴罗夫斯克边疆区自 2024 年年初开始推动与中国合作共同开发大乌苏里岛（黑瞎子岛）；萨哈（雅库特）共和国积极致力于促成启动贾林达至漠河的铁路桥项目，希望为当地矿产外运开辟新通道；在楚科奇自治区，中色股份与俄方合作实施巴依姆铜矿项目；在萨哈林州，中方企业参与建设当地机场综合体项目；在阿穆尔州，俄中双方加紧修建跨界江索道……

统计显示，2022 年俄罗斯远东联邦区与中国的贸易额为 220 亿美元（约合 1593.2 亿元人民币），2023 年涨至 270 亿美元（约合 1955.3 亿元人民币）。

　　近两年来，远东一些延宕多年的项目"提速"推进，其中不乏多个涉及中国的合作项目。比如，建设多年的黑河—布拉戈维申斯克跨界江大桥正式通车；俄罗斯联邦政府向中方提出修建贾林达—漠河铁路桥并着手桥梁设计研发；俄方批准符拉迪沃斯托克海港成为中国内贸外运的中转港；俄方与中方签署协议，将修建中俄天然气管道"远东路线"（起自滨海边疆区达利涅列琴斯克，跨界河乌苏里江后通往中国黑龙江虎林）等。

　　从中俄远东合作方向看，俄方急于发展远东的交通基础设施，包括修建港口、码头、铁路、机场和交通物流中心，中方则对开发油气、矿产、农业等领域合作项目更有兴趣。

中法建交 60 年启示录

巴黎分社　严明　唐霁　乔本孝

2024 年是中法建交 60 周年。1964 年，法国成为冷战两极格局下第一个同新中国正式建交的西方大国，中法建交这一历史性决定对国际关系和世界格局产生了深远影响。60 年来，中法始终坚持独立自主的战略抉择，始终致力于通过互利合作实现共同发展、通过平等交流促进文明互鉴、通过多边协调携手应对全球性挑战。

习近平主席将中法建交精神概括为"独立自主，相互理解，高瞻远瞩，互利共赢"。这是两国关系在国际环境复杂严峻、不稳定性和不确定性因素明显增加的时代背景下，能够秉持建交初心，为维护世界和平稳定、促进世界多极化发挥重要作用的根本原因。

2023 年 4 月，习近平主席和来华访问的法国总统马克龙共同宣布全面重启中法人文交流，并于 2024 年共同举办中法文化旅游年。从 1 月开始，中法合作举办的数百项精彩活动逐一推出，贯穿全年，两国在各领域合作和交流全面展开，在中法关系新甲子开年呈现出蓬勃生机和活力。

中法都是具有独立精神的大国，两国友好的历史财富值得珍视，共同担负的责任使命义不容辞。中法关系历来具有超越双边范畴的战略意义。中法建交 60 年历史带给世界的启示，对当下变乱交织的世界有着重要时代内涵和现实意义。

【中法关系的独特性和必然性】

中法两国都是个性鲜明的大国。两国相隔万里，文明起源不同、制度不同，但从一开始就相互吸引。早在 18 世纪，以法国为代表的欧洲就出现了中国文化热，中国的工艺品、瓷器、茶叶风靡法国，以伏尔泰为代表的法国启蒙运动思想家们热衷研究中国的孔子和他代表的哲学，而孕育了启蒙运动和"自由、平等、博爱"思想的法国，也一直影响着中国的知识界和民众。

独立自主，敢为人先，是中法两个大国共有的个性，也是推动两国建交的原动力。1964 年 1 月 27 日，中法两国政府发表联合公报："中华人民共和国与法兰西共和国一致决定建立外交关系。两国政府商定在三个月内任命大使。"简短公报如一记惊雷，打破了冷战背景下美苏争霸、阵营对立的时代坚冰，被当时的国际舆论称为"外交核爆炸"。

无论在冷战时期，还是当下单边主义、霸权主义、强权政治威胁世界和平的时代，中法关系都有其"独特性"，而这种独特性，符合世界多极化趋势和国际关系民主化的时代潮流。戴高乐将军曾孙女纳塔莉·戴高乐接受新华社记者采访时指出，中法建交的深远意义在于，它打破了当时美苏控制的两极世界，推动世界向着全球化和多极世界方向发展。

这是 2024 年 10 月 18 日在法国巴黎举行的《中法建交六十周年》纪念邮票首发仪式现场拍摄的邮票图案展示。（新华社记者张百慧摄）

多年来，中法坚持独立自主战略抉择，不依附于他国，不屈服于强权，在关乎世界前进方向的重大问题上站在历史正确的一边、时代进步的一边，旗帜鲜明地反对冷战思维和阵营对抗。2003 年，美国不顾国际社会反对、以"莫须有"罪名发动伊拉克战争。法国作为西方国家带头反对，中国更是强烈呼吁立即停止军事行动。中法两国立场鲜明，共同反对霸权主义。2022 年，俄乌冲突爆发以来，中法都呼吁尽早停火止战，恢复和平。2023 年，面对巴以冲突，中法两国领导人都呼吁避免巴以局势进一步恶化，"两国方案"是解决巴以冲突循环往复的根本出路。

60 年来，中法关系创造了很多个"第一"：法国是最早同中国建立全面战略伙伴关系和机制性战略对话的西方大国，最早同中国开展民用核能合作的西方国家，第一个同中国互办文化年、互设文化中心的国家。中法开通了中国同西方国家间第一条民航航线，共同开拓第三方市场……

法国宪法委员会主席、前总理法比尤斯接受记者专访时指出，中法两国建交敢为天下先，是因为两国都奉行独立自主的外交政策，都致力于维护真正的多边主义，维护世界和平。中法能够超越意识形态、制度和文化差异，走出一条合作共赢之路，这是历史的必然。

【中法关系发展的内在动力】

互利共赢的经贸合作，是中法关系发展的内在动力。

中国大陆第一座大型商用核电站——大亚湾核电站，从 1984 年 4 月破土动工到 1994 年 5 月投入商业运行，法国电力集团作为技术总负责方，全程参与了大亚湾核电站的设计、建设和运行。2019 年 3 月，在习近平主席和马克龙的见证下，法国电力集团与中国合作伙伴共同签署江苏东台四期和东台五期海上风电项目合作协议，这是外资企业在中国投资的第一个海上风电合作项目。2023 年 4 月，再度在两国元首见证下，法国电力集团与中国合作伙伴签署了太阳能和氢能项目的合作协议。

法国达能集团中国、北亚和大洋洲总裁谢伟博接受新华社记者采访时表示，达能是最早进入中国的法国企业之一，如今中国已是达能全球第二大市场。达能在中国拥有 10 家工厂和 8000 余名员工，达能集团还在上海成立了开放科研中心，在中国多座城市设立了生产基地。

1997 年，欧莱雅进入中国内地市场发展。如今，中国已成为欧莱雅全球第二大市场。法国欧莱雅集团董事长让 – 保罗·安巩直言不讳：欧莱雅从中国改革开放中受益，随中国稳步健康发展而发展，如今中国是欧莱雅最具战略意义的增长引擎之一。

空中客车全球执行副总裁、空中客车中国公司首席执行官徐岗则表示，几十年来，空客一直致力于成为中国值得信赖的长期合作伙伴。中国的供应链表现出很强的韧性和竞争力，是世界航空业不可或缺的一部分。

经过 60 年发展，法国已是中国在欧盟内第三大贸易伙伴和第三大实际投资来源国，中国是法国在亚洲第一大、全球第七大贸易伙伴。空客飞机占据中国民航半壁江山，"从法国农场到中国餐桌"已成为中法合作的金字招牌。中国的手机等商品也越来越受到法国消费者青睐。中法不仅在农业食品、航空航天、民用核能等传统合作领域有着深厚基础，在服务贸易、绿色发展、科技创新等新合作增长点也有着广阔前景。

【中法人文交往是东西方文明互鉴的典范】

2023 年 4 月 7 日，习近平主席和马克龙在广州松园举行非正式会晤。两国元首临水而坐，观景品茗，纵论古今，共同欣赏古琴演奏曲目《高山流水》，进行了深入、高质量交流，增进了了解和互信，为今后中法两国在双边和国际层面的合作明确了方向。

高山流水遇知音，正是两国人文交往的真实写照。而中法人文交流又超越双边范畴，成为东西方两个文明间的对话。

　　中国哲学曾滋养伏尔泰等法国启蒙思想家，法国从一开始就是西方汉学重镇：儒学西传欧洲的奠基性著作《中国哲学家孔子》1687 年在巴黎出版。法国东方学家贝尼耶在这本拉丁文书籍的基础上进行法语编译，完成《论语导读》一书。2019 年 3 月，习近平主席访法期间，法方准备的国礼是一本 1688 年的《论语导读》法文翻译手抄本。珍藏此译本另一份手抄本的法国军火库图书馆馆长奥利维耶·博斯克说，法国国礼《论语导读》的故事，体现出中法关系"超越时代，具有连续性"。他认为，中法两个历史悠久的大国，在文化上有着共同的品位，产生相互吸引、文化联系，这种吸引与联系自然反映在两国的外交关系上。

　　1814 年，法兰西公学院在西方国家中首设汉学讲席，成为西方专业汉学研究的开端。近代以来，留法勤工俭学运动中留下中国共产党人的红色足迹，新中国又吸引了包括哲学家萨特在内的许多法国左翼人士访问。1964 年中法建交，法国首任驻华大使吕西安·帕耶出使中国前曾任法国教育部长，在华工作期间致力于两国文化交流。已故法国总统希拉克对中国青铜器情有独钟，更是传为佳话。2014 年，中法建立高级别人文交流机制，成为继战略对话、高级别经济财金对话后推动中法关系发展的第三大支柱性合作机制。

　　大熊猫"圆梦"2017 年出生在法国圣艾尼昂市博瓦勒野生动物园，是第一只在法国出生的大熊猫。自出生以来，它就深受法国人民喜爱，法国总统夫人布丽吉特·马克龙还是它的"教母"。2023 年 7 月，"圆梦"从法国回到祖籍四川，布丽吉特专程到巴黎戴高乐机场与它告别。她动情地说，我相信"圆梦"会在它的祖国过得很幸福，也相信它不会忘记法国。"圆梦"回国后，目前共有 4 只大熊猫旅居法国，继续成为中法友谊的使者。

中国已成为法国主要留学生来源国之一。法国近千所中小学开设中文课程，学习中文的学生超 10 万。法国国民教育部汉语总督学易杰对记者表示，中文是法国高校和职业培训的学习语言之一，"中文已成为法中友谊的载体"。此外，两国友好省区和友好城市数量、游客数量都居欧洲各国前列。

【 中法关系面临的挑战和机遇 】

君子和而不同。中法之间当然也存在矛盾，特别是在当前中美博弈背景下及中国整体实力赶超法国后，法国的对华政策表现出两面性。不过，应该看到，在气候、环境、多边主义等具体议题上，中法两国有很多共识，法国高度重视中国的地位和作用。2016 年，具有历史性意义的《巴黎协定》生效，时任巴黎气候大会主席法比尤斯告诉记者，中国为《巴黎协定》的达成做出了历史性贡献。2023 年 6 月巴黎新全球融资契约峰会召开前，法国外交部官员就在内部媒体吹风会上指出，中方的参与对会议成功至关重要。会后，法国总统、总统外事顾问、外长又在不同场合表示，希望邀请中方支持峰会成果《人类与地球巴黎共识》。

经贸领域，中法在航空航天、民用核能、农业食品等领域投资合作稳步推进。2023 年，空中客车在中国投资建设的第二条 A320 系列飞机总装线在天津破土动工，项目计划于 2025 年年底竣工投入运营。法国经济界对继续从中国市场获益充满期待，农业食品行业尤其渴望扩大对华出口。在数字经济、绿色能源、老龄化经济等新领域，两国合作也有着巨大潜力。

人文方面，从哈尔滨冰雪大世界里的友谊之桥连起"巴黎圣母院"和"北京天坛"冰建景观，到"豫园灯会"亮相巴黎风情园，从"凡尔赛宫与紫禁城"展览在故宫拉开帷幕，到敦煌服饰秀在巴黎吉美国立亚洲艺术博物馆大放异彩，两国2024年的交流和合作将达到前所未有的热度。法国外交部长塞茹尔内4月访华，中国外交部发言人介绍说，双方同意办好建交60周年和文旅年活动，深化科学、教育、体育、文化遗产保护等领域合作，为两国人员往来提供更多便利。

当前世界动荡不安，乌克兰危机和巴以冲突连绵不断，大国对抗愈演愈烈，当今世界再次走到十字路口。中法作为独立自主大国和联合国安理会常任理事国，理应秉持建交初心，担负责任使命，携手应对全球性挑战，共同坚持和平发展和多边主义，一起推动解决国际危机。

法国国民议会法中友好小组主席、议员埃里克·阿洛泽认为，60周年将成为加强中法关系、增强中法两国共同影响力的重要契机。他认为，在外交关系中，中法都是立场平衡的国家，都是能起到调解作用的国家，积极推动世界朝着多边主义发展，这是两国携手发力的方向，并将大大增强彼此信任。

中共中央政治局委员、外交部长王毅2024年4月初在同法国外长塞茹尔内会谈时指出，中法同为联合国安理会常任理事国和独立自主大国，拥有非同寻常的交往历史，肩负重要时代使命。2024年是中法建交60周年，双方应以两国元首战略共识为引领，赓续传统，面向未来，使中法全面战略伙伴关系更加牢固和富有活力，引领中欧关系稳定健康发展，为乱象频生的世界注入更多稳定性。

中塞"铁杆儿"友谊是怎样炼成的

贝尔格莱德分社　石中玉／索非亚分社　林浩

中国和塞尔维亚是历经风雨、患难与共的铁杆朋友。在 20 世纪 40 年代，中国人民同南斯拉夫人民就在二战的东西方战场英勇抗击法西斯侵略，实现了民族解放和自由。1955 年，新中国同南斯拉夫社会主义联邦共和国正式建交。

60 多年来，中国人民和塞尔维亚人民始终心手相连，彼此怀有特殊感情，真情厚谊跨越时空，历久弥新。《瓦尔特保卫萨拉热窝》《桥》等影片曾经激发无数中国人的爱国热情，《啊，朋友再见》这首歌曲在中国传唱至今……

近年来，在两国元首战略引领下，中塞关系进入蓬勃发展的新时代，双方坚定支持彼此核心利益和重大关切，坚定支持各自选择的发展道路，务实合作成果丰硕，全面战略伙伴关系内涵日益丰富，两国和两国人民友谊持续升华。

【重情厚谊的民族】

对很多中国人来说，塞尔维亚是一个似乎有些陌生却又好像非常熟悉的国度。所谓陌生，是因为两国地理距离的确非常遥远，中塞两国之间的人员交流并不十分热络频繁。所谓熟悉，是因为"中华民族和塞尔维亚民族都是重情厚谊的民族。两国深厚传统友谊和特殊友好感情是用鲜血和生命铸就的"。

塞尔维亚地处巴尔干半岛中北部，环邻罗马尼亚、保加利亚、北马其顿、阿尔巴尼亚、黑山、波黑、克罗地亚、匈牙利，人口840余万人（含科索沃地区170余万人），首都为贝尔格莱德。九世纪起，移居巴尔干半岛的部分斯拉夫人开始建立塞尔维亚等国。一战后，塞尔维亚加入南斯拉夫王国。二战后，塞尔维亚成为南斯拉夫社会主义联邦共和国六个共和国之一。1991年，前南开始解体。1992年，塞尔维亚与黑山组成南斯拉夫联盟共和国。2003年2月4日，南联盟更名为塞尔维亚和黑山。2006年6月3日，黑山宣布独立。6月5日，塞尔维亚宣布继承塞黑的国际法主体地位。

塞尔维亚有俗语曰："朋友是时间的果实。"中国人也说："日久见人心。"中国与南斯拉夫社会主义联邦共和国1955年建交以来，中塞友谊之花经历了风霜雪雨考验，两国关系因历史命运、政治理想、民族情感的深刻交集与共鸣，孕育出相互尊重、相互理解的深厚情谊。在中国，人们亲切称塞尔维亚是"塞铁"——"铁"，是中国人对人与人之间、国与国之间友好关系的一种基于朴素认知而又发自内心的至高评价。

中国人对《瓦尔特保卫萨拉热窝》中的英雄故事津津乐道，对电影《桥》中的插曲《啊，朋友再见》旋律和歌词谙熟于心；20世纪80年代，中国实行改革开放的关键时期，塞尔维亚的社会主义市场经济实践经验提供了宝贵借鉴；论起中国球迷最熟悉的国足外籍教练，"神奇教练"米卢不是"第一"也是"之一"；更有曾经笑傲足坛的贝尔格莱德红星队、网坛天王焦科维奇、驰骋美职篮赛场的约基奇……

患难见真情。中塞人民还有许多共历风雨的时刻：1999 年北约轰炸南联盟；2008 年中国汶川发生特大地震；2014 年塞尔维亚遭受严重洪灾；2020 年新冠疫情暴发……我们不会忘记，汶川特大地震灾害后，并不富裕的塞尔维亚第一时间向中国伸出援手，提供了大量救灾物资；我们也不会忘记，新冠疫情期间，在塞尔维亚急需援助之际，中国专家组携救援物资第一时间赶到贝尔格莱德，塞尔维亚总统武契奇亲往机场迎接，与中国专家组成员一一碰肘，更在五星红旗上献上深情一吻。

中国和塞尔维亚总是并肩站在一起，从国家领导人、企业到民众，总在对方遭遇困难时毫不迟疑地伸出援手，用毫不含糊的语言和行动表达并践行互帮互助的决心。在科索沃问题上，中国一贯支

2024 年 10 月 4 日，在塞尔维亚中部城市上米拉诺瓦茨，塞尔维亚总统武契奇（中）在出席中企承建的绕城公路通车仪式时与项目建设者握手。（新华社发　王韡摄）

持塞尔维亚维护主权和领土完整的努力，如同塞尔维亚始终奉行一个中国原则、承认台湾是中国领土不可分割的一部分。随着两国经济合作、人文交流不断扩大加深，中塞友谊内涵被不断丰富，面对国际形势的风云变幻，越发如钢铁般坚固。正如习近平主席指出，中国和塞尔维亚是历经风雨、患难与共的铁杆朋友。

【百年新生的钢厂】

在中塞友好关系的发展进程中，一段"百年钢厂新生记"近年在两国被传为佳话，成为诠释"铁杆"友谊的绝佳注脚。

成立于 1913 年的斯梅代雷沃钢厂是塞尔维亚唯一国有钢厂。由于国际市场竞争激烈、管理不善等原因，钢厂一度陷入困境，濒临倒闭。2003 年，一家美国钢铁企业接手斯梅代雷沃钢厂，但并未能为钢厂带来生机。2012 年，美方撤资，塞尔维亚政府花了 1 美元价格回购这座曾被誉为"塞尔维亚骄傲"的钢厂。

"员工们感觉看不到未来，生活难以为继。"河钢集团塞尔维亚公司（河钢塞钢）总经理助理白莉娜回忆起当时的艰难情景，十分感慨。她 2008 年就来到斯梅代雷沃钢厂工作，丈夫也是钢厂员工。钢厂效益每况愈下，小家庭越过越拮据。2012 年，为了改善生活条件，白莉娜的丈夫远赴他乡工作，夫妻分居。"当时不少员工离开了钢厂，很多家庭被迫分离。"

2016 年，斯梅代雷沃钢厂迎来命运的转机。中国河钢集团收购这座已连续亏损七年的钢厂，成立河钢塞钢。这是中国钢企收购的第一家境外实体企业。同年 6 月，习近平主席访塞期间参观钢厂，表达了对老厂焕发新生的信心："我相信，在双方密切合作下，斯梅代雷沃钢厂必将重现活力，为增加当地就业、提高人民生活水平、促进塞尔维亚经济发展发挥积极作用。"

被河钢收购仅半年多，斯梅代雷沃钢厂就成功扭亏为盈。2017年，看着钢厂经营状况持续向好，白莉娜的丈夫重回钢厂工作，结束了与妻子两地分居之苦。

河钢塞钢成为中塞共建"一带一路"标志性项目。总统武契奇2018年接受媒体采访时特别提到斯梅代雷沃钢厂，并为之"注解"：塞尔维亚真正开始在一个大型基础设施项目上取得成效，就是同中国进行合作的结果。

截至2024年，河钢塞钢不仅与5000多名塞方员工签订劳动合同，更为相关产业链间接提供1.6万多个岗位，哪怕市场行情不佳时，河钢塞钢仍兑现承诺、未裁一人。河钢塞钢执行董事宋嗣海告诉记者，2023年，河钢塞钢生产粗钢112万吨，实现产值7.9亿欧元，生产经营持续保持稳定。

近年来，河钢塞钢持续输入绿色发展理念，2023年河钢塞钢单位粉尘排放均值为36.3毫克/立方米，低于欧盟40毫克/立方米的标准，厂区内环保指标优于斯梅代雷沃市区；同时坚持"效益本地化"，将钢厂收益用于自身发展与创新。

随着新型烧结机、加热炉、煤气柜等设备陆续投产、良好运行，河钢塞钢驶入绿色发展快车道。白莉娜说，河钢不仅是要救活钢厂，而且要将其打造成为欧洲极具竞争力的钢铁企业。

河钢塞钢还着力于回报当地社会、与当地社区共同发展，近年来累计投入150多万美元用于当地建设，还为当地小学添置具有冷藏功能的配餐车……

"河钢塞钢充满活力，目前的收入已让我有组建家庭的打算。"2021年进入河钢塞钢的废钢处理组副组长米洛什·武莱塔规划着幸福的未来。

武莱塔说："如果说公司是船，那么，和谐融洽的关系就是船桨。在国际形势动荡背景下，公司制定的五年、十年规划给了我们安全感，让我们知道企业和自己的未来，也让我们的工作更有计划性，有了与企业一起成长的感觉。"

【铁杆朋友的内涵】

不仅仅是斯梅代雷沃钢厂，十多年来，中塞两国友好务实合作还促成许多这样的明星项目落地生根。这些项目，提振了塞经济社会发展，改善了塞人民生活质量，印证并不断推动着中塞"铁杆"友谊向前发展。

——中国企业在欧洲承建的第一座大桥贝尔格莱德跨多瑙河大桥2014年年底竣工通车，这是塞尔维亚近70年来首座跨多瑙河新建大桥。

——中国在欧洲参与建设的第一条铁路基础设施项目匈塞铁路塞尔维亚段建设已接近全部完成，其中贝诺段（贝尔格莱德至诺维萨德）已安全平稳运营两年，极大便利了沿线民众出行。诺苏段（诺维萨德至苏博蒂察至匈塞两国边境）工程建设正有序推进。

——中国企业在欧洲承建的第一条高速公路塞尔维亚E763高速公路项目已实现部分路段通车，将提供塞尔维亚连接黑山出海口最快捷的重要通道。

——中国紫金矿业集团 2018 年收购塞尔维亚濒临破产的国有矿场博尔铜矿后，不仅在半年内扭亏为盈，还通过绿色改造，改善了博尔市百年来的污染痼疾。

……

从加入中国—中东欧国家合作机制到积极参与共建"一带一路"，塞尔维亚是最早与中国开展全面经济合作的中东欧国家。2009 年，塞尔维亚与中国建立战略合作伙伴关系，成为中国在中东欧地区的第一个战略伙伴，2016 年，中塞双边关系升级为全面战略伙伴关系。2017 年起，中塞互免签证，更多中国游客有机会走进这个西巴尔干国家，触摸这里悠久的历史文化，重温塞尔维亚人民争取民族独立自由的英雄诗篇，感受塞尔维亚人民对中国"铁杆"朋友的豪爽热情。

在贝尔格莱德街头，那些"中国"印迹会让置身其中的每个中

2024 年 9 月 7 日，在塞尔维亚首都贝尔格莱德，中国山东省非遗传人（左）在"孔子家乡 好客山东"文化旅游推介活动上为当地民众制作糖画。（新华社发 王韡摄）

国人倍感亲切：街道路牌上的中文标记，建于中国驻前南大使馆旧址之上的中国文化中心，中心外的道路被命名为"孔子大街"、广场叫"中塞友谊广场"……

2023 年 10 月，习近平主席在北京会见来华出席第三届"一带一路"国际合作高峰论坛的塞尔维亚总统武契奇时指出，塞尔维亚是中国的铁杆朋友，两国关系经受住国际风云变幻考验，堪称中国同欧洲国家友好关系的典范。面对世界百年未有之大变局，双方要从战略高度和长远角度看待中塞关系，坚定支持彼此核心利益和重大关切，坚定支持各自选择的发展道路。

习近平主席指出，中方坚定支持塞尔维亚维护国家主权和领土完整，愿同塞方继续加强战略对接，将中塞传统友好转化为更多务实合作成果。双方要共同建设好、运营好匈塞铁路，发挥好河钢斯梅代雷沃钢厂等项目的经济社会效益，扎实推进基础设施建设等重点领域合作，同时积极发掘数字经济、科技创新等合作新增长点。双方要全面加强文化、教育、旅游、体育等领域合作，让中塞铁杆友谊在新时代焕发出新的光彩。

在中国和塞尔维亚之间，一个个斯梅代雷沃钢厂"新生记"这样的故事，诠释着"铁杆朋友""志合者，不以山海为远""友也者，友其德也"的内涵。60 多年来，两国人民始终心手相连，彼此怀有特殊感情，跨越时空的真情厚谊历久弥新。多瑙河奔流不息，见证着中塞全面战略伙伴关系不断迈向更高水平。

向东开放，拥抱中国
匈牙利重视发展对华关系

布达佩斯分社　陈浩

　　1949 年 10 月，匈牙利成为最早承认中华人民共和国的国家之一。建交后，两国友好关系全面发展，双方在国际事务中相互支持、密切配合。中国与匈牙利历史文化渊源相通相近，两个国家和两个民族文化相通、天然亲近。匈牙利自称"最西边的东方国家"。近年来，中匈关系保持高水平发展，匈牙利也一直采取"向东开放"战略，与中国合作共赢。

【"最西边的东方国家"】

　　匈牙利面积 9.3 万平方千米，人口约 960 万，其中 94% 为匈牙利（马扎尔）族。匈牙利为欧洲内陆国家，北邻斯洛伐克，东北邻乌克兰，东和东南邻罗马尼亚，南邻塞尔维亚，西南邻克罗地亚，西邻斯洛文尼亚，西北邻奥地利。多瑙河自北向南穿境而过，将匈牙利分为东西两部分。

　　历史上，这片土地曾被多个民族统治。9 世纪后期，来自东方的游牧民族马扎尔征服了喀尔巴阡盆地，在公元 1000 年建立匈牙利王国。此后，匈牙利王国曾被奥斯曼帝国、哈布斯堡王朝先后控制。1848 年，哈布斯堡统治下的匈牙利王国爆发革命，次年建立匈牙利共和国，但不久即遭扼杀。1867 年，匈牙利与奥地利合组奥匈帝国，成为欧洲超级强权。第一次世界大战后，奥匈帝国解体，匈牙利苏维埃共和国成立。1949 年 8 月 20 日，匈牙利人民共和国成立。1989 年 10 月 23 日，匈牙利人民共和国改称匈牙利共和国。2012 年 1 月 1 日起，匈牙利共和国更名为匈牙利。1989 年脱离社会主义阵营后，匈牙利积极向西方靠拢，先后于 1999 年 3 月加入北大西洋公约组织，2004 年 5 月加入欧洲联盟，2007 年 12 月加入申根区。

对这个万里之遥、地处欧洲腹地的中东欧国家，中国人民其实并不陌生，不少人还能说出一些"门道"来，比如蓝色的多瑙河、金色的布达佩斯之夜、李斯特的曲、裴多菲的诗、曾经社会主义阵营的小兄弟……而若有人再能提到战地摄影记者罗伯特·卡帕、金融大鳄乔治·索罗斯、国际象棋大师波尔家三姐妹、著名媒体人约瑟夫·普利策等匈牙利籍 / 裔名人，知道这里还是魔方、圆珠笔、维生素 C、苏打水的"故乡"，那一定会被别人刮目相看。事实上，曾被称为"马背民族"的匈牙利，早已成为一个拥有良好教育体系和浓厚学习氛围的"书香国家"，人均读书量全球第二，匈牙利裔诺贝尔奖得主截至 2023 年已有 17 人，其对世界文明发展和科学进步做出的贡献令人肃然起敬。

中国与匈牙利远隔千山万水，或许因为历史文化渊源相通相近，两个国家和两个民族天然亲近。尽管没有证据证明马扎尔人与匈奴人的关系，但是匈牙利人认为他们祖上来自亚洲，是从东方长途跋涉到欧洲的游牧民族。而无论从习俗、历史、文化、理念等角度看，中匈确有诸多相同或相似之处。比如，两国都习惯于姓在前、名在后的称呼，对年月日的表达顺序也完全相同。此外，匈牙利语中大量原始词汇的发音、音乐曲调，与中国一些少数民族也极为相似。难怪匈牙利领导人说，匈牙利是"最西边的东方国家"。

【 坚持"向东开放"方向 】

1949 年 10 月，匈牙利成为最早承认新成立的中华人民共和国的国家之一。建交后，两国友好关系全面发展，双方在国际事务中相互支持，密切配合。匈牙利在抗美援朝、中国恢复在联合国合法席位等方面坚定支持中国。

东欧剧变后，冷战时期东西方对峙的前线国家匈牙利离开社会主义阵营。但是，中匈友好关系并未因之受到冲击。相反，"回到欧洲"的匈牙利在发展对华友好关系上始终走在欧洲国家前列：第一个同中国签署"一带一路"合作谅解备忘录的欧洲国家；第一个开设母语和汉语双语教学的欧洲国家；第一个也是唯一一个为中医药立法的欧洲国家；第一个对中国实行免签政策的欧洲国家；第一个设立人民币清算行的中东欧国家；中国国家旅游局设立办事处的第一个中东欧国家；第一个发行人民币债券的中东欧国家……尤其让中国人民印象深刻的是，匈牙利近年来在欧盟欲就涉港、涉疆、涉人权等诸多问题对中国采取制裁等措施时，多次动用"一票否决"力阻欧盟相关决议通过，坚决支持中国。

分析人士指出，匈牙利高度重视发展对华友好合作关系甚至不

2024 年 5 月 26 日，在匈牙利布达佩斯城市公园，当地小朋友在中国驻匈牙利大使馆展台前与熊猫人偶互动。（新华社发　弗尔季·奥蒂洛摄）

惜"触怒"美国和欧盟，与其近年来坚持"疑欧"政策方向、致力推动"向东开放"战略密不可分。21 世纪以来，因应国际政治、经济和军事力量重心从跨大西洋地区逐渐转向太平洋地区，匈牙利政府推出"向东开放"战略，以期通过务实外交，以追求经济利益为导向，实现国际贸易多样化、国际交往多元化、欧盟内部决策影响力提升等经济政治收益。

需要看到的是，尽管发展对华友好合作是匈牙利"向东开放"战略的重要内容，但并非全部内容。匈牙利也重视发展同俄罗斯、土耳其、日本、韩国、印度、东南亚和中亚多国关系。

然而，随着中美博弈加剧、乌克兰危机全面升级，匈牙利政府推进"向东开放"战略面临来自美国、欧盟及北约在"强化同盟联系"方面施加的压力，战略自主性受到进一步压缩。

虽然欧尔班政府力推的"向东开放"战略受到美国、欧盟方面及国内反对派批评，但是这一基于实用主义的对外政策本质上符合匈牙利国家发展利益。在可预见的未来，匈牙利仍会在"向东开放"战略框架下，继续推进与中国、俄罗斯的务实合作。

【深度对接发展战略】

在中匈两国高层互动中，一个核心话题就是加强"一带一路"倡议与"向东开放"战略深度对接，通过高质量共建"一带一路"合作，引领中匈全面战略伙伴关系迈上新台阶。

2015 年，匈牙利成为首个同中国签署"一带一路"政府间合作文件的欧洲国家，标志着两大发展战略成功对接，体现了匈牙利领导人以长远眼光和战略高度拥抱中国发展给世界带来的机遇。

2024 年 2 月 29 日，在致匈牙利当选总统舒尤克·道马什的贺电中，习近平主席指出，今年是中匈建交 75 周年，双边关系发展面临新的重要契机。我高度重视中匈关系发展，愿同舒尤克总统一道努力，赓续两国人民传统友谊，深化两国政治互信和各领域交流合作，推动高质量共建"一带一路"合作，引领中匈全面战略伙伴关系迈上新台阶。

2023 年 10 月，第三次来华出席"一带一路"国际合作高峰论坛的欧尔班表示，匈方深信，"一带一路"倡议将给世界带来重大改变，有利于促进世界经济发展，给各国人民带来更多福祉，匈方坚定支持并将继续积极参与。在当前复杂形势下，匈牙利致力于深

这是 2024 年 5 月 6 日拍摄的匈牙利布达佩斯中国文化中心。（新华社记者张帆摄）

化匈中友好合作关系的决心坚定不移，将继续做中国在欧盟可以信任的朋友和伙伴，反对任何脱钩断链和所谓"去风险"做法，愿同中方一道加强经贸投资、互联互通等领域合作，深化人文交流。

匈牙利"向东开放"战略同"一带一路"倡议对接以来，两国经贸关系蓬勃发展，务实合作成果丰硕，中国已经成为匈牙利在欧洲以外的最大贸易伙伴，也是匈牙利在投资领域最重要的合作伙伴。按照匈方统计，2023 年，两国贸易额超过 130 亿美元。中国对匈牙利直接投资达 76 亿欧元，占外国对匈直接投资总额的 58%，创造就业岗位逾万个，匈牙利连续多年为中国在中东欧地区的第一投资目的国。目前，已有约 380 家中资企业、机构在匈牙利开展业务，包括华为、万华化学、宁德时代、亿纬锂能、上海恩捷、比亚迪等知名企业，以及中国银行、中国建设银行、国家开发银行等金融机构，为匈牙利经济社会发展和产业转型升级做出突出贡献。

关于中匈"一带一路"合作，必须要提到匈塞铁路项目。这是中匈共建"一带一路"的标志性项目和"中国－中东欧国家合作"的旗舰项目，也是中国铁路技术装备与欧盟铁路互联互通技术规范对接的首个项目。匈塞铁路全长近 350 千米，连接匈牙利首都布达佩斯和塞尔维亚首都贝尔格莱德。匈塞铁路匈牙利段 2020 年 7 月开工以来进展总体顺利。全线建成后，从布达佩斯到贝尔格莱德时间将从 8 小时缩短至 3 小时，将极大便利匈塞两国人员和物流往来，显著拉动沿线地区经济发展，有效促进中东欧地区南北走向互联互通。

通过对接彼此发展战略，中匈两国在基础设施、贸易投资、金融、通信、化工、物流、电动汽车等领域深化合作所带来的实实在在的好处，也让越来越多匈牙利人认识到发展对华友好合作、高质量共建"一带一路"、促进互联互通、开创发展新机遇、谋求发展新动力的意义所在。

后　记

　　社交媒体盛行的时代，世界更像一个地球村，受众与天涯海角之距离不过一块屏幕。然而，正如欧内斯特·海明威所言"冰山运动之雄伟壮观，是因为它只有八分之一在水面上"，在新媒体传播的热闹喧嚣、风云激荡之外，还会有另一个熟悉而陌生的世界等待我们去探寻、审视和思考吗？

　　带着这样的问题，2024 年 3 月以来，新华社国际新闻编辑部协同新华社七大驻外总分社并 183 个驻外分社持续开展区域国别调研，结合记者常驻一线的观察思考，播发一系列调研报告。《聆听世界的风声：新华社记者的区域国别纪事》这本书，将调研报告精选、分类，或许能为读者提供一个全面观察那隐藏于水面之下冰山主体的视角。这本书的问世，是编辑部与驻外记者通力合作的结果。新华人对红色血脉的赓续，对新闻理想的坚守，对调研报道的重视，推动着新华社区域国别调研不驰于空想、不骛于虚声，一步一个脚印扎实向前推进。

　　本书付梓之际，特别感谢新华社驻外记者不辞辛苦调研，呕心沥血成稿。截至本书出版时，虽然部分记者已经离任，但为了保留他们在当地的足迹，书中对记者所在分社未进行调整。

欲知河深浅，须问过河人。大数据时代的一线采访和田野调查尤其珍贵，身处前方的记者正是为受众一探河之深浅的"过河人"，在当今信息爆炸的时代坚守事实和真相。

本书编写组

2025 年春于北京